卢晓蓉 编著

我的祖父

卢作孚

团结出版社
UNITY PRESS

© 团结出版社，2024 年

图书在版编目（ＣＩＰ）数据

我的祖父卢作孚 / 卢晓蓉编著 . -- 北京：团结出
版社，2024.7. -- ISBN 978-7-5234-1038-7

Ⅰ . K825.38

中国国家版本馆 CIP 数据核字第 2024LR9700 号

策　　划：张振胜
责任编辑：时晓莉
封面设计：谭　浩

出　　版：团结出版社
　　　　　（北京市东城区东皇城根南街 84 号 邮编：100006）
电　　话：（010）65228880　65244790（出版社）
　　　　　（010）65238766　85113874　65133603（发行部）
　　　　　（010）65133603（邮购）
网　　址：http://www.tjpress.com
E-mail：zb65244790@vip.163.com
经　　销：全国新华书店
印　　装：三河市东方印刷有限公司

开　　本：170mm×240mm　16 开
印　　张：21.25　　　　　　　字　数：304 千字
版　　次：2024 年 7 月 第 1 版　印　次：2024 年 7 月 第 1 次印刷

书　　号：978-7-5234-1038-7
定　　价：68.00 元
　　　　　（版权所属，盗版必究）

目 录
CONTENTS

1

第二辑　众里寻他千百度

第三辑　不废江河万古流

自 序

此岸与彼岸

凤凰卫视的《纵横中国》栏目二十一年前巡回到重庆举办时，主持人吴小莉问在场的嘉宾，重庆历史上有哪些不能忘记的人，应答者众。吴小莉却说："有一个重庆人，可能很多中国人都不知道，很陌生了。但毛泽东说过，他是不能忘记的人，蒋介石对他也有过高度的评价，称他是民族英雄。这个人是谁呢？一个不能被忘记的重庆人，他就是卢作孚。"看到这里，我热泪盈眶，无地自容。卢作孚是我的祖父，我曾将祖父淡忘于彼岸世界将近三十年。

祖父是1952年2月8日去世的，他去世后不久，父亲就带着我们全家从香港回到重庆，在与朝天门隔河相望的青草坝民生机器厂安了家。20世纪五六十年代，民生机器厂几度更名，最后叫"东风船厂"。我们回来时，有北京、上海、重庆的航运管理机关或研究院所邀请父亲去那里工作，他都婉言谢绝，理由是祖父生前希望他多到工厂去，向工人学习。我们起初住在青草坝的山顶，家是一大两小的土墙平房。家里挂着祖父一张放大的照片，每天上学和放学的时候，我们都要对着祖父的照片行礼请安。吃饭的时候，也要给祖父摆上一副碗筷，先由我说一句"请爷爷吃饭"，全家才开始吃。每逢清明节，我们带上祭品去给祖父扫墓。那时候我还小，并不真正懂得这些祭祀的意义，但这些情景却连同我对祖父的记忆一起，深深地铭刻在脑海里。

可惜这一切没有持续多久，家里不知不觉地发生了一些变化。祖父的大照片不见了，吃饭的时候不再摆他的碗筷了，我们向祖父请安的仪式也取消了，清明节不再上坟扫墓了。仿佛有一只看不见的手，把祖父从我们身边带走了，我却浑然不觉。

怀抱"人人皆为园艺家，将世界造成花园一样"理想的祖父，把青草坝也建成了一个大花园，我在那里度过了梦幻般的童年时代。然而树欲静而风不止，阶级斗争的大风大浪没有放过美丽恬静的家园，接二连三突如其来的风波，无情地掐断了智慧树上独立思考的嫩芽，将我裹挟到主流意识的旋涡之中。我在那块埋藏着无数历史遗迹，闪耀着人性与智慧光辉的土地上足足生活往返了28年，却从未想到去探寻珍贵的宝藏。几十年后，等我有了这方面的冲动时，青草坝早已变成一座荒山，民生厂也成了一堆废墟。

小学毕业，我考上了本市很有名的巴蜀中学，这是我父亲心目中的唯一选择。我的父辈中有不少人曾在这所中学就读。江姐的儿子、双枪老太婆的外孙等，都是我的同班同学。我在这所学校里，学到了扎实的基础知识，积累了班级工作经验，却也遭遇了人生最大的坎坷——我的祖父被扣上了"反动资本家"的帽子，我成了"打击对象"，被剥夺了上大学的资格。后来在祖父的文章里，我才读到"教育为救国不二之法门""国中万事，希望若绝，寻求希望，必于教育事业"。而他疼爱的长孙女——我，1965年中学毕业即失学以后，却带着对知识和教育的漠视，自愿上山下乡安家落户以求脱胎换骨。

我和本校三十多位同命相连的初高中毕业生一道，去了四川最艰苦的地区之一——当年红四方面军的根据地大巴山区万源县，在那里劳动、工作、生活了十三年。与大巴山一脉相连的嘉陵江三峡地区，曾是四县交界、土匪出没、民不聊生之地，我祖父在1927年受命出任该地区峡防局长，任务是剿匪和维持治安。但祖父的志向远不止于此，他"不仅要消灭土匪，而且要消灭产生土匪的土壤"，要把以北碚为中心的这个区域"经营成一个灿烂美妙的乐土，影响到四周的地方，逐渐都经营起来，都成为灿烂美妙的乐土"[1]，作为"将来如何建

---

[1] 《两年来的峡防局》，江巴璧合四县峡防团务局1929年刊，第2页。

设新中国的缩影"。[1]祖父在开展经济建设的同时，更重视文化建设，在那个地区陆续创办了中国西部科学院、博物馆、多个图书馆和中小学校及大学。"把地方所有文化、教育、经济、卫生各项事业，不上几年，建设得应有尽有。"[2]1948年2月联合国教科文组织将北碚定为"基本教育实验区"[3]，以表彰它对文教事业所作出的贡献。抗战期间，北碚还先后安置了众多政府机构、大专院校、科研机关，接纳了数以千计的著名学者和文化名人，被誉为"陪都的陪都""东方的诺亚方舟"。

时隔四十年后我去大巴山时，对祖父这些理想和业绩全然不知。我既无高远志向，也无明确目标，非但没有把新知识、新技术、新生活方式带给当地农民，反而努力向他们"看齐"。我在乡下生活了十三年，亲眼见到那里的乡亲因为穷，他们买不起衣服，买不起线，只能买一毛多钱一尺的白布，一毛钱一包的染料，染成黑布或蓝布，再用自己搓的麻绳缝衣服，还都是补丁摞补丁。

我父母保存了几封我在农村写给他们的信，其中一封是1971年得知在长春的二姑一家连同我七十岁的祖母被下放农村时写的，信中说："知道保保（即我二姑）一家要到农村插队落户的消息，我非常高兴和放心。高兴的是，保保和程叔叔（即二姑夫）[4]响应了毛主席的伟大号召，也毅然踏上了这光荣的革命征途，事实进一步证明了四年前，我走的这一条路走对了，越走越宽广，越走越光明。放心的是，他们到了农村，到了贫下中农中间，思想就会炼红，身体就会长好，打起仗来，就会绝对的安全了。婆婆年纪虽然老了，但到农村去，对她的身体还适合些。以后，（等）他们的地点落实后再给他们写信。应该认识到，这还是一项伟大的战略措施，可以为将来的共产主义建设储备一批技术力量！"我祖母那时已年逾七十，在我写这封

---

[1] 陶行知：《在北碚实验区署纪念周大会上的讲演》。

[2] 黄炎培：《北碚之游》。

[3] 郭剑明：《试论卢作孚在民国乡村建设运动中的历史地位——兼谈民国两类乡建模式的比较》，《四川大学学报》（哲学社会科学版），2003年第5期。

[4] 二姑夫程镕时为中科院院士。

信时，她的丈夫即我的祖父已经在教育、实业和乡村建设三大领域的实践中取得显著成效，并明确提出了以"现代化"为"公共信仰"，以"新的集团生活"取代旧的家族制度，以动员全国人民投身"产业运动、交通运动、文化运动、国防运动"的方式，"将整个中国现代化"的一整套主张。祖父绝对想不到，时隔三十多年后，我除了"早请示""晚汇报"，唱"忠字歌"、跳"忠字舞"，脑子几乎一片空白。

每每想到这些，我的心仿佛在流血，为自己和祖父在人生道路上的南辕北辙深感痛悔。为了弥补这个难以原谅的错误，我离开职业生涯步入退休生活以后，便开始了走向祖父那个世界的漫漫征程。我从自己和亲人的记忆里去搜寻祖父的身影（**请见本书第一辑"魂断天涯长相忆"**），从祖父的生平经历、著作以及与同道交往中去发掘他的理想和实践（**请见本书第二辑"众里寻他千百度"**），从学者、作家们的研究成果中去认识他的人格品性和精神境界（**请见本书第三辑"不废江河万古流"**）。我面对的是见不到边的海洋，望不到顶的山峰，探不到底的富矿。如果我早一点了解祖父，早一点学习他的著作，借鉴他的经验，也许前半生就不会像头拉磨的驴那样只会转圈圈；如果我能像他那样，从小就有明确的奋斗目标，并且终生信守，百折不挠，义无反顾，将生命力发挥到极致，也许我就能为社会作出应有的贡献。但是，这样的机会已经一去不复返，除非我还有来世！这样的发现和对比，对我来说是痛彻心扉的，我唯有把这些感悟写成文字，为读者们提供参考，才能得到些许的安慰。

长大以后，母亲告诉我，小时候我老爱皱眉头，祖父见了曾感叹："这孩子从小爱皱眉头，将来长大了不知会有什么样的遭遇。"如今，已在世上走过了七十七个春秋的我，很想对祖父说：我因为有了您这样一位祖父而遭遇了常人难以想象的坎坷和磨难，但也因此而享有了常人不曾享有的幸福和荣耀。比如我一生所受的学校教育，都受惠于祖父的恩泽：我读的小学是他亲手创办的，我读的中学是他大力协助并长期资助其兴办和发展的，连第一任校长都是他设法延请的。1978年我从四川偏远的乡村考取上海华东师范大学，更是与他的毕生所为有关联。

借此机会，我要感谢我的亲友师长对我的关爱和支持！感谢所有卢作孚研究学者多年来所做的艰苦细致而又意义非凡的发掘研究工作！感谢各媒体的朋友从破冰之旅开始从不间断地采访、制作、传播卢作孚的精神和事迹！感谢文学艺术工作者为宣传介绍卢作孚及其同代人的丰功伟绩创作的多种文学艺术作品！最后还要特别感谢团结出版社的领导和编辑给我提供了修订再版本书的宝贵机会！

本书的同名原著出版于2012年，本书约有一半的内容是新增或改写的，特此说明。

卢晓蓉

2024年2月8日

第一辑

魂断天涯长相忆

"大户"无所有，风范留人间[①]

卢晓蓉

　　把卢作孚先生及其家族划入"大户人家"的范畴，或许是一种误会，因为卢作孚一生清廉，到离开人世的时候，仍然是"房无一间，地无一垄，也没有一分一角的存款"。[②]他的子女都靠"知识和劳动的本领"自立于世，父亲那里没有任何物质遗产可以继承。但卢作孚的确又非常"富有"，"富有"到"中国船王"的桂冠非他莫属；"富有"到他身后留下的"民生公司、北碚试验区、《卢作孚文集》，其中任一项都足以改变历史"。[③]这个巨大的反差使卢作孚成为我国近代史上"最有经营远见和最具传奇色彩"[④]的著名爱国实业家，并被毛泽东誉为"中国近代实业界四个不能忘记的人"之一。

　　卢作孚生于1893年4月14日，本名卢魁先，后改名卢思、卢作孚。他成长于清末民初政体嬗变、外敌入侵，国家民族濒临危亡的时代，是一位具有强烈爱国主义精神的改革家、实业家、教育家和思想家。卢作孚的一生以国家强盛、人民幸福、民族复兴为己任，活跃和征战在"革命救国""教育救国""实业救国"三大领域。足迹所到之

---

　　①　此文系为上海社会科学出版社 2007 年 4 月出版的《大户人家》丛书之《实业家》卷所撰写。正式发表时题目为《卢作孚与卢氏家族》。

　　②　《人民日报》1984 年 6 月 7 日署名文章。

　　③　2003 年重庆市评选出的十大历史人物评语。

　　④　沈易：《一代船王卢作孚》，《商界》1998 年第 2 期。

处，无不励精图治，卓有成效。

卢作孚18岁在成都参加"保路运动"和"辛亥革命"，推崇孙中山先生的"三民主义"，并身体力行。"五四"运动前后，卢作孚在四川《群报》《川报》当记者，写了不少关注民生、抨击时弊的文章，在当地产生广泛影响。在《川报》社长兼主编李劼人先生去法国留学后，卢作孚接任了该报社长兼主编。在他的影响下，《川报》成为传播"五四"精神的喉舌和阵地，同时也是"当时成都唯一一家不畏反动政府恫吓，敢替学生说话的报纸"。1919年7月，"五四"时期影响最大、历时最久的学会"少年中国学会"成立，会员有李大钊、王光祈、毛泽东、张闻天、邓中夏、李劼人、恽代英等。卢作孚在1922年加入该学会，并一生奉行该会"本科学的精神，为社会的活动，以创造少年中国"的宗旨和学会"奋斗、实践、坚忍、俭朴"的八字信条。

1921年初，四川军阀杨森有意在其辖区川南一带推行"新政"，实现其"建设新川南"的主张，并认为卢作孚"为人谙练有识，劲气内敛"，遂任命他为四川泸州永宁道尹公署教育科长，主管川南地区的教育工作。卢作孚在《教育月刊》发表文章强调："国中万事，希望若绝，寻求希望，必于教育事业。"[1]从此肩负起"教育救国"的重任。他邀请恽代英、王德熙等革命志士，在川南掀起了轰轰烈烈的"新川南、新教育、新风尚"运动，更新教育管理体制，改革学校教育，开展民众教育，举办各种移风易俗的群众活动，其影响所及，遍布全川。卢作孚当年在川南推行的教育实验，被现今的教育学者誉为"二十世纪初地方教育实验的一个典型"。1924年，卢作孚辞谢了杨森聘任他为四川省教育厅长的邀请，在成都创办通俗教育馆。通过设立各种展览、举行各种文体活动和图书阅览，进一步宣传新教育、新文化、新风尚，在成都地区引起很大反响。

卢作孚于1925年10月创建民生实业股份有限公司，走上了"实

---

[1] 卢作孚（1922）：《〈教育月刊〉发刊词》，载《卢作孚文集》（增订本）第4页，北京大学出版社2023年4月版，下同。

业救国"的道路。民生公司以"服务社会，便利人群，开发产业，富强国家"为宗旨，在短短二十多年时间里，由一艘180匹马力的小火轮，发展到拥有140多艘江海轮船的长江及近洋船队，并依靠优质服务和群众力量，从帝国主义手中夺回了内河航权。还开办和投资兴办了发电厂、自来水厂、机器厂、造船厂、纺织厂、煤矿、银行、保险等七十多个企业，开创和逐步完善了股份制经营的现代企业模式，成为我国近代史上引人注目的民营企业典范。1927年，卢作孚出任四川江（北）巴（县）璧（山）合（川）四县特组峡防局局长。在此期间，他倡导并主持了以重庆北碚为中心的嘉陵江峡区"现代乡村建设"运动，将一个土匪出没、民不聊生之地，"布置成功一个生产的区域，文化的区域，游览的区域"，树立了乡村现代化建设的样板，受到国内外有关机构和友人的高度评价。

卢作孚是"五四"新文化运动的参与者，又是推波助澜者。他深受以"科学、民主"思想和人文精神为特色的"五四"新文化的熏陶，形成了独特的思想体系，留下了上百万字的著述。他关于中国封建家族制度衍生出的各种社会弊病的深刻批判；关于"将整个中国现代化"[1]以及实现现代化的目标、途径、方法的超前思考；关于在实现国家现代化的进程中，教育为国家的根本大计的系列主张等富有现代精神和民族特色的思想理论，具有很高的时代效应和参考价值。

抗日战争中，卢作孚临危受命担任交通部常务次长，率领民生公司全体员工及其他港航企业，以"抗日救国"为己任，出色完成了抢运兵力和武器支援前方，撤退人员、物资、工厂、学校到后方的战时运输任务，其中由他亲自组织指挥的宜昌大撤退，更是"在日军的炮火下，把中国最重要的工业企业经三峡航道抢运到四川大后方。这些企业构成了抗战时期中国的工业命脉，为抗战的最后胜利奠定了物质基础"。[2]1940年卢作孚还兼任国民政府首任粮食管理局局长，肩负起

---

[1] 卢作孚（1934）：《从四个运动做到中国统一》，载凌耀伦、熊甫编《卢作孚文集（增订本）》第229页，北京大学出版社2023年4月版，下同。

[2] 引自介绍中央电视台纪实剧集《记忆》之《卢作孚1938》的署名文章《记忆——走进历史的真实空间》，《文汇报》2001年8月19日。

战时军民粮食征集和运输的重任。

新中国成立后，卢作孚当选为第一届中国人民政治协商会议全国委员会委员、西南军政委员会委员。他第一个提出"公私合营"的建议，即国家以公股形式与民间资本合作，共同组建董事会，对企业行使经营管理监督权，以解决民族工商业所有制问题。并于1950年8月代表民生公司与政府签署了"公私合营"协议。

卢作孚于1952年2月8日去世，年仅59岁，却在政治、经济、交通、通信等各种客观条件都相对落后的旧中国，走过了波澜壮阔、精彩纷呈的人生历程，是与他个人的特质和才干分不开的，也是与他从小所受到的家庭教育、学校教育、社会教育和刻苦自学分不开的。著名学者姜铎先生在《论卢作孚先生的伟大人格》一文中做了精辟的概括："卢先生既不是一般的民族资本家，一般的近代企业家，一般的爱国实业家；也不是一般的经济学家，一般的经济管理学家，一般的政论家或学者；而是中国近代史上英雄人物中一个具有伟大人格的革命实干家！卢先生的伟大人格，既来源于他爱国家、爱社会、爱人民的拳拳赤诚；又来源于中华民族五千年来的优秀传统和世界现代文明的精华。卢先生的伟大人格，具有巨大魅力、凝聚力和吸引力，所到之处，金石为开，成为卢先生事业赖以成功的基石。"[①]"具有巨大魅力、凝聚力和吸引力的伟大人格"，正是卢作孚先生馈赠社会，馈赠卢氏家族的最宝贵的精神风范。

贫贱忧戚，玉汝于成

卢作孚出身贫寒，却拥有一个温馨和睦、奋发上进的家庭。祖辈尽忠报国的事迹，在他心中播下了爱国主义的火种；父母身上的传统美德，为他的品行修养树立了最早的榜样。

卢作孚有两位叔曾祖父，一位曾任光绪年间清政府驻俄罗斯国

---

① 姜铎：《论卢作孚先生的伟大人格》，载凌耀伦、周永林编《卢作孚研究文集》第32页，北京大学出版社2000年9月第1版。

公使馆参赞，为两国的交流做了不少有益的工作。他很欣赏卢作孚之父卢茂林的性格和天资，曾两次写信回合川，拟将茂林带去圣彼得堡的俄国学校加以培养，后因茂林学识基础较差，且不愿远离父母而作罢。另一位叔曾祖父做过当时的边防军将官（相当于现在的师长），在中法战争中曾带兵出征安南（即今日的越南），屡建战功。胜利凯旋后不久，因在战场所染瘟疫复发而去世。卢作孚小时候，经常听到父亲和哥哥给他讲这些故事，使他从小对自身有了更高的要求和期望。

卢作孚出生在四川省合川县（今属重庆市管辖）县城北门外杨柳街高尺坎一三合院平房，是租用的院内厢房。家有五个兄弟和一个妹妹。卢作孚排行第二。父亲卢茂林生于合川县肖家场，少年时正处于民族内忧外患日趋严重的晚清同治、光绪年间，曾读过私塾，后随家人务农，成年后经亲戚介绍去县城学裁缝。卢茂林在城里裁缝铺工作几年后回乡成亲，并在肖家场镇上继续做裁缝。后得城里亲友介绍跟随一位贩卖麻布的商贩，往返合川、隆昌间做麻布生意。时间久了，被当地人称为"卢麻布"。那时候当地没有公路，只有遍布山间、田间的石板路。也没有车，全靠步行。商贩都肩挑货担，晓行夜宿。数年间，卢茂林克勤克俭积蓄了一些钱，就带着长子卢魁铨（号志林，即卢作孚的哥哥），又雇用了一个伙计自己做起生意来。由于讲信用，能替用户和厂商两方面考虑，因而受到买卖双方的欢迎。卢作孚的母亲虽以童养媳身份嫁到卢家，却因贤惠能干，有眼光、识大体，很受卢家老少和亲友邻里敬重。在她60大寿之际，亲友们送了不少贺礼。卢作孚征得她的同意，将这些贺礼悉数捐出，在北碚公园内盖了一座宽敞、漂亮的亭阁，供游客休憩和观景。亭阁选址在公园临江的山坡上。发起人原拟名"慈寿阁"，后按卢作孚建议，改为"清凉亭"，并请当时的国民政府主席林森题写了匾名。

童年的卢作孚活泼、聪明，很受父母喜爱。邻里街坊也都喜欢他。哥哥卢魁铨一直很照顾他的弟妹，对卢作孚更是倍加关爱。卢作孚五岁时不幸患病致哑，持续约两年时间。一天傍晚，卢作孚拿着一篮子纸钱，到家院附近老堤上去烧。受到烧纸烟熏，他呛咳起来。这一呛竟给他带来好运，一下子发出声来。于是他三脚两步朝家里跑，还没进院子门就拼命呼唤母亲，到了家便一下子扑到母亲怀里。当时他父亲去了隆昌，只有大哥和三弟（**两岁**）同母亲在家。母亲见卢作孚能讲话了，双手将他紧紧搂在怀里，老小四人悲喜交集，哭成一团。1937年7月25日，卢作孚的母亲在北碚家中因脑溢血病逝。当时卢作孚已到上海准备带队前往欧洲（**包括苏联**）考察。在得知噩耗后，即由上海乘飞机返回北碚治丧。考虑到国难当前，母亲病逝，他致电南京行政院政务处长何廉，决定放弃欧洲之行。"星奔回里，治理丧葬"的卢作孚，怀着对母亲的深切思念，写出催人泪下的悼词《先妣事略》。卢作孚的拳拳赤子之心，在他的后代中广为流传，产生了上行下效的良好影响。

1916年3月，卢魁铨投稿《川报》，揭发了年初发生在合川县的一桩命案，内容涉及合川县县长贪污受贿包庇罪犯。该县长因而大怒，反诬卢魁铨、卢作孚"通匪"，把卢氏兄弟投入了监狱。关押期间，兄弟俩相互鼓励，不屈不挠。卢作孚还写了一封告全县各界人士的信函托人带出，他们在两个多月后被营救出狱。魁铨后来成为卢作孚事业的重要支持者和参与者。卢作孚对哥哥也非常爱戴和敬重。哥哥结婚以后没有孩子，卢作孚便商请夫人同意，将长子卢国维过继给哥哥嫂嫂。从此卢国维五兄妹都称呼他们为"爹""妈"，而称卢作孚夫妇为"爸爸"和"姊"。哥哥过世较早，卢作孚一家都将大嫂视为亲人，几十年如一日，从不分彼此。这种亲情一直延续到第四代也未中断。"文革"中，大嫂在北碚的家被抄，存折被封，没有了生活来源。卢国维不顾自己进"牛棚"、扣工资，三个子女都在农村的困难，每个月坚持给她寄生活费。后来因为第三代出世，卢国维的经济负担过重，他的小妹妹卢国仪便主动承担了一半。老人家靠着他们的资助，得以熬过了"文革"时期，活到了"四人帮"垮台的那一天。

深受父母和家人喜爱的卢作孚，也主动承担了照料弟妹和帮助他们成长的责任。他的三弟卢魁甲在晚年回忆二哥卢作孚时，感激与怀念之言滔滔不绝："他童年在家总是天天抽空替父母砍柴、抬水、抹屋、扫地、买取物品，减轻大人负担"，"他本人极节约，日夜刻苦求学，很体贴父母和大哥的劳苦身心"，"我从小至老都没有见过他与人争吵，更未见他与别人打骂。"①卢作孚在小学毕业后未能继续升学，全靠自学成才。但是只要有机会，他都会帮助弟弟妹妹学习，让他们有不断进取的机会，尤其关心他们在思想上、事业上的进步。卢魁甲回忆了许多卢作孚在他年轻时和他进行的推心置腹的谈话，其中谈到自己怎样走上救国救民的道路，谈到为什么要选择"实业救国"，给他留下了深刻印象。卢作孚曾语重心长地告诉三弟：从中国革命的历史教训出发，"不宜单一地为革命而革命，必须要多方面努力创造条件，以资协作。所以还要做造福于人民，使他们看得清，受得着，深信不疑的实际好事，首先是转变社会的不良倾向，那才能将伟大的革命事业贯彻到底"。他还和挚友恽代英私下约定，一个搞建设救国，一个搞革命救国，"相辅相成，殊途同归"。都"本着实事求是的科学态度、发扬以身作则、严以律己、宽以待人、带头实干的作风，去完成各自的任务，以达到共同的目标"。卢魁甲在《回忆卢作孚片断》中说：卢作孚早年对他说的这些话，"后来我知道他们都是这样实行的。"而卢魁甲也一直是卢作孚事业的支持者和追随者。

由于卢作孚日理万机，工作甚忙，魁甲夫妇还主动替他照顾家庭。卢作孚1924年去成都创办通俗教育馆，直到1925年仲夏回合川，一直未带家眷前往，那段时间他自己家里的事也便托付给三弟夫妇了。1923年秋，卢作孚的父亲在合川旧病复发，两老均盼念儿子、儿媳妇和孙儿、孙女。魁甲夫妇立即打点好行李护送卢作孚夫人及三个侄儿、侄女女循陆路回合川。不久，父亲病危，卢作孚急由成都赶回，刚抵家门即闻父亲已故世，心情很悲痛。他写下了《先考事略》祭悼父亲。父亲勤劳、诚实、忠厚、善良的品格也注入了卢作孚的骨髓之中。

当时四弟卢魁群（字子英）正在成都念书，卢作孚除了负担他的学费和在生活上照顾他之外，周末还让他常到少城公园的通俗教育馆做些力所能及的工作。这对他是很好的锻炼。后来考虑应该让魁群学一些先进技术，遂决定安排他到上海的机器厂作学工。1924年夏，魁

---

① 卢魁甲（尔勤）回忆，卢国模抄正。

群念完高中一年级，开始暑假生活，卢作孚给他两封信并带够路费和生活费。所带信件一封是给黄炎培的，另一封给一家机器制造厂的经理。魁群遵循二哥的嘱咐，先去看望了黄炎培。黄炎培嘱咐中华职业学校协助他找到临时的住所。他很快就去机器厂办妥手续，厂里安排他先到钳工班学识图和基本功。由于他体力好，反应快，文化也比其他学徒高，加以专心勤奋，很受工场领班和主任的重视。是年冬天，魁群得知黄埔军校第四期在上海招生。因有期限规定，他来不及去信成都同二哥商量，乃独自作出决定并很快去报了名，结果以前列名次获得录取。卢作孚虽事后得知，却表示了支持和赞许。

1926年春军校四期毕业时，国民革命军正准备北伐。卢魁群因病未能参加，后去上海护送"民生"新船回重庆。此后他一直追随二哥，成为卢作孚事业上的重要助手。在卢作孚1927年出任嘉陵江三峡特组峡防局局长期间，卢子英被任命为峡防局学生队和少年义勇队队长，后来又历任督练长、代理局长、嘉陵江三峡乡村建设实验区区长、北碚管理局局长，一直到解放。在抗日战争期间，有几位中将、少将级原黄埔军校同学曾鼓动他再返军界，可保证其获得中将军衔，还特别强调这将是直接参加抗战。魁群也曾为之动心。当他向二哥提起时，作孚反应之快出乎他意料："中国现有一两百个中将，但只有一个北碚管理局。"魁群立即会意并留了下来，继续为北碚建设服务。

为顺利进行嘉陵江三峡地区的乡村建设实验，卢作孚与其胞弟卢魁甲、卢子英、卢魁杰等在北碚筹备成立了"文化基金会"，由卢魁甲、卢魁杰捐出其振华、振隆两煤矿全部资产，交基金会作为基金经营。卢魁甲、卢魁杰等人为董事，卢作孚为董事长。基金会"以发展地方文化事业及奖励科学研究、资助清贫学子与有志上进青年"为宗旨。卢作孚还专门为基金会拟写了《文化基金会设立理由书》及《章程》等。据资料报道，这笔基金不仅促进了北碚地区的科教文化发展，"为北碚地方创造了大量的财富"，而且资助了一些著名文化人士。如科普作家高士其从延安途经北碚转香港治病和郭沫若赴苏考察，都得到了文化基金会的赞助。由此亦可知，卢作孚与其兄弟不仅在生活上手足情深，在事业上、思想上也志同道合。

卢作孚一家深厚真挚的父母情、兄弟情，在他的心田里播下了爱的种子。卢作孚从小养成的与人为善、顾全大局、长于包容的优良品格，在他后来的事业中发挥了神奇的斡旋凝聚作用。他凭借自己的人格力量，不止一次地化干戈为玉帛、化腐朽为神奇。在北碚试验区，他"化匪为民"，把打家劫舍的土匪改造为自食其力的劳动者。在刘湘和杨森两军对垒、开战在即的危急关头，他出面斡旋化解了一场恶战。他积极出谋划策，游说各路军阀，协助完成了统一四川政治军事的大业，为四川成为抗战大后方打下了坚实的基础。西安事变后，国共两党筹划成立联合政府。在两党推举的各部负责人名单中，每个部都有两个候选人，唯有实业部，两党一致推选了卢作孚。抗战中，他感召彼此针锋相对的帮派，动员了2000艘木船，同仇敌忾完成了彪炳史册的"宜昌大撤退"。在香港经营航运业务期间，他主动让出黄金航行时间，以避免同行间的恶性竞争……在国民政府的旧档案里，关于卢作孚（*时任交通部常务次长*）的鉴定中提到他"与张岳军氏（*即张群*）关系密切，并为张岳军氏与张公权氏间之沟通人"，也可从另一侧面说明他善处人事关系。

夫妻恩爱，教子有方

1917年夏秋之交，卢作孚与一位贤淑善良、秀外慧中的女性蒙淑仪结婚，并与她终生相爱，忠贞不渝。在外敌入侵、内乱频仍，山河破碎、风雨飘摇的时代背景下，他们携手同心，相濡以沫，共同构筑了一个简朴而美满的家庭，在世人眼中堪称楷模。

卢作孚当年二十四岁，在合川南津街县立中学教书。收入不算丰厚，加上追求、志趣的高远，使得在当时已属晚婚年龄的他，一直没有找到合适的伴侣。这时候，一个长卢作孚十余岁的朋友刘灼三，主动关心起他的婚事，想到了合川云门镇狮居铺亲戚蒙家的小女儿蒙秀贞。秀贞父母在世时家道殷实，父母亲相继去世后，她随七哥蒙华章及嫂嫂住在县城内久长街。蒙氏兄弟九人，姊妹二人，姐姐已出嫁。秀贞时年方十八，自幼受父母兄姐宠爱，与两个弟弟感情也很好。刘灼三向卢作孚和他的父母提亲，详尽介绍了秀贞本人和家庭的情况。刘是晚清一代知识分子，曾做过旧式学校教师，因富于正义感，爱做好事、管"闲事"，打抱不平，又是一个活跃城乡的社会活动分子，兼之肚量大、富幽默感，亲友、邻里、街坊都乐于与之交往，也赢得了卢作孚的信任。卢作孚同意刘去试试。哪知刘第一次去蒙华章家就碰了壁，一来是因为在经济条件方面，两家无法相比；二来秀贞是蒙氏兄弟百般爱护的小妹，在她的终身大事上他们的要求当然很高。那时蒙华章才二十岁，血气方刚，在县城药市街蒋祥麟开的中药行当助理。出于对妹妹的爱护和尊重，蒙华章把事情的经过都告诉了秀贞，同时表明自己的态度："穷教书先生，不能门当户对。"秀贞听后，心里却另有想法。蒙家两代一向喜欢刘灼三，他从不曾欺骗人，而且这不是男方主动托他来提亲，男方也是要挑选人的。男方既然同意灼三来，总有他的自信处。因而她暗自拿定主意："只要人好就行。"

刘灼三自认这是一桩难得的姻缘，所以不愿就此罢休。见蒙华章处说不通，又想到了秀贞的三哥。三哥名炳章，长蒙华章十一岁，家住狮居铺农村，在兄弟辈中最老成持重，旧学修养高却又最为开明。加上他与华章、秀贞联系较多，自然最受他们尊重。于是刘灼三决定把蒙炳章请出来。他跑到狮居铺一口气将自己想过多遍，在蒙华章处说过多遍的话向蒙炳章和盘托出。灼三当时很担心，如果蒙炳章也不答应，那就更糟了。没想到蒙炳章在反复向灼三询问卢作孚的情况后，欣然表示赞成，还同他一起研究这门亲事的可行性，包括应当向对方说明秀贞的长处和不足。灼三知道秀贞爱好刺绣，做得一手好菜，特别是性格好，没有私心。不足之处是，秀贞其他的家务活做得不多，只请私塾老师教过短时间的书，文化水平较低。灼三说，这些都给卢作孚讲过了，他认为不成问题。最后蒙炳章决定和刘灼三一道去说服七弟华章。华章毕竟是明理之人，当即就答应照三哥的意思办，并建议请灼三与三哥一起同秀贞谈。秀贞的回答仍然是那句话："只要人好就行。"

蒙炳章见小妹表了态，便放了心。随即便安排了相亲之事。他们将秀贞安排在县立中学校附近的一家店铺楼上，然后由灼三约卢作孚中午出来吃担担面，好让秀贞有机会仔细看看未来的"夫婿"。由于街房皆是一楼一底，外伸屋檐荫蔽了窗户，远近的行人很少会往上瞧，卢作孚当然被蒙在鼓里。据蒙淑仪后来回忆，她当时看见的卢作孚，剃的平头，身着浅灰色中山装，和灼三有说有笑，自然而质朴，一点也不做作。她心里暗自高兴。以后的事正如前文所述，秀贞嫁给了卢作孚。不过卢家的聘礼却是蒙家主动通过灼三悄悄"借"过来的，这是不为世人所知的"秘密"。秀贞的一句"只要人好就行"的名言，则被两家近亲和挚友传为美谈。

婚后不久，卢作孚为秀贞取了个新名字叫"淑仪"，并利用课余时间教她学习国文、算术、习字、写信和读报。蒙淑仪不仅容貌端庄秀丽，而且心灵手巧，做得一手漂亮的"女红"，特别是刺绣，在当地颇有一些名气。目睹她的芳容，讨点她的手工，成为街坊邻里的一大乐事。在家里的枕头、桌布、被单上，在儿孙们的衣服、围裙、鞋袜上，到处都有她精心制作的绣品，有梅、兰、竹、菊，也有蝴蝶、燕子、青蛙、金鱼……孩子们最早的看图识字不是来自书本，而是来自这些精心绣上的、活灵活现的图案。在卢作孚手把手地辅导下，蒙淑仪把做"女红"的功夫用到了读书、写字上，不仅有了小学文化程度，而且写得一手标准的毛笔小楷，后来孙儿孙女们常拿她写的信做字帖来临摹。为了让卢作孚能够全心全意搞好事业，在娘家娇生惯养的蒙淑仪，从此还挑起了家务的重担。抗美援朝时期，她一改足不出户的习惯，当上了重庆市妇女互助会的负责人，起早贪黑地带领一群女同胞挑花、绣花、做针线，有时还带她们到自己家里干活。做出来的女红都捐献出去买飞机大炮以支援前线。

1952年，卢作孚不幸逝世，给淑仪带来致命的打击。刚满五十的她，强忍住巨大的悲痛，独自撑起了失去擎天柱的家。她按照丈夫的遗嘱，退还了从公司借来的家具和从银行朋友处借来的房子，孑然一身跟着子女生活。操持家务，辛勤劳作，却不失大家闺秀的仪态，成为儿孙心目中的"偶像"。淑仪自从嫁到卢家，和她的妯娌、小姑都相处得很融洽，彼此之间从未有过争吵。1966年夏天，她和卢作孚的大嫂、五弟媳一道，游览了上海、北京等地，这是她们三妯娌一生中唯一一次结伴同游祖国大好河山。回来以后正逢"文革"爆发。"文革"中，她们都不同程度地受到迫害。蒙淑仪曾随同女儿国仪一家下放到东北农村，历尽艰辛。1984年初她以82岁的高龄去世。去世前有幸亲眼见到儿孙们从农村考上大学，走上工作岗位，全家人跟随国家改变了命运。蒙淑仪一生不施粉黛，甚至连花衣服都没穿过，但她留给人世的美丽是隽永的。

卢作孚和蒙淑仪的第一个孩子于1919年12月出生，是个男孩，因为生在成都，故取名"蓉生"。那时卢作孚正在《川报》任记者和编辑。1920年8月李劼人去法国勤工俭学，卢作孚接任《川报》社长兼总编辑。家庭和事业都面临新的起飞。1921年初卢作孚携眷到泸州就任永宁道尹公署教育科长。任职期间，川南师范学校校长王德熙和教务主任恽代英（均为少年中国学会会员）常来卢作孚家商谈学校工作及如何以通俗教育会和学校为基地，继续发扬"五四"运动宗旨和精神等大事。这时卢作孚给蓉生取了个新名字叫"国维"，恽代英连声称赞："取得好，取得好！"卢作孚给后来出生的四个孩子分别取名叫"国懿"（女）、"国纪""国仪"（女）和"国纶"。他们全部由蒙淑仪一手抚养长大。

卢作孚疼爱孩子，但从不溺爱，从小就培养他们独立自主和不怕困难的精神。在泸州时，遇周末和节假日卢作孚夫妇常带着长子国维，抱着刚出生的大女儿国懿去泸州城内有名的忠山玩。这时国维已是两岁上下，能自行走路和由大人牵着手上下山坡。卢作孚常用一个指头轻轻垫着孩子的手指，让他循着梯级一步一步地往下跳，老小均以此为乐。1923年9月，卢作孚在重庆省立女子师范学校任副董事长和国文教员，常带着三岁的儿子国维去学校跟年纪大的学生一起玩耍。孩子长大以后，他也常带着他们参加一些公开的活动，或会见一些知名人士，参与大人的谈话。借此机会，让孩子们学会交际和发表自己的意见。卢作孚还经常出一些生活中遇到的知识性题目来考孩子，比如："一张桌子有四个角，砍掉一个还有几个？""一棵树上有10只鸟，打下来一只，还有几只？"等等，以培养他们思考和解决实际问题的能力。1934年，卢国维15岁，卢作孚就让他跟随四弟卢子英率领的北碚峡防局考察团，远赴青岛、邹平、济南、泰山、曲阜、徐州、南京、苏州、上海等地参观访问，让他增长了不少见识，为他后来独自一人在上海念中学打下了基础。

有一次，卢国维和卢国纪两兄弟在从成都回重庆时，所乘坐的长途汽车遭遇车祸，沿坡岩翻倒在岩下的水田里，车上有不少人死伤。两弟兄惊魂未定，给父亲发去电报，希望公司派车去接他们。卢作孚在了解到他们只受了轻伤的情况后，没有派车去接，而是安慰他们不必惊慌，稍事休息后自己搭车回家。1944年，国民政府统一征调应届大学毕业生到抗日远征军中担任美军翻译。卢国维当年正值大学毕业，响应号召上了缅印前线，直到抗战结束才返回学校履行毕业手续。时隔多年，卢国维当年的同班同学，新加坡一位著名工商界人士曾多次感慨地告诉卢国维的儿女："当时其他高干子弟躲的躲、藏的藏，有的甚至装病逃往国外，你爸爸也是高干子弟，却主动争取上前线，而且你祖父还亲自出面支持他去，真不简单！"

据卢国维回忆，父亲平时从不大声训斥他们，即使犯了错误，也只是轻言细语地讲明道理。对孩子们的婚姻大事，卢作孚也从不包办代替，不讲"门当户对"，而是建议他们以人品和性格为重，尊重孩子自己的选择。卢国维夫人陈训方的父亲陈学池是"五四"时期的北大毕业生，曾任刘湘政府的文职官员，正当中年却因病去世。陈训方当时才15岁，便与母亲相依为命。中学毕业后，因经济拮据，没有条件上大学，就到四川省建设厅工作。当时卢作孚正任建设厅厅长，不过两人并不相识。陈训方后来靠自己的积蓄报读了华西大学药学系。大学毕业后，经陈学池生前好友、卢作孚之弟卢子英介绍嫁给了卢国维。卢作孚很看好这门婚姻。他对陈训方的知书识礼、贤惠大度很欣赏。如今，卢国维与陈训方的三个子女也事业有成。卢作孚的其他子女，也都以父母为榜样，建立了幸福而稳定的家庭。卢作孚去世之前，第三代已有六人出生。孙儿孙女们在祖母的悉心照料下，个个活泼可爱，成为卢作孚无可替代的精神慰藉。

肩负国家民族重任的卢作孚，对于家庭的责任也从未有任何的懈怠。卢作孚的小女儿卢国仪保存着父亲写给她的几封信。其中最后一封这样写道：

> 上星期函已经接到。家中一致赞成你的计划，特别是你的母亲。请你即决定安排五月回家，小孩诞生即在重庆；小孩饲养，当然是你母亲的事。只太苦了你的母亲，学习，宣传，生产，理家，带孙儿女，似乎太为繁重。但为了你的工作关系，仍当替你负起带婴孩的责任……
>
> 身体虽差，只要能胜任工作，学习与工作仍盼积极。请假之前，盼先取得上级和同事的人了解。离开早迟，恰合时间，免耽误工作过久。一个有工作责任的人，久离工作总是于心不安。故盼你有好好打算。
>
> 你的母亲的生日（即日年满五十——笔者注）并未请客，亦无客来。旧的习俗已从基本上革掉了。只在昨晚吃的是素面，今天桌上多了两三样菜，都是凑合起来的，似乎有一点表示，但绝无拜寿那一回事。

信虽然不长，字里行间却充溢着对妻子的深情和疼惜，也体现出对女儿的关切和厚爱。

写完这封信九天之后，卢作孚带着他对亲人、对事业、对人民和对祖国的深深眷念，离开了人世，留下了他洒向家庭和人间的无尽的爱。

并非书香门第，孕育了门第书香

与许多成功人士都有高深的学历背景不同的是，卢作孚的最高学历只有"小学毕业"。他曾戏称自己是"小学博士"。靠自学成才却博学多才的卢作孚，同样赢得了学界和社会的广泛拥戴。

卢作孚的父母尽管生活贫苦，对于孩子求学上进却尽了最大努力支持。大哥卢魁铨曾进私塾读书，后转到刚刚改制的合川县立小学又读了一年，才辍学回家跟随父亲做麻布生意。卢作孚小时候声音哑了不能上学，就常常跑去私塾，趴在窗口无比羡慕地看着小伙伴们读书。卢魁铨看在眼里，疼在心里，就一边上私塾，一边教他识字、写字，用自己用过的教科书教他学习，还千方百计逗他欢喜。卢作孚不能言语，就用笔写，与哥哥交流学习的体会。七岁的卢作孚在哑病痊愈后，便随大哥去北门外李家私塾启蒙读书。第二年秋天考入合川城里的瑞山书院（完小）。1904年瑞山书院改为小学堂，也称瑞山小学。在瑞山书院期间，卢作孚深知家庭困难，学习刻苦努力。每逢上学的日子，他和就读县立小学的哥哥凌晨早起，在北门和校门外等候开门时，借着微弱的煤气路灯看书。这种好学的精神令守门人非常感动。往后，只要兄弟俩一到城门，便特意将门口挂的灯挑得亮亮的，以让他们更好地读书。每学期学校发给的新书卢作孚不多几天工夫就自学完了。其中他对数学（算数）最感兴趣，习题总是赶前演算，小学毕业前就把初中的数学题做完了。较难的题目或其他功课偶尔也和大哥一起讨论。他在小学期间就认为，讨论是一个加深理解和记忆的好方法。这种求知的兴趣和自学的习惯，他保持了一生。浓厚的兴趣、勤奋的学习和独到的方法，使他在学校里的成绩始终很优异。1907年，卢作孚以第一名的成绩毕业。卢魁铨的中文学得很好，楷书也写得好，对卢作孚的帮助很大。两弟兄都学颜真卿和柳公权的字，后来偏重柳字，二人的字体很相似。

卢作孚小学临毕业时，已引起合川县城一位知名学者张石亲（字森楷）和合川县立中学校长的注意。他们和瑞山小学校长一样，都多次鼓励卢作孚进入中学深造。考虑到卢作孚家境贫困，瑞山小学校长还亲自登门相劝，表示愿意每个月送120个小钱资助他读书。但卢作孚为了两个原因婉言谢绝：一是升学上初中的教学进度太慢，难以满足他的求知欲；二是父兄二人因年景不好，已结束小贩生意，大哥仅在合川福音堂小学找到一份教国文的工作，不可能既要养家又要负担他的不断涨的学杂费。校长为他深感惋惜，并为他书写了条幅："好而不恃，为而不有"。这八个字成为卢作孚一生的座右铭。在瑞山小学历史课上学到的近代史篇章，也给了他更清晰、更系统的爱国主义教育。张石亲是晚清举人。他创办了四川第一家蚕桑公司，曾担任川汉铁路公司总经理和成都大学教授。他在兼任合川县立中学国文教师时，偶到瑞山小学讲课，发现卢作孚秉性聪慧、学习勤奋，便额外为他做特别辅导。他的风采对少年卢作孚产生了很大影响。后来卢作孚古文造诣之高，对韩（愈）柳（宗元）文章研习之深也系受张的影响。张石亲后来负责主编合川县志时，还邀请卢作孚参加编写工作。张石亲1928年在北京病逝，两年后由卢作孚等筹资移葬故里嘉陵江畔的学士山麓，建亭纪念，并楷书墓志铭立碑于纪念亭侧。

卢作孚以各门功课全优的成绩从瑞山书院毕业后，再没有进过正规学校学习。但这并不是卢作孚求学道路的终点，却是一个新的起点。小学的启蒙学习为卢作孚以后的学习及自我完善打下了良好的基础。牢记着校长的殷切期望和张石亲先生的谆谆教诲，少年卢作孚踏上了他漫长而艰辛的自学与奋斗的人生之路。他先是到成都的补习学校一边拜师学习，一边招收补习学生，以赚钱补贴家用。出于对数学的特殊爱好和天分，16岁的卢作孚还编著了《代数》《三角》《解析几何》《代数难题解》等书稿，以卢思的笔名在成都提学使立案。后出版发行了《应用数题新解》一书。对这个时期的学习，他总结了两条：数学要多做题，语文要多背诵，后来常以此来启发儿女。三弟卢魁甲有这么一段回忆："满清末年到民国初年，我同二家兄作孚在成都自修的时候，他一面辅导我练习功课，一面自己刻苦学习并勤奋地钻研科学。冀在有机会考取官费出洋去学外国新的知识，以备将来为社会服务，为人民造福。那时候他虽先后考上过四川优级师范、测绘学校、军医学校、藏文学校等，均因其能学的有限，不能达到自己的理想而未前去。"在《一段错误的经历》[①]一文中，卢作孚也提到报考陆军测绘学校的事："在宣统元年冬季，当时本人未满十七岁，曾去成都投考四川陆军测绘学堂插班生，与考者共七百余人，以年龄论，本人年纪最幼，以学识论，许多投考者皆为四川高等学堂或铁道学堂学生，暗自忖度，定是名落孙山。但结果，录取四十名，而本人已名列其内，……"

但是，卢作孚终因错过时机，失去了出国留学的机会。1912年初夏，十九岁的他辞却川东夔关监督的任命后不久，受几位留学生朋友的鼓励，在成都报考北京清华学校。当时清华招生分为两个等级，甲等入学

---

① 卢作孚（1940）：《一段错误的经历》，载《卢作孚文集（增订本）》第418页。

后只需再学半年强化英语即可获助学金去美国留学；乙等则需先在北京学习四年后才能去美国留学。卢作孚因经济条件关系只能报考甲等，但考试下来，中文、数学、中外史地均获高分，英语却没有及格，未获录取。失望之余，他仍继续积极参加建立民国后的革命活动和坚持自学。不久得知，清华将在北京再举行一次招生考试，他想去北京参加。回家得到母亲和长兄的支持，母亲拿出所有积蓄一百五十块银圆给他。余下的部分在一位姓黎的亲戚家借得。可惜的是，当卢作孚收拾行装，赶到重庆朝天门码头时，方知"蜀通"轮已于当天早上离渝东下。那时由重庆去北京都是先乘船到汉口，再换乘京汉铁路的火车。可是下游船航班不多，通常都要等几天甚至十几天才有一班。这艘"蜀通"轮已开出，卢作孚就再也赶不上考期了。他站在朝天门码头，眼望一泻千里的长江水，扼腕痛惜。这次经历使他切身体会到，交通不便是人民生活和国家政治经济发展的一大障碍。十三年后，当他创办民生实业公司时，或许受到过这个痛失良机的启发。他也常用此例告诫自己的子女，无论在求学或事业的进取上都要循序渐进。

长江阻断了卢作孚北上求学的路，却无法阻断他对于真理的探索和知识的追求。他一生都坚持自学。他对数学的浓厚兴趣，对日后的工作和事业有很大的帮助。抗战进入艰难的相持阶段时，由于灾荒和粮食贩子的囤积居奇，发生了军粮民食都十分短缺的严重问题。卢作孚临危受命担当起新成立的全国粮食管理局局长的重任。他夜以继日下乡调查，制定有关政策法规平抑粮价，并亲自组织指挥粮食的征集运输。仅在半年时间内就在四川各地紧急征集了600万石粮食。但如何把这些粮食从不通公路水路的山区运出来却成了一个大问题。卢作孚在对每个县、每个村的粮食数量和交通情况详细了解后，运用他的数学知识，提出了著名而独特的"几何计划"。即先经过周密计算，选定最合适的粮食集中点和运输路线，然后用人力将粮食从交通不便的地区运送到事先选定的公路或水路的"点"上，有一次就动员了30万人参与；再用车船将这些粮食运送到各交通要道上的粮仓中，随时准备调运前线。这样就最大限度地利用了人力、物力和交通工具，和日军抢到了时间。有学者评价："将复杂万分的粮食运输问题，缩小到易于管理的最小范围，变得简单明了，卢作孚真是深谙数学美学意蕴并将之成功导入实践活动的典范人物。"①

除了数学，卢作孚对古文、历史、地理、物理和化学等基础学科和国内外一切进步的自然科学和社会科学知识，如卢梭的《民约论》、达尔文的《物种起源》、赫胥黎的《天演论》及孙中山等人的著作也如饥似渴地学习，从而确立了自己的人生观和世界观，奠定了他走上"革命救国""教育救国"和"实业救国"道路，用"整个中国的现代化"来挽救民族危亡，强国富民的基本思想。这种自学的习惯也渗透到他的每一项具体工作之中。他每从事一桩事业，必学习掌握其要领、精髓，因为他认为，"望人做好一桩事业，自己应在前面指导，不应在后面鞭笞。"抗战前夕，年近五十的卢作孚，为了直接掌握国际政治经济的第一手资料，又重新开始自学英语。到抗战结束时，他不但阅读了大量美国《生活》杂志、《时代》周刊、《纽约时报》等英文报刊和新闻资料，而且读完了丘吉尔的《大战回忆录》厚厚两卷和艾森豪威尔的《回忆录》全卷。1944年他代表中国实业界到美国出席国际通商会议。陪同他访美的顾问孙恩三先生在《卢作孚和他的长江船队》一书中写道："卢先生精神气魄确比平常人大些，故其在美颇为彼邦人士所惊异，到处受人欢迎，预料今后必能为民生展开一新纪元，使一个国家的公司，变为世界知名的公司。"1925年在上海建造的民生公司第一艘轮船"民生"轮，即安装了一对当时颇为先进的德国奔驰公司制造的发动机。卢作孚从事业发端就瞄准了国际先进技术、设备以及现代化的管理。

由于他的事业从一开始就站到了时代前沿，所以受到当时许多科学、文化名人的支持和关注。例如对于北碚的中国西部科学院的兴建，蔡元培先生就亲自为他物色人才、寻找资料、提供标本，出了不少好主意。有不少著名学者、文人，如黄炎培、陈独秀、杜重远、晏阳初、梁漱溟、马寅初、费孝通等人，都曾到民生公司演讲，使民生公司成

---

① 冉华德：《创业雄略——卢作孚大传》，中华工商联合出版社1998年6月第1版，第280页。

为一所"社会大学"。卢作孚与其中多数人还是终生好友。抗战期间，他被聘为重庆大学教授，到大学讲授他自己写的《工商管理》。

渊博的学识和深厚的文化修养，不仅使卢作孚能够高瞻远瞩，胸怀全局，而且能运用知识和智慧在波谲云诡的商场游刃有余，胜人一筹。在民生公司所购得的外轮中，有一艘是英商太古公司的"万流"轮，1932年5月沉没于四川长寿县境内。它便是制造"万县惨案"（1926年8月29日）的罪魁祸首，撞沉中国木船三艘、中国船民数十人，并引发英军炮舰炮击万县死伤千余人、2000余店铺和民居被毁的严重事件。该轮总造价60万两白银，自重近千吨。太古公司请上海打捞公司打捞。该公司派专家实地勘察以后，宣布无法打捞。卢作孚派出工程技术人员对沉船作了仔细考察后，以世人所不敢为的胆略，用5000元的低价买下这艘大船，然后利用8只大木船装满鹅卵石，沉入水底，并将沉船和木船捆绑在一起，再请潜水员把船上的石头扔到江里，船便慢慢浮起，将沉船从江心打捞上来。"万流"轮被拖到民生机器厂和上海改建，使之成为川江上的旗舰。时任民生机器厂厂长的著名作家李劼人，在《自传》中记载了这一事件："这件事震动了船业界，尤其震惊了外国人。他们做梦也没有想到他们办不到的事，民生公司办到了。太古公司十分震怒；日本人也专门派人到民生机器厂刺探情况。谁也搞不清中国人怎么会有这么大的本领。"为了纪念这件大快人心事，卢作孚将修葺一新的"万流"轮改名为"民权"。

自学使卢作孚展翅高飞，游刃有余地从一桩事业转向另一桩事业，从人生的一个顶峰迈向另一个顶峰，用自己的行动做到了"穷则独善其身，达则兼善天下"，同时也教育和影响了他的家人。有一次，卢作孚的一位朋友在他面前夸耀自己给子女留下了一大笔遗产，卢作孚听了之后坦然笑答："我没有给子女留下任何财产，留给他们的只有知识和劳动的本领。"时隔半个多世纪，他当年的笑谈得到了验证。他的五个子女都是大学毕业，分别读的是机械工程、园艺、土木建筑、化学和财务管理。新中国成立后，他们都各自在自己的工作岗位作出了成绩，靠自己的知识和劳动的本领安身立命，报效社会。攻读造船专业的长子卢国维，大学毕业后应聘到民生公司从事技术管理，曾随团去美国、加拿大实习并监造机器和新船。新中国成立后从香港民生公司回到重庆后，在父亲1928年创办的民生机器厂（**后改为东风船厂**）工作，因工作踏实认真，待人谦虚和蔼，深得工人敬重。"文革"中，在工厂被迫停产"闹革命"的状况下，他却没有闲着，而是独自钻研日语、德语、俄语等多门外语，没想到很快便派上了用场，即将交通部分配给工厂的、从国外进口的一批机器的说明书全部翻译成中文。工厂刚一走上正轨，他就带领工人按照说明书将这些机器安装和陆续运转使用。在"文革"前就开始贯彻的所谓"阶级路线"中，卢作孚的孙子辈中有多人被拒于初中、高中和大学校门之外，加上"文革"中取消高考，故而没有一人上了大学。但在改革开放恢复高考之后，他们中有不少人考上了大学，并取得了优异成绩。卢作孚的孙子卢铿，1978年凭初中毕业的功底考上了东北大学。在校期间被评为"全国三好学生"。毕业以后"下海"，成功引进外资，以祖父"愿人人皆为园艺家，将世界造成花园一样"的遗愿为座右铭，在国内房地产行业屡创佳绩并成为领军人物之一。现在，卢作孚的第四代、第五代也已健康成长，有的正在读中小学，有的已大学或研究生毕业。其中有多人到海外深造。

卢作孚刻苦自学，自强不息的精神，为后代树立了尊师重道、崇尚知识、崇尚科学的良好风范，使得并非"书香门第"的卢氏家族，培植了自己的"门第书香"。有人说，"从卢家走出来的人就是与众不同，看上去有一种特殊的气质"，或许就是被这浓郁的"书卷气"浸润感染的结果。

造就现代集团生活

通过家庭的哺育、实践的锻炼、朋辈的砥砺、时代的感召和坚持刻苦自学，卢作孚充分了解和汲取了东方的优秀传统文化和西方的先进科学技术及进步思想，这使他从青年时代就树立的爱国主义的理想和抱负，融入了现代人文精神的特质，从而产生了强大的动力和深远的影响。

卢作孚所奉行的爱国主义思想的核心就是要让民族振兴、国家强盛、人民幸福。他认为要从根本上改变贫穷落后、被动挨打的局面，只有一个办法，就是"将整个中国现代化"。有学者指出："孙中山的民生主义、建国大纲及实业计划，已有明白的现代化思想，可在此以后，更明确提出'现代化'的口号，并对其具体内容和目标作了明确规定的人，卢作孚还是第一个。"[①] 为了实现现代化的宏伟目标，他提出了一系列的措施和办法，比如"以经济建设为中心"，瞄准世界最先进的技术和管理水平，首先实现"产业、交通、文化、国防"四个方面的现代化，同时还提到了利用外资、学习国外先进技术、聘请外国专家，等等。为了培养现代化建设的人才，他强调"教育是建设国家的根本大计"，并对学校教育、职业教育、民众教育、师资教育、乡村教育、环境教育、区域教育和廉政教育等方面进行了诸多思考和改革。他这一系列关于现代化的理论和实践，最终都落脚到"以人为本"和"人的现代化"上。他认为："教育的普及是要科学和艺术的教育普及，是要运用科学方法的技术和管理的教育普及，是要了解现代和了解国家整个建设办法的教育普及，是要欣赏建设与社会进步的教育普及。"在这里，每一个人既是受教育者，也是建设者，同时还是欣赏者，要懂得"欣赏建设与社会进步"[②]。

为此，卢作孚提出要消除封建家族制度对中国社会的不良影响，代之以富有时代意义的"现代集团生活"。卢作孚认为，造成中国政治、经济、文化落后的弊端在于："中国人只有两重社会生活——第一重是家庭，第二重是亲戚邻里朋友。"中国人"为了家庭，可以披星戴月，可以手胼足胝，可以蝇营狗苟，可以贪赃枉法，可以鼠窃狗偷，可以杀人越货。为了家庭可以牺牲了家庭以外的一切，亦可以牺牲了你自己"。[③] 从而造成"苟营家私，门阀攀比""麻木不仁，但求苟安"和"裙带关系，社会腐败"等社会问题。他建议通过创建新的"现代集团生活"来铲除封建家族制度的根基。"我们必须打破这以家

① 凌耀伦、熊甫：《前言》，载《卢作孚文集（增订本）》第12页。
② 卢作孚（1946）：《论中国战后建设》，载《卢作孚文集（增订本）》第478页。
③ 卢作孚（1934）：《社会生活与集团生活》，载《卢作孚文集（增订本）》第250页。

庭为中心的集团生活，扩大为以国家、民族为中心的集团生活，然后中国才有办法……这样就可以创造伟大的社会动力，以推动社会的发展"①。卢作孚为这种新的现代集团生活描绘了这样的图景：

我们的预备是每个人可以依赖着事业工作到老，不至于有职业的恐慌；如其老到不能工作了，则退休后有养老金；任何时候死亡有抚恤金。公司要决定住宅区域，无论无家庭的、有家庭的职工，都可以居住。里面要有美丽的花园，简单而艺术的家具，有小学校，有医院，有运动场，有电影院和戏院，有图书馆和博物馆，有极周到的消费品的供给，有极良好的公共秩序和公共习惯。②

这样就可以变家庭成员之间的依赖为社会成员之间的互助；变门阀之间的攀比为全社会的良性竞争；变人们的安于现状、与世无争、自私自利为注重公共秩序和公共利益。因为现代集团生活"产生了强有力的道德条件，并由国家制度规定起来，如当兵是国民的义务；企业者必忠实于所集资经营的事业；学者必虔诚于学术之研究；工程师必尽心竭力于机器之发明。分工必负责任；会议必服从多数之议决案；买卖可以预于数万里外，几个月前；在人丛中不喧嚣；买火车票要依到的先后鱼贯而前"③等。卢作孚认为："只有运用中国人比世界上任何文明民族更能抑制自己，牺牲自己，以为集团的精神，建设现代的集团生活，以完成现代的物质文明和社会组织的一个国家，才可以屹立在世界上。"④为此，卢作孚亲自主持了三个创造"现代集团生活"的实验，即创办成都通俗教育馆，以北碚为中心的嘉陵江三峡地区的现代化乡村建设和民生实业公司。卢作孚为这三个实验付出了极

---

① 卢作孚（1935）：《社会的动力与青年的出路》，载《卢作孚文集（增订本）》第312页。
② 卢作孚（1934）：《建设中国的困难及其必循的道路》，载《卢作孚文集（增订本）》第280页。
③ 卢作孚（1934）：《建设中国的困难及其必循的道路》，载《卢作孚文集（增订本）》第271页。
④ 卢作孚（1934）：《建设中国的困难及其必循的道路》，载《卢作孚文集（增订本）》第283页。

大的热情、精力和财力，在他的带领下，那里的人们有了全新的面貌，充满希望。

1924年1月，卢作孚辞别家人，独自一人前往成都创建通俗教育馆。他仅用了三个月的时间就调集了成都市各方面的人才，在少城公园内建立了一个包括自然陈列馆、历史陈列馆、农业陈列馆、工业陈列馆、卫生陈列馆、武器陈列馆、金石陈列馆在内的博物馆；一个兼有成人阅览室和儿童阅览室的图书馆；一个具备足球、篮球、排球、网球、田赛、径赛等各种场所和设备的公共运动场；一个配备了中西音乐及京川剧演唱等组织的音乐演奏室；一个动物园；还有一个游艺场。"所有这些设备都穿插在一些花园中。花园各依地段异其布置，或为草坪，或为花坛，或为池塘，或为山丘，或为溪流。"①馆内还经常举办各种展览，举行运动会、球类比赛、脚踏车比赛、团体操表演，音乐演奏室常常开中西演奏会，游艺场常常演新剧、川剧、京剧、幻术、放电影等，"集中了社会上多数人们的欣赏，取得了多数人们的喝彩；……任何时候到过通俗教育馆的人们，都对这一新的公共事业发出了深厚的感情"②，成都通俗教育馆的成功被人形容为："使整个成都社会均为之轰动，为之迷恋。"③卢作孚这样做的目的，就是要让民众看到和参与通俗教育馆的建设，从中受到鼓励和启发，亲身感受现代集团生活的活力和成效，"不但使人惊服于我们活动的成绩，尤其是我们活动的精神，因而有深刻的感应将这静的社会变成动的社会。"④

1925年10月，因为"纷乱的政治不可凭依"，卢作孚决定走"实业救国"的道路，筹备成立了民生实业股份有限公司。民生公司作为卢作孚"集团生活"的第二个实验，他为之付出了极大的心血。从

---

① 卢作孚（1934）：《建设中国的困难及其必循的道路》，载《卢作孚文集（增订本）》第276页。

② 卢作孚（1934）：《建设中国的困难及其必循的道路》，载《卢作孚文集（增订本）》第277页。

③ 葛向荣：《我所知道卢作孚先生的艰辛历程》，参见《卢作孚追思录》，周永林、凌耀伦主编，重庆出版社2001年10月第1版，第77页。

④ 卢作孚（1933）：《我们的要求和训练》，载《卢作孚文集（增订本）》第223页。

一艘船开始点石成金，把民生公司办成国内最大的民族航运企业的同时，他为民生公司创立了堪称世界先进水平的管理制度，设计了被著名经济学家厉以宁先生称为"卢作孚先生创立的民生公司，有理由被认定为20世纪20年代至40年代内企业文化建设卓有成效的一个范例"[①]的企业文化。他把民生公司办成了名副其实的"社会大学"，让员工走进了新的集团生活。民生公司举办了各级各类不同的培训班和各种讲演、集会，长期坚持了包括家属在内的"全员训练"和"全面训练"。社会上的人都称道："民生人有一种特殊的精神气质。"两年前，中央电视台的一位制片人，为了拍摄卢作孚的专题片，拜访了几位在世的民生老人，回来后告诉笔者："没想到一个人的影响力能保持这么长久。这些年届八九十岁的老人回忆起卢作孚和民生公司，还是那样激动，那样神往。"

民生公司的船舶绝大部分是客货两用轮，既可以载人也可以装货。卢作孚当初选择航运事业作为"实业救国"理想的载体，就是因为这是一个面对大众的服务行业。广大乘客可以通过对民生服务和民生精神的亲身体验，受到"现代集团生活"的感染，进而提高自身的修养，规范自己的行为举止。在民生公司的各种培训班中，有为船员举办的专业培训，包括理货员、机器工、学徒、茶房（**即客房服务员**）、水手等。其中仅"茶房"培训科目就有：侍监学、医药常识、图书管理常识等。并制定了《茶房须知》，以此为基准，训练服务员的行动必须达到"五快"，即眼快于观察、耳快于细听、口快于应答、手快于递送、脚快于接应。叠衣服、捆铺盖、为客人穿衣接帽、迎送客人等诸事都要经过严格训练。1938年11月，著名作家胡风在宜昌搭乘民生公司的轮船去重庆避难。事后撰文回忆道："民生公司是以服务周到，没有一般轮船的积习而出名的。……一个穿白制服的年青服务员领我们到舱里。一看，里面床上铺着雪白的床单和枕头，小桌上放了茶壶茶杯，井井有条，非常整洁，的确和别处的官舱不同……在这里只要不出房门，不走下去，就仍和太平年月的出门旅行差不多。"

---

① 厉以宁：《卢作孚文集（增订本）·序》，载《卢作孚文集（增订本）》第4页。

船到万县，"进来了一个很年青的小服务员帮我捆行李。这时我正拿它没办法呢，因为我在铺盖里还得放上换洗衣服等杂物，很难捆好。而在他手里，用棉被将它们一包，用绳一捆，一个四四方方、有棱有角的铺盖卷就打好了。他们是经过训练的，学了一些本领。他很有礼貌地送我们下到划子上，还不肯收小费。我亲身体验到了民生轮船公司良好的服务态度和经营方针，如果不是战争，他一定能够击败外商的轮船公司。"[①]民国著名学者、北京大学教授陈衡哲记述她1935年12月从汉口乘坐民生公司的民权轮到宜昌转重庆的经历时写道："我们坐在里面，都感到一种自尊的舒适。"[②]

而卢作孚与民生公司，也为广大员工创造了领先于当时社会生活水准的、优越的"现代集团生活"。仅从抗战时期民生机器厂厂长周茂柏所著《抗战第六年之民生机器厂》一文，便可知当时整个公司职工福利待遇之一斑："除优给薪资外，并加给生活津贴，食米津贴以及各项奖金特酬"，日常生活，"则有消费合作社为之供给米油盐柴炭"，"一切日用品，均拟以廉价供给"；孩子教育，"则有职工子弟学校，免费收纳职工子弟就学"；工厂安全和员工医疗，"均有特殊之设备，以达到生活安谧之地步"。在民生公司这个温馨而有生活保障的家园里，全体员工怎能不"工作勤奋，乐群敬业"！抗战期间，周茂柏率领全厂职工，奋勇承担了川江绝大多数的船舶维修任务，前后不下1000艘次。不仅修船，还要改造旧船，打捞沉船，建造新船，从1939年到1943年就造船19艘，从而有力地保障了抗战运输。整个民生公司在抗战中作出的贡献更是可圈可点。抗战一爆发，卢作孚就号召："民生公司应该动员起来参加战争。""国家对外的战争开始了，民生公司的任务也就开始了。"从此，民生公司在以爱国主义为出发点的"民生精神"激励下，动员全体职工，调派了全部船舶，冒着敌机轰炸，英勇地投入了紧张而又艰险的抗战运输。在整个抗战运输中，民生公司共有117位员工牺牲，61人致残，16艘轮船被炸沉、炸

---

① 胡风：《回忆录》，《胡风全集》第7集，湖北人民出版社1999年版，第409页。

② 陈衡哲：《川行琐记：一封给朋友们的公信》，《独立评论》第190号，1936年3月1日，第15页。

伤，其中无法打捞和修复的11艘。其他被敌机炸毁的厂房、仓库、码头、趸船、装卸机械等也损失甚巨。民生公司为挽救民族危亡所作出的牺牲已载入史册。

在卢作孚的"现代集团生活"的三大实验中，北碚的现代乡村建设是其中规模最大、范围最广、影响最深远，也是他本人最喜爱的一个。北碚原本是嘉陵江三峡地区的一个小镇，位于四县交界四不管之处，土匪出没，民不聊生。1927年卢作孚担任峡防局长后，决意把这个地区"经营成一个灿烂美妙的乐土，影响到四周的地方，逐渐都经营起来，都成为灿烂美妙的乐土"[①]。从经济发展到市容市貌，从科学文化到区域教育，从规划设计到付诸实施，卢作孚可以说是亲力亲为，殚精竭虑。他亲自为北碚城的建设绘制蓝图，包括街道两旁的法国梧桐树苗，也从上海运来；他亲自带兵剿匪，并"以匪治匪""化匪为民"，将土匪改造成"建设的力量"；他亲手建立少年义勇队，训练青年与民众，革除封建迷信陈规陋习，树立科学文明的新风尚。从此，北碚有了自己的小学、中学、大学及各类民众学校；有了医院、图书馆、博物馆、大会堂、平民公园、公共运动场；有了自己的报纸《嘉陵江日报》；也有了自己的农场、企业、矿山、铁路。卢作孚还在北碚创建了名扬中外的中国西部科学院。正是这个科学院的考察队，首先发现了熊猫这种珍稀动物品种和攀枝花地区丰富的地下资源。

"但愿人人都为园艺家，把社会布置成花园一样美丽；都为建筑家，把社会一切事业都建筑完成"[②]，这是卢作孚终生追求的梦想。他希望在北碚这个地方，"凡有市场必有公园，凡有山水雄胜的地方必有公园，凡有茂林修竹的地方必有公园，凡有温泉或飞瀑的地方必有公园，在那山间水间有这许多自然的美，如果加以人为的布置，可以形成一个浏览区域，这便是我们最初悬着的理想——一个社会的理想"。[③]他上任峡防局局长时发布的第一个文告便是《建修嘉陵江温泉

---

①　《两年来的峡防局》，江巴璧合四县峡防团务局1929年刊，第2页。

②　卢作孚（1934）：《怎么样做事——为社会做事》，载《卢作孚文集（增订本）》第242页。

③　卢作孚（1934）：《建设中国的困难及其必循的道路》，载《卢作孚文集（增订本）》第277页。

峡温泉公园募捐启》。在《募捐启》中，他为温泉公园勾画了一幅动人的前景："将来经营有绪，学生可到此旅行；病人可到此调摄；文学家可到此涵养性灵；美术家可到此即景写生；园艺家可到此讲求林圃；实业家可到此经营工厂，开拓矿产；生物学者可到此采集标本；地质学者可到此考察岩石；硕士宿儒，可到此勒石题名；军政绅商，都市生活之余，可到此消除烦虑，人但莅此，咸有裨益……"①卢作孚的诚意和才干打动了远近的军人、商贾与士绅，于是捐款源源而至，温泉公园如期建成，后被人们称为"北温泉"，曾有无数中外名人到访。北温泉和北碚从此成为国内外著名的风景旅游胜地，如今仍被称为重庆市的"后花园"。

卢作孚曾说："我之所以喜欢北碚，胜于自己主办的事业，也正因为它是一个优良的教育环境。"②北碚不仅兴建了自己的实验中小学，抗战时期又迁入了以复旦大学为代表的10多所大专院校。北碚城里还开设了各种学习班、培训班。卢作孚叙述道："在船夫休息的囤船上办了一个船夫学校，在力夫休息的茶社里办了一个力夫学校，为训练妇女的职业技能办了一个妇女学校。设置了三个书报阅览处。在各茶社、酒店里都张贴着一切国防的、产业的、交通的、文化的和生活常识的照片、图书，都悬着新闻简报的挂牌，在市集正繁盛的时候都有人去做简单的报告。"③笼罩着浓厚的学习风气："……每晚都有许多男女青年朋友在读书，北碚市中学校园道上，体育场间，一到晚上八点以后，随处碰到手里拿着书本的人，不是民众学校夜学出来的学生们，就是在图书馆研究东北问题的峡局职员。从来峡局文化事业莫有见过如此的兴盛现象，尤其是晚间。"④一位家住北碚的作家朋友告诉笔者，北碚的民众至今还保持着喜爱读书和崇尚知识的良好风气。

卢作孚最终实现了将北碚"布置经营成一现代乡镇的模型"的理

---

① 卢作孚（1927）：《建修嘉陵江温泉峡温泉公园募捐启》，载《卢作孚文集（增订本）》第 55 页。

② 卢作孚（1948）：《如何改革小学教育》，载《卢作孚文集（增订本）》第 505 页。

③ 卢作孚（1934）：《四川嘉陵江三峡的乡村运动》，载《卢作孚文集（增订本）》第 290 页。

④ 《北碚晚上踊跃着读书的人们》，《嘉陵江日报》1931 年 11 月 22 日。

想。1933 年 8 月，中国科学社年会接受卢作孚邀请，在北温泉召开第
18 届年会，近代学术团体在四川召开年会尚属首次。卢作孚被推选为
会长。1934 年中，到北碚考察的经济学家张肖梅赞叹："与教育有极
深切关系的三峡地方，实为川中之洞天福地，不啻世外桃源……道路
之清洁，布置之齐整，为全国各地所无；上古盛治之世，道不拾遗，
夜不闭户者，仿佛似之。"①1933 年 8 月 27 日的《嘉陵江日报》刊载的
中国科学社总干事关于北碚印象的谈话称："峡区各项事业，经作孚
先生之苦心经营，迄今可谓成功。江苏有南通，四川有北碚。南通之
建设固是完备，如同北碚之精神上之建设，视之南通更为完备，且
精神之建设较之物质之建设尤为长久。"著名教育家陶行知先生曾说
过："北碚的建设……可谓将来如何建设新中国的缩影。"②1947 年 12
月联合国教科文组织派代表到北碚考察，并于 1948 年 2 月将北碚定为
"基本教育实验区"。卢作孚在战前就开始着力经营和建设的北碚，在
抗战爆发后接待和安置了大批来大后方避难的科学家和文化人。中华
全国文艺界抗敌协会的办公处设于北碚，云集了著名的文学家、艺术
家一百多人，以笔为戈、抗日救国。故北碚在当时被称为"战时的世
外桃源"和"东方的诺亚方舟"。

　　而卢作孚自身特有的风范，也通过"现代集团生活"的成功实
验，突破了家族门第，扩展到成都通俗教育馆，扩展到民生公司，扩
展到北碚和嘉陵江三峡地区，乃至扩展到他魂牵梦萦的整个国家。他
的经验证明："提供新的集团生活是任何人应有的责任，不仅是当局
的责任，任何人都可以从自己的地位提倡起来，并不需要选择更好的
地位。"③以人的现代化为终极目的，使卢作孚的爱国主义思想超越了
他所处的时代，贴近了我们今天的生活。

---

① 《张肖梅谈考察观感》（续），《商务日报》1934 年 6 月 21 日，第 6 版。

② 陶行知：《在北碚实验区署纪念周大会上的讲演》，《陶行知全集》（三），湖南教
育出版社 1985 年版，第 311 页。

③ 卢作孚（1934）：《建设中国的困难及其必循的道路》，载《卢作孚文集（增订本）》
第 275 页。

高旷无私，风范传世

梁漱溟先生在《景仰故交卢作孚先生献词》中这样写道："……作孚先生胸怀高旷，公而忘私，为而不有，庶几乎可与古之贤哲媲美。"①这样的评价高度概括了卢作孚高洁的人品和济世的风范。

卢作孚为国家、为社会创造了难以计数的物质财富，却从未给自己和家人积攒任何私有财产。卢作孚终生都在为人民、为百姓建造花园世界，却没有给自己建造哪怕是一间简陋的住房。他是民生公司的创始人和总经理，却没有自己的股份，全家生活只靠他领取的薪金维持。股东们为酬谢他的功绩，虽赠送了一些干股，他却从未领取分文红利。他身兼数职，却只拿一份工资，其他薪金收入，包括送给他的车马费，都全部捐献给他所兴办的文教公益事业。卢作孚和他的家人一直住在公司的宿舍或租来的房子里，甚至连主要的家具也是借来的。担任政府要职时，也未移居官邸。他对家人的要求很严，从不让他们用他的专车办私事。平时他长期与公司职员一道在公司食堂进餐。家里也是粗茶淡饭，从不讲究排场和挥霍浪费。卢作孚常年剃平头，穿公司统一制作的麻布工作服，与普通人无甚分别。著名社会学家孙恩三先生曾感叹："在他新船的头等舱里，他不惜从设菲尔德（英）进口刀叉餐具，从柏林进口陶器，从布拉格进口玻璃器皿，但是在自己的餐桌上，却只放着几只普通的碗和筷子。"②晏阳初在他的回忆文章《敬怀挚友卢作孚兄》中写道："他极富创造力，具有实现理想的才干和毅力。他组织公司的资本，是向朋友和外国借钱。他自己并不想赚钱，忘我忘家，绝对无私……可见他人格的高尚，所以知道他的人，都敬佩他。"③前国民党行政院长张群曾这样评价卢作孚：

---

① 梁漱溟：《景仰故交卢作孚先生献词》，参见《卢作孚追思录》，周永林、凌耀伦主编，重庆出版社 2001 年 10 月第 1 版，第 47 页。

② 孙恩三：《卢作孚和他的长江船队》，参见《卢作孚追思录》，周永林、凌耀伦主编，重庆出版社 2001 年 10 月第 1 版，第 63 页。

③ 晏阳初：《敬怀挚友卢作孚兄》，参见《卢作孚追思录》第 45 页。

"他是一个没有受过学校教育的学者，一个没有现代个人享受要求的企业家，一个没有钱的大亨。"①对此诸多的"不协调"，卢作孚有自己的看法。他认为："最好的报酬是求仁得仁——建筑一个美好的公园，便报酬你一个美好的公园；建设一个完整的国家，便报酬你一个完整的国家。这是何等伟大而且可靠的报酬！它可以安慰你的灵魂，它可以沉溺你的终身，它可以感动无数人心，它可以变更一个社会，乃至于社会的风气……"②

在国家和人民需要的时候，卢作孚赴汤蹈火也在所不辞。抗战爆发，他以一介平民的身份，被国民政府任命为交通部常务次长，负责组织指挥战时水路运输。抗战运输中最为紧张的一幕，发生在1938年10月的宜昌。在此之前的"大半年间，以扬子江中下游及海运轮船的全力，将所有一切人员和器材，集中到了宜昌。扬子江上游运输能力究嫌太小，汉口陷落后，还有三万以上待运的人员，九万吨以上待运的器材，在宜昌拥塞着。全中国的兵工工业、航空工业、重工业、轻工业的生命，完全交付在这里了。"③而长江上游的枯水季节又即将到来。在这千钧一发之际，卢作孚亲到宜昌坐镇指挥。他首先整顿、理顺混乱的秩序，又亲自组织实施分段运输方案和整顿码头操作程序，"尽量做到所有的力量和所有的时间，没有停顿一个日子，或枉费一个钟点。"入夜，宜昌两岸码头还通宵作业，工人的歌唱，汽笛的鸣叫，起重机的呼号，"配合成了一支极其悲壮的交响曲，写出了中国人动员起来反抗敌人的力量。"④著名爱国人士晏阳初先生曾感慨地称这次撤退为"中国实业上的敦刻尔克"，认为"其紧张或与'敦刻尔克'无多差异。"中央电视台专题片《卢作孚1938》指出，"敦刻尔克大撤退依靠一个国家的力量，由一个军事部门指挥完成。宜昌大撤退

① 孙恩三：《极大的不协调》，参见《卢作孚追思录》第64页。

② 卢作孚（1934）：《工作的报酬》，载《卢作孚文集（增订本）》第244页。

③ 卢作孚（1943）：《一桩惨淡经营的事业——民生实业公司》，载《卢作孚文集（增订本）》第444页。

④ 卢作孚（1943）：《一桩惨淡经营的事业——民生实业公司》，载《卢作孚文集（增订本）》第445页。

则完全依靠的是卢作孚和他的民生公司。这样的撤退在中外战争史上只此一例。"据《宜昌大撤退图文志》介绍，"1940年6月宜昌失守以后，在接近日军阵地的平善坝、南沱、三斗坪一带，还有一部分兵工器材堆放在那里。一般人惧怕日军，不敢前往装运。卢作孚亲自率领船只前往抢运装卸。每天傍晚开去，连夜装船，待天明即开走，不久即抢运完毕。"①因抗战有功，卢作孚曾四次获得国民政府颁发的勋章。

卢作孚一生不恋仕途，多次拒官不当。即使为了国家民族的需要或临危受命而做官，也要事先讲好条件：在任务完成或危机过去之后便辞官。早在19岁时，从未做过官的卢作孚就拒了一次官，那是辛亥革命刚刚结束之时。四川都督府论功行赏，任命他为川东奉节的夔关监督。用今天的话来说，就是四川的海关关长，年薪4万两白银。这对于生活清贫的卢作孚和他的一家老小来说，不啻是一个极大的诱惑，但卢作孚认为这个职位不足以实现他强国富民的理想，所以"固辞不就"，随后便沿江东下上海寻求救国救民之路。1926年，当时的万县市督办（即市长）杨森曾邀请卢作孚任万县市佐办（即副市长）。卢作孚以他的事业（民生公司）刚刚起步为由，婉言辞谢，并撰写了"万县城区建设规划"作为对杨森的答谢。1929年，当时的四川善后督办刘湘聘请他担任川江航务管理处处长，整顿和统一川江航运，以壮大在帝国主义势力挤压下日益衰落的民族航运业。卢作孚提出两个条件：第一，他推荐何北衡担任副处长，以便在完成任务离职的时候有人接任；第二，统一川江航业采取合作、购买和代理的办法。在刘湘答应这两个条件后他上任，很快使打开局面，并且"开创了自《天津条约》丧失内河航行权以来中国士兵检查外轮的先例。"②由于用行政手段难以实现他的第二个目标，半年后他便辞职。最终用经济办法统一了川江航业，从而保障了抗战时期长江大动脉的畅通无阻。

他坚辞未果而不得不当的官，是在1936年刘湘新任四川省主席，邀请他出任建设厅长的时候。当时他"同着何北衡一道，面向刘主席

---

① 朱复胜：《宜昌大撤退图文志》，贵州人民出版社2005年版，第67页。

② 凌耀伦、熊甫：《卢作孚文集（增订本）·前言》，载《卢作孚文集（增订本）》第9页。

辞谢，整整说了十六个钟头，不得要领，不得已勉强承担了。"①对于这个不想做的官，卢作孚既然承担下来，也决不敷衍了事。上任仅一年半的时间，便做了以下几件大事：在全省各主要农作区设立水稻、蚕桑、棉花、柑桔、甘蔗、畜牧等研究机构，改良农作物品种和农业生产方式，整修公路桥梁，筹建成渝铁路，维修都江堰水利工程，勘查四川的工商、农业、森林、矿产、水利等资源，等等。后来成为卢作孚长媳的陈训方，当时高中毕业在建设厅做文员，曾目睹卢作孚惊人的工作效率："他可以同时听取七八个人汇报工作，而从不错乱"，"他作报告不看稿子，可以一口气说出一连串数据"。抗战中的1940年，在前线军粮短缺的危急关头，他在负责战时运输的同时，又被委任为第一任全国粮食局局长，在半年时间内征集了600万石军粮送上前线。资深记者徐盈曾在一篇文章中写道："……我看到他就任中国有史以来的首任粮食局长，为了昼夜用电话发号施令而嘶哑了的喉咙。"无论是交通部常务次长，还是粮食局局长，卢作孚都是事先谈好辞官条件，并说到做到，在抗战结束之前便借身体问题陆续辞去了上述职务。

将中国现代化的事业看作自己生命的卢作孚，生活虽然淡泊，精神却是幸福的，他认为：

> 人生的快慰不是享受幸福，而是创造幸福，不在创造个人的幸福，供给个人欣赏，而在创造公众幸福，与公众一同享受。最快慰的是且创造，且欣赏，且看公众欣赏。这种滋味不去经验，不能尝到。平常人以为替自己培植一个花园或建筑一间房子，自己享受是快乐的，不知道替公众培植一个花园或建筑一间房子，看着公众很快乐地去享受，或自己亦在其中，更快乐。②

卢作孚高旷而圣洁的风范，赢得了社会和人民的广泛敬重。在

---

① 卢作孚（1943）：《一桩惨淡经营的事业——民生实业公司》，载《卢作孚文集（增订本）》第449页。

② 卢作孚（1930）：《四川人的大梦其醒》，载《卢作孚文集（增订本）》第77页。

1999年3月人民大会堂举行的《卢作孚文集》新闻发布会上，统战部副部长胡德平先生指出："《卢作孚文集》的出版是一件大好事……给后人留下了珍贵的思想文化遗产。他从民族的近代工业的角度，向世人说明，中国人并不自私自利，只看社会的影响如何……历史唯物主义认为人的本质是一切社会关系的总和。卢作孚先生这一独特智慧的思想与之并行不悖，方向相同，非常值得我国从事非公有制经济的认识和一切深处市场经济之中的人们的反复思索和再三玩味。"[①] 当时的全国工商联主席经叔平先生号召"当今的中国民营企业家和工商界的广大朋友，读一读《卢作孚文集》，从中吸取营养，吸取经验，吸取智慧，发扬卢作孚爱国、敬业、无私的崇高精神，为我国经济的健康发展，为中国国力的增强，为广大人民群众物质文明生活的不断提高，作出积极的、应有的贡献"[②]。在2003年4月纪念卢作孚110周年诞辰的系列活动中，卢作孚的家乡合川和北碚的党政领导及广大市民，深情缅怀了他为家乡、为国家的现代化建设所作出的巨大贡献和不朽业绩，表示要学习他的高尚情操及伟大人格，并落实到为人民富裕、祖国强盛而奋然前行的实际行动上来，以早日实现家乡全面建设小康社会的发展目标。而在西南大学举行的学术研讨会上，学者们对卢作孚有这样的共识："他把金钱与良知、精明与仁爱、事业与责任、个我与世界的矛盾，一一加以消解、转化、升华；把西方资本主义的自由与效率天才地融冶于中华人文风教和伦理秩序；他首创的企业管理和企业文化，足为中国二十一世纪的企业家垂范。"扎根于五千年中华文明沃土之上的卢作孚的精神风范，既滋养着卢氏家族，也润泽着中华大地。

---

① 胡德平：《发扬和借鉴老一辈民族实业家的精神和经验》，参见《卢作孚研究文集》，凌耀伦、周永林编著，北京大学出版社2000年版，第22页。

② 经叔平：《发扬卢作孚先生爱国、敬业、无私的崇高精神》，同上，第25页。

卢作孚对子女的教育

卢国维 [①]

　　父亲对子女的教育常常是，也主要是透过学校（**主要是小学、中学**）集体。他想到的办法多建议学校去推行，让更多的子弟共同受益，德智体群美五育兼顾，互为影响，效果极好。瑞山小学和兼善中学都提倡劳动，提倡社会服务，绿化和环保卫生都自觉出力，自觉保持。在瑞山小学，实用小学，兼善中学，音乐、舞蹈、舞剧、图画、写生各项活动，由教师根据学生的特长分别组织，也可由学生自由挑选。活动或表演范围常超出校园，扩大到城区和农村。每逢地区大型运动会或盛大节日，学校均参加演出，广受市民的欢迎。有时瑞山小学还组织到北碚联欢，到重庆剧院演出。每逢"九·一八""一·二八"周年纪念日，两小一中师生都到街上、剧院演出宣传。所有这些活动，父亲都鼓励孩子们积极参加。由于自幼受到父亲的直接和间接关心鼓励，孩子们很自然地融入这些团队和活动之中，多成了其中的主角与骨干。这对他们的成长，对他们日后学业、事业的发展，社会交往，特别是培养爱国情操有着莫大影响。在树立爱国思想方面，父亲的言传身教对孩子们的启发更是十分深远。

　　为培养孩子们的胆识，父亲鼓励我们利用寒暑假期出外旅行，比如让我和二弟（**卢国纪**）一个暑假乘船去泸州、宜宾、屏山（**原定去**

　　[①] 卢国维系卢作孚长子。

乐山转成都，后因水退航道太浅未果）；一个寒假乘车经内江去成都，在晏阳初先生家里住了两个星期，目的是体验西方生活（晏阳初先生夫人是英国籍），学英文和与华西大学英、美、加拿大老师家人交往。我在兼善中学初中毕业时，向父亲要求去全国最好之一的上海中学上高中，父亲立即答应，鼓励我大胆去上海报考。我以备考第二名入学，一年届满就达到了班上第五名（全班56人，其中数学第一；后因"八·一三"上海抗战开始，转学到重庆南开中学），这大大增强了我的信心。上海中学放寒假时，父亲鼓励我旅行，提供了南北两条线路给我选择。时因北平局势紧张，我选择了南线，即从上海经杭州、南昌、九江、南京回上海的一线。途经南京见到父亲老友、《新民报》创办人陈铭德先生时，陈说父亲曾建议他向我"抽税"，即要我交一篇旅游见闻稿给他。我回到上海写好后寄给陈老伯，约一周后，陈将刊载我的游记的报纸寄给了我，并在信上夸我写得好，盼望以后继续投稿。

父亲还有三段谈话是孩子们印象最深的。一是国民党组建青年团后编写的十二项"青年守则"里面有两项即"有恒为成功之本"和"助人为快乐之本"是很有道理的，值得参考。二是应养成节约的好习惯，但为学习所需的费用和医药、健康需要的钱不能省。再就是求学不能躐等①，基础始终要打好，要循序渐进。

为启发孩子们的幽默感，父亲常讲一些类似《读者文摘》的趣闻小品、从友人处听到的政治笑话，乃至成都等地流行的讽刺对联给孩子们听，讲完又同我们一起大笑。孩子们也常将从学校或老师处听来的消息讲给他听，家里常见这样的轻快气氛，这几乎形成了传统。我的外孙女在家庭的影响下，很自然地形成了幽默感，大大有助于她在校园里与人交往，到国外留学时也顺利地融入了当地社会。

在抗日战争时期，父亲不像以前和战后那样常去数千里以外办事，政府机关和企业单位都在重庆，孩子们上学也都在重庆郊区，周末多能见到孩子们。但这也是他最忙的时期。他常利用周末去朋友家

①　即盲目超前——卢晓蓉注。

访谈，或去工厂参观，或去北碚视察等机会带着孩子们一道。乘车和步行途中是轻松闲谈的机会，同朋友交谈又让孩子们得益，同时也是一种待人接物的示范。我随父亲拜访友人时常有机会同老伯伯们闲谈，次数最多的是张岳军（张群）、黄任之（黄炎培）和晏阳初。老伯伯问及我当前的学习和未来的志向，表示了肯定和鼓励，对我后来的影响不小。特别是黄任之，他将我看作他的子侄和学生，在我的婚礼上作证婚人讲话时，都津津乐道地提到过去关心我的一些轶事。我的弟弟妹妹们先后也有参加，随同父亲去参观的厂矿有修造船厂、钢铁厂、机器厂、纺织染厂、煤矿、水泥厂等。除此以外，还有轮船、公路管理干部培训基地。去北碚和温泉次数较多，主要是去看新的建树和环保工作。这些活动使厂矿职工、船员、地方建设和管理人员得到鼓舞，子女增长了见识，父亲自己也得到适当休息。

对孩子们的学校教育，父亲主张应上比较重视全面发展的好学校。除上述瑞山小学、兼善中学、上海中学、重庆南开中学外，儿女们所上的大学还有中央大学（我和二弟），金陵大学（大妹国懿、二妹国仪），重庆大学（三弟国纶）。父亲常说，搞企业管理必须先掌握技术，上大学选专业应该选技术专业。我有志于航运，于是选学了机械并偏重内燃机，后来到民生公司工作，战后与同事们一起被派到美国、加拿大实习和监造船机和新船。其后在香港三年间参加船队营运管理工作。船队返回内地后，根据自愿到东风船厂（即父亲以前创办的民生机器厂），最后于20世纪80年代初调长航总局又做了四年技术性管理工作（与西欧三国的公司合作生产新型船机设备）。大妹从金大园艺系毕业后去美国佛罗里达大学研究生院进修园艺，获农学硕士学位，后随丈夫定居美国加州。二弟亦系中央大学土木工程系毕业，后到天府煤矿公司和市煤炭工业管理局工作。二妹金大化学系毕业，后到中科院长春应用化学研究所和南京大学做研究工作。三弟在重大铁道管理系财会专业肄业，后毕业于西南铁路局高级业务训练班，并先后在重庆和成都铁路局负责财务管理工作。他们都有高级技术职称。

父亲有时也以自己的好经验启发儿女们的学习方法，例如数学要多做习题；语文（中英文）要多朗读、多背诵；课前要预习，课堂上做笔记或画红线、加眉批，课后即时复习等。读好的历史小说有助于学好历史和古代、近代语文。我和弟弟妹妹都受到感染，从而掌握了这样的一些方法，感到极为有效。

由于在父亲的主张下，小学、中学提倡劳动，大学在校实习和暑假校外自洽实习多（后者主要是父亲的鼓励），我因而熟悉劳动，热爱技术操作，也不惧六七十年代的下放劳动。在这方面深得工厂老工人的好评，年轻工人多称我为"掌门"。我深感一生有形无形得之于父亲的教益实在太多，可惜的是没有能全面实现他对自己的期望。又因所处年代，对子女的教育也多无能为力。幸得改革开放，子女有机会读了父亲的著作和听到父母、亲友以及"老民生"等前辈关于父亲生活、工作的忆述，也受到感染和教育。现正协助他们引导再下一代的全面发展。

卢作孚在香港的生活片断和回京前后

卢国维

1948年孟冬，淮海战役前夕，国民党毫不顾惜已濒于崩溃的国民经济，沿江沿海见船就拉差，并在长江口布雷封锁航道。民生公司用加拿大银行贷款在加拿大魁北克订造的九艘新型长江客货轮（即"门"字轮，其中主要供旅游的三艘较大，名叫虎门、玉门、雁门），陆续建成并自航回国。除荆门、夔门完工最早，已于当年秋先期进入长江外，余因航道封锁，均驶至香港待命。1949年春，民生公司香港分公司成立，开辟港穗航线，经营客货运输，用两艘小"门"字轮每日对开。这样既便利了旅客和商货，又有固定收入可应付一部分开支。

我们被派往美、加实习和监造新船的轮机、技术人员，都按计划分批随船回国。我和一位老轮机长所负责的玉门轮是倒数第二艘，我们经巴拿马运河和檀香山到达香港的日期是1949年4月10日。

船抵香港，正好当天报纸在头版显著位置，刊载了国民党行政院长何应钦电邀父亲卢作孚到南京就任交通部长的消息。当时父亲是在重庆。我读了这段消息，觉得他们在报纸上公开发表这条新闻，无非是要向海内外广为宣传，以扩大影响，暗笑何应钦的愿望必将落空。长时间以来，国民党派系复杂，平日只知争权夺利，互相倾轧，只是在受到国际国内形势逼迫时才不得不稍有收敛，并标榜团结，标榜所谓人才内阁、和平内阁，从形式上营造选贤任能的印象。如西安事变、抗战初始、大规模外援到来和内战连连失败以致走投无路时就正是如此。1949年形势与抗日战争完全不同。抗战中期以后父亲尚且拒绝了国民党当局提出的一系列行政院部长、主委职务，他怎会在这个时候应邀去南京！

4月底，我爱人训方辞去美国密执安大学实验医院的工作回到香港。5月5号接重庆家里电报，知三岁小女儿晓蓉将于7日跟随爷爷自重庆飞来广州，我和训方便于当晚乘"石门"轮去广州接。7号下午5时左右，飞机在白云机场降落，父亲、晏阳初（乡建教育家）和蒋梦麟（原北京大学校长）一同走下飞机。同父亲、女儿久别重聚，心里自是万分高兴。因民生公司新设广州分公司的业务正待展开，有许多问题需要研究处理，父亲要在广州住一段时间，我们当晚便带着女儿先回香港。

回到香港不过十天，又见报载，刚迁广州的国民党政府人才孔亟，新任行政院长阎锡山再次邀请父亲出任交通部长。不过一二天时间，父亲却带着通讯员小林来香港了。听小林说，阎锡山曾于两天内两次到爱群酒家拜访（第一次不遇，留下名片，第二次才见到），但被父亲谢绝，随即为了避免新的干扰，提前来到香港。

父亲客居香港期间，一直住在中国旅行社经营的新宁招待所。该所坐落在由市中心汇丰银行通往愉园的英皇道中的一个住宅区，是一所灰白色四层楼房，客房都是小间或小套间。同中旅社在西南各省和仰光、加尔各答设立的招待所、旅馆一样，陈设朴素大方，工作人员效率高，服务态度好，旅客多有"宾至如归"之感。

父亲每周大部分时间是到分公司研究、商讨业务，通过函电领导重庆总公司的工作和上船观察、指导客运服务，其余时间则在招待所阅读英文书刊，每天必读《大公报》和英文《南华早报》，偶尔也接待或走访友人，他还同分公司同事一起对东南亚海运经济进行了比较详尽的调查研究。

客轮开航返航时，父亲常去码头观察服务质量。民生公司能在毫无根基的港、穗、澳地区生存、发展和赢得好评，主要不是靠设备条件，而是靠的服务质量。初始时，其他公司轮船如佛山、航利等的竞争还是很厉害的，但不过一个月时间就不行了，后来民生公司为照顾到各家公司的利益，除不再刊登广告宣传外，还主动错开开航时间，甚至将较好的时间让给其他公司。停泊中的船只父亲也去视察。上船就询问伙食和文娱生活情况，找留守船员座谈，勉励他们随时搞好船、机保养，叮嘱他们在这样的环境里要注意生活纪律。

当时民生公司香港分公司所担负的业务，主要是在港船只的营运、保养，滞港物资的保管和筹还加拿大借款利息等。办公地点在滨海的干诺道中，介于港澳、港穗两个客运码头之间，是一座租赁的三层楼房。分公司经理为杨成质，副经理林铎、顾问关铎，还有副总工程师麦乃登都是广东人。分公司设总务、业务、工务、财务和供应等五个科，有工作人员20余人，多由重庆总公司调来。我于1949年9月调上岸，直至1952年2月香港分公司业务结束时调回重庆总公司为止，都是在分公司担任技术工作。

分公司所辖船只除上述七艘"门"字号新船外，还有从华北、华东海域摆脱国民党差运的民众、太湖、宁远、定远，原已在东南亚地区航行的绥运、黄海、南海和渤海（三"海"属于民生与金城银行合营的太平洋轮船公司），上海解放前夕被国民党溃军劫持到舟山群岛后，陆续摆脱控制来港的江轮民俗、民本、渠江、怒江，合计为19艘轮船。到港船只均不再悬挂国民党旧国旗，为了防范国民党海军劫掠和特务破坏，新船继续挂用加拿大旗，其他营运船只则暂时改挂巴拿马旗。

小门字轮在加拿大竣工后，每两艘一批回来，到港整修后开始轮流航行于港穗线，后来并发展到两轮对开。大门字轮则轮流航行港澳线（后来调小门一艘与之对开），四艘"远"字轮和三艘"海"字轮，不定期航行于东南亚各港口，如西贡、曼谷、新加坡、雅加达和仰光间，最远曾到印度的加尔各答。1949年8月以后，因贸易不旺，运价低廉，短航客货运和海洋货运业务虽然不错，也仅足以维持运输成本，对支付停泊船员工资仍感拮据，更说不上偿还加拿大借款利息了。

父亲有一次去英商黄埔船厂查看坞修船只，厂里一位陪同观看的爱国的中国工程师悄声对父亲说："你们的船最好少来这儿修理，这些外国人开价太高,赚钱太过分了。"父亲感谢并赞扬了他。第二天上船他将如何从修船方面节省开支问题提出来同船员们商量,话音未落,一下子就热闹起来,几位船长、轮机长和机匠异口同声地说,那位工程师说出了我们正想说的话。船员们热情建议成立自修工程队,以石门、雁门、民众三轮为主,很快就组织了起来,车、钳、冷作、电焊、电工、管工各项人才都有,除轴系坞修和少量铸、锻件外,几乎全都包了,从而大大节约了港币开支。父亲觉得在这样的特殊环境和特殊情况下,发展船员自修是一件有意义的事。他除随时关心工程队的工作外,还亲自参加一次分公司在雁门船上召开的慰问茶会,对工程队的全体成员和其他船员进行了表扬。分公司在父亲的建议下,给予了全体成员和其他船员以物质奖励。

6月上旬,刚从南京金陵大学化学系毕业的二妹国仪也来到香港。此时正在美国攻读园艺科学硕士学位的大妹国懿,在佛罗里达大学研究生院为二妹请准一个奖学金名额。二妹到港住在我家,准备办妥签证手续后即去美入学。二妹除按时去一位美国女教师处补习英语外,平日常与父亲做伴。星期日我们就一道带着小女儿陪父亲去海滨游玩或看戏看电影,还到一个圆形大天蓬式马戏场看了一场马戏。我和二妹好笑,在重庆、在长江,父亲还很少有这样的闲情逸致"与民同乐"呢。

晏阳初在香港是住在教会里的外籍友人处。一个星期天下午,父亲与晏相约去山顶公园游玩,我们一家人都去了。上山是乘的缆车,分公司的小汽车空车上山候接。在茶座休憩和园内漫步间,晏老同父亲一直在亲切地倾谈,我断续听得的话题主要有:为张岳军(**即张群**)没有能按其初衷在他的行政院任内,完成国共和谈和实现联合政府而感到惋惜;国民党当权派过于顽固,它的完结只是时间问题;美国与中国共产党领导的新政府合作的可能性,同愿为此尽力;北碚中国乡村建设学院的善后,晏托父亲给予协助;晏探询父亲是否考虑去美暂住,认为住在美国比住在香港安静,可写自传或事业发展史,由他组织翻译出版等。从山上下来,刚到新宁招待所前面停车场,就碰上父亲老友、上海银行董事长兼总经理陈光甫(**中国旅行社原系上海**

银行所创办，陈兼该社董事长）。陈老挽着父亲和晏老的手一起去招待所休息室，这时我们也就分手回家了。

不几天，晏阳初乘飞机去旧金山转纽约，一月后其夫人和两个女儿也经香港去了美国。1951年，晏将其在美学习化工、音乐告一段落的两个儿子先后送回国，鼓励他们回来为祖国的建设事业作出贡献。

早在1948年夏秋，父亲第三次去美国、加拿大回国后，曾在香港住了一段时间，从那时起就通过民主人士、外贸专家古耕虞和中国银行党组同志赵忍安的安排，在党代表许涤新的办公室同许进行了多次晤谈，为后来在香港的进一步联系奠定了基础。

父亲从1949年5月中旬到香港至8月中旬离港回渝，三个月的时间精力，除用在与分公司同仁共同开拓民生公司在港业务和研究加拿大借款的还本付息外，主要是通过《大公报》和继续通过古耕虞与党的驻港机构联系，七八月间与党代表张铁生进行了接触，几次约张、古和《大公报》的周太玄在船上晤谈（停修船舶锚泊海心，比较安全），分公司经理杨成质都参加了。谈话内容也涉及民生公司船只和业务，以及加拿大造船借款等。

8月中旬父亲同二妹乘飞机回重庆。

1949年10月，因解放战争进展迅速，重庆的国民党军政大员和富商巨贾纷纷准备逃离，有的去成都，有的跑香港或台湾。如同在其他临近解放的大城市一样，国民党对有影响的知名人士开始采取狠毒的两手：一是裹胁去台，二是暗害。临到穷途末路，特务分子什么都做得出来。快到10月底了，父亲一些老朋友和学生看到重庆的恐怖气氛，担心父亲的危险处境，力劝他不妨到香港避一避。父亲当时考虑，问题倒不在个人安危，香港还有民生公司一大摊子价值近两千万美元的资产需要设法保住。这是一个无人可代替的责任。于是他把母亲和两个孙儿送到北碚，借科学院的空房安顿了临时的家，托付了当时任北碚管理局局长的子英叔叔和婶婶（二弟国纪在北碚天府煤矿公司工作，三弟国纶在重庆大学读书），11月初仍由二妹陪同乘飞机再到香港。

我同杨成质一起去启德机场接父亲，见有三架重庆来的飞机，几乎是同时到达。不言而喻，其中有的人到这里只是为过路，还要"以远"去台湾或美国。父亲这次到香港仍住新宁招待所，二妹仍住我家。

父亲到达香港后，又多次与张铁生晤谈，不是在张的寓所，就是在虎门、祁门或石门船上，每次同张谈话回来都显得十分高兴。据杨成质回忆，他参加过多次这样的晤谈，张和蔼可亲，讲话不多，父亲则侃侃而谈，除民生公司的有关问题外，还表达了自己对新中国经济文化建设的一些见解，受到张的热情赞赏。

当时客居香港的、父亲的老朋友还有何北衡（原四川省建设厅长）、王毅灵（金城银行副董事长）、吴晋航（和成银行总经理）和胡子昂（华西兴业公司董事长）等。因新宁招待所房间狭小，一般都是父亲去这些老友住宅相访。二妹听他们畅谈祖国大好形势和对未来如何为新民主主义建设献身的打算，也感到振奋。因父亲喜欢看京剧，有一次我买了马连良演出全本"甘露寺"的戏票请父亲和二妹一道去看，正好遇上何北衡一家也在看。演出休息时，何发现我们，特地过来把二妹换到前面去，他同父亲坐在一起又兴致勃勃地谈到四川农业和水利建设的过去和未来。

父亲在香港也有感到心烦的时候。

住在香港，不出所料有各方面的人来访。原国民党上海市长、中央银行总裁、内定接替阎锡山出任台湾国民党行政院长的俞鸿钧，还有原国民党交通部处级官员、当时任台湾省财政厅长的任显群，都来找过父亲。俞来是为邀请父亲担任内阁部长职务，财政部、交通部或其他任选择。总而言之是"共襄国事"。俞是张群的旧属，过去是一个比较开明的政界人士，父亲对已去台湾的想依靠美国孤注一掷的国民党人士，即令其过去有开明的表现，此时此刻当然说不上进言相劝，只是以民生公司有许多事要办为理由，对其邀请婉言谢绝了。任显群后来算是陈诚的人，陈当时已是台湾省主席，任又是抗战初期父亲在原交通部的旧属，以老部下的关系来看望父亲，实际上是要试探父亲的想法，相机进行游说。那天父亲把我叫到身边，任到后，也不叫我离去。父亲从一开始就问他重庆别后的情况，完全是长者关心晚辈的态度。任看出父亲是有准备的，很快就从吹嘘台湾的"好形势"，转到吹嘘他个人的成就，还举例说明他在财政厅任内处理几件大事是如何干练。最后见不得要领，便快快告别而去。我当时的感觉是此人比十一年前在重庆见到时不同，颇具有浓厚的江湖气质了。

台湾外事部门负责人叶公超，1950年春公出香港，他利用民生公司造船借款担保问题和国民党外交部驻港外交办事处为二妹国仪办理留学生护照及签证的机会，数次同父亲见面。叶是学者出身，曾任国民党中宣部驻伦敦办事处主任，在国民党政府内是"超然"阁员。父亲过去对他还颇有好感，在香港"门"字号船上的几次晤谈中，叶对父亲既以张岳军、陈辞修（陈诚）等人名义，用"友情"来打动，又暗示借款担保问题可能会引起麻烦。父亲面对这软硬两手很冷静，加拿大借款有关问题，父亲自信有人民政府的支持，纵有麻烦也会化险为夷。鉴于当时的现实局面和民生公司的处境，毕竟也不能过分激怒叶公超等人，还得因势利导，反复陈说利害，要他们在国际关系上为民族留余地，不可轻举妄动。父亲为谨防在港船只遭受破坏，真可说是煞费苦心。所幸不久在党和人民政府的支持下，借款付息所需外汇有了保证，国仪又在父亲的赞同下放弃美国的奖学金留学机会，不再需要国民党政府的护照和签证，国民党再也没有门路和借口来要挟父亲了。

正是在那些令人厌烦的日子里，我为父亲的安全深感忧虑，曾问父亲对晏阳初建议去美国暂住的想法。父亲说："你晏伯伯倒是一番好意，美国环境比香港单纯，作为短时间安排不失为一个方案，但我对事业负有责任，怎能丢下就走。其实只要船不受损失，我什么也不怕。"

国民党政府想利用造船借款的信用问题来做文章，加拿大政府则唯恐民生公司违约，意欲控制在港七艘"门"字轮和其他资财。加拿大外交部长皮尔逊1950年春曾来香港，在与父亲的会晤中就表露了他们的意图。皮尔逊强调加拿大政府是替三家商业银行担了保的，现在国民党政府已无能为力，如民生公司违约，就该由加拿大政府赔偿损失，而这样做加拿大的纳税人不会答应，最后可能造成议会对政府不信任。父亲一生重信用，无论是个人的还是事业的，何况造船借款更是国家间的信誉问题，他当时对除利息外从明年开始还本一事还没有把握，但对张铁生的有关传达是完全相信的，因此向皮尔逊表示民生公司保证履行合同条款，还本付息的计划绝无问题。由于包括皮尔逊在内的加拿大政府当局和民间人士对父亲个人的敬重和信任，加拿大驻香港高级专员公署对父亲和香港民生公司没有给予过分的压力。

香港是一个什么样的人都有的地方，几十种新闻报纸也代表着各种各样的政治或社会背景，社会上和报纸上关于解放战争发展和人民政府政策的谣言非常多，父亲对这些谣言同对国民党说客的危言耸听一样从来不予置理，只是对关于少数基层在执行政策中犯有某些偏差的传闻心里觉得不那么踏实，后来见《大公报》载天津毛纺厂及时纠正偏差的报道，并听该报副总编周太玄叙说，此事在上海和全国各地产生了很好影响的情况，他顿时感到开朗，加以从北京、上海、重庆等地来港的朋友们到新宁招待所或分公司看他，向他介绍了亲眼见到的一些情况，使他完全打消了顾虑。

民生公司人事室主任何道仁，青年时代曾在法国勤工俭学，与周恩来有旧。1950年春，为具体安排父亲离港回京和传达有关对民生公司的政策、民生公司在新民主主义建设中的作用以及加拿大借款还本付息的政府意见，何道仁根据周恩来指示专程前往香港两次。何第二次到港同张铁生研究了父亲回京的具体方案，按中央的考虑，父亲回京的时间应安排在全国政协第一届第二次会议的前夕。为了父亲本人和民生公司船岸资财的安全，父亲不能过早离港，离港前后也必须妥为保密。方案确定后，还有一个多月时间，父亲业务、社会活动照常，只是在预定离港前十来天，即6月1日前后，我们的小家由启德机场迁入分公司在九龙柯士甸路柯士甸公寓租赁的一套房间，又过了两天才去新宁招待所接父亲过来住下。除何北衡、杨成质和准备一同回京的原四川省建设厅主任秘书谢明霄以及民生公司其他两三位高级职员外，其他职工和父亲的朋友们只知道父亲生病在家疗养。这期间我也请公假在家，除杨成质和通信员小林外，没有任何人来会晤父亲，这个公寓是一栋棕红色的五层楼房，右邻绿树成荫，枝叶间露出一片葱翠的草坪，整个环境显得十分幽静。我们住在三楼，三室一厅。为避免与人群过多接触，三餐饭都请服务员送到楼上来吃。在这七八天时间里，毕生习惯于紧张生活和急切盼望早日回到北京的父亲觉得过得太慢。我们则因舍不得父亲离开，却又觉得过得太快。

在中国旅行社的缜密安排下，6月10日这个难以忘怀的日子终于来到了，这是一个多云的阴天，分公司青年司机驾驶着分公司的潘蒂亚克牌轿车，不到七点钟就来到公寓门前，谢明霄和新通信员小关随车同来，父亲、二妹小林早已准备好了。七点整准时出发。车上除司机外，挤坐了六个人。我去是为送父亲一程，很想一直送到广州，但因需时太久而作罢。

汽车很快就穿过九龙市区，进入新界农村，在沥青路上疾驰。父亲抑制不住内心的喜悦，不时探头张望公路两侧的原野，对嫩黄一片的早稻和各色各样的蔬菜很感兴趣，但他说终究赶不上江南和成都平原，还说想不到在香港的农村竟看不到一辆拖拉机。在离开沥青路转入山坡高地的碎石路时，父亲充满信心地自言自语："甚至香港和九龙半岛都不成问题了。"坐在前座的我和二妹回过头来，会意地笑了笑，父亲没有说出"收回"二字，想来是考虑到司机毕竟年轻，他是还要回到香港的。

在山岗上走着、走着，不一会儿见前方出现一大片茂密的树林，密林前沿是一个岔路口，右分路旁停放着一辆盖蓬卡车，我们的轿车缓缓地向那辆卡车开过去，卡车司机和一位中国旅行社的职员微笑着迎上前来，他们向父亲问好后，迅速地帮忙把行李（*两只衣箱和两三个手提包*）装上卡车车厢，我们把父亲和谢老两位老人扶上卡车，在预先安置的椅凳上坐好，二妹和两个通信员随后上车。我和司机遥望着他们的卡车绕过树林，直到车影消失，才上车掉头回去。后来听小林说，他们一行在新界途中又换了两辆小轿车，直到深圳才换乘火车去广州，沿途都有专人招呼。另据二妹回忆，在到达深圳时，父亲的情绪特别好，在与同行人员和接待人员言谈间不时发出朗朗的笑声。

我回到家里后，为对外保持平静，继续在公寓住了五六天才迁移到九龙界限街分公司宿舍，一直住到1952年2月离港回渝时为止。

6月15日，全国政协第一届第二次会议在北京怀仁堂召开，香港《大公报》和其他许多报纸逐日在头版重要位置刊登了有关报道。父亲抵达北京时，曾要求中央宣传部门不要将他回北京的事予以登报或广播，以免尚在香港的众多船只的安全受到影响。中宣部请示周恩来后，同意了这个意见。父亲作为特邀代表出席了全国政协会议，随后又被任命为西南军政委员会委员。（1951年10月还按第一次会议预留的名额，被补选为全国政协委员会委员）。

父亲在北京期间，两次受到毛泽东接见。据古耕虞公出香港时谈称，毛泽东举行了两次也有古老在座的便宴，一次是为工商界人士，一次为西南地区民主人士，父亲均与毛泽东同桌，座位紧挨着毛泽东。周恩来和陈云也在百忙中多次约晤父亲，每次都就新中国的经济建设、民生公司的作用和其他一些问题进行长谈，听取父亲的意见。父亲的老友、著名民主人士张澜和黄炎培等，也对父亲的到达表示了热烈的欢迎，并多次在一起叙谈。

回到重庆，父亲又受到邓小平、刘伯承的欢迎和亲切接见。到达重庆的当天，西南军政委员会还派了曹荻秋到朝天门码头迎接。

关于滞港船队和物资，父亲将离港前已初步研究的分别撤回上海和广州的方案，向周恩来作了汇报，要求中央转告各地人民政府给予协助，得到了周恩来的全力支持。同年深秋，父亲还为此专程到上海和广州，会同当地航运、港务主管部门和民生公司分部负责人，作了妥善安排。

"撤退"计划从同年冬开始实施。第一艘民众秘密通过台湾海峡，顺利到达上海。但第二艘太湖，尽管事前进行了保密，刚刚驶入公海就不幸被国民党军舰拦劫到台湾去了。后来据被遣回的船员追述，太湖船上协办出港手续的年约三十岁的三副，原来竟是一名混进队伍不久的国民党特务。是他利用职务上的便利，把船的动态通知了高雄的国民党海军。太湖被劫，不仅是一只船和船上所载物资的问题，余波还可能冲击香港和东南亚船队、财产和人员的安全。父亲在得到关于太湖事件的报告后感到十分焦急，他分别向西南军政委员会和中央交通部汇报，并立即密电命令香港分公司暂停执行向上海发船的计划，并叮咛分公司组织船岸职工注意保护船只和物资。1951年春，又同交通部等有关部门研究和决定了新的后撤方案，即陆续驶回广州，全部抵穗后对外佯称海员罢工，船队即不再返回香港的方案。渠江、怒江、民本、民俗等四轮是在1950年七八月间就办完出港手续，不声不响地离开荃湾和荔枝角，安全地回到广州的。中秋前后四艘小门字轮用轮流接航港穗班然后停下来"检修"的办法，回到广州；三艘大门字轮则载客到澳门后就空船开往广州。正租给丹麦宝隆公司在东南亚航行的绥远和定远，解除租约后，也回到广州。挂巴拿马旗的宁远、怀远，佯称装货去仁川，到东海时中途折转上海。太平洋公司的黄海于1952年春回到广州，南海、渤海则因船龄太老，经驻华南代表办事处同意后，已拆船标卖。

这段时间，正是美国右派势力和加拿大反对党（**进步保守党**）出于各自国内的政治目的，胁迫加拿大政府在香港起诉和企图通过港英当局扣押七艘门字轮的时候。门字轮全部返抵广州，便将计就计对外佯称海员抗议加拿大扣船威胁而罢了航。其实，当时加拿大驻香港高级专员公署和港英当局对船只离港不可能完全没有知觉。作为执政党考虑问题毕竟不同，既然是大势所趋，对于耳闻目睹的这一切，也就无可奈何了。

父亲的香港之行、适时回京和在人民政府支持及船、岸员工配合下，将留港船队驶回沪、穗，对价值近两千万美元（**按今日的实际币值计算超过五千万美元**）的保产大事，算是尽到了自己的责任。

活在我记忆中的祖父

卢晓蓉

　　我和祖父同处于人世的时间，终止于1952年2月8日。那天夜晚，他毅然决然地去了彼岸世界，走得果断从容，犹如他转战于自己所开拓的每一项事业之间。那一年，他59岁，我6岁。他在重庆，我在香港。他最后离开香港的时候，我才4岁多，所以我对他直接的印象已很模糊。但是，儿时的记忆片段和长辈们断断续续讲给我听的往事，却清晰地伴随了我一生。

　　1946年5月我在重庆红岩村祖父母家出生，是我们这一代孩子中最大的一个。当时我的父母还没安家，祖父母的家就是我们的家，饮食起居不分彼此。我的父亲卢国维是祖父的长子，1945年在中央大学机械系毕业之后，经过统一考核进入民生公司工作。1947年，公司派遣他和其他几位工程技术人员一起，到加拿大监造新船。母亲随后也去加拿大的麦吉尔大学读药剂学的研究生。父母去加拿大后，我仍然留在祖父母身边。听家人讲，我小时候很顽皮，像个男孩。祖父很爱我，我也很爱祖父，只要他在家，我就老缠着他玩。祖父也一定会放下手里的事抱抱我。我即使在外面玩，每过几分钟也要回去"找爷爷"。有时候，他在洗手间，我也拼命叫，他听到我的叫声，准会大声应答："来了，来了，莫急，我马上就来！"祖父不准家人用公司的车办私事，但他有时周末回家却带我坐汽车出去兜兜风。在南京岳麓路住时，有一次我不小心从门廊栏杆上摔下了地，掉在一堆玻璃碴上，顿时头破血流。大人们都很着急，我却十分镇静地说："快去给爷爷打电话，请他派车送我去医院。"那时我才一岁多，刚学会说话不久。头上的伤疤至今还在，时时令我回忆起那温馨的一幕。

1949年5月，祖父带我从重庆乘飞机到广州，把我交给前来接我去香港的父母。在重庆和祖母分手时，她站在一棵大树下，望着我们一直到看不见为止。当时父亲已随在加拿大建造的七艘世界一流客货轮回到了香港，另有两艘先行开回了长江。那时国共正在打内战，祖父担心新船毁于战火，便在香港成立了民生公司，为了经营这些新船和其他几艘海运货轮，父亲也留在香港民生公司负责技术工作。

那是我第一次乘飞机，与我们同行的还有晏阳初和蒋梦麟两位长辈。那时的飞机性能差，颠簸得很厉害，大人们都因晕机而恶心呕吐，我却因年幼而若无其事。祖父见我玩得开心，也暂时忘却了旅途的疲惫和不适。晏阳初对他开玩笑说："以后坐飞机，你都把晓蓉带上，精神就好了。"祖父听见，笑得很灿烂。下飞机后，晏阳初经香港去了美国，蒋梦麟去了台湾。祖父在广州办完事便去了香港，料理香港民生公司的事务。

我到香港后，好一段时间都不习惯，十分想念祖父母，闹着要父母把我送回重庆去，要他们"把爷爷、婆婆还给我"。我还把老家亲人的称谓编成顺口溜，每天从早到晚念念有词，祖父和祖母当然是排在最前面的。

祖父那一两年几次往返于香港与内地之间，在香港住了将近一年，主持指挥民生公司海外船舶的营运和北归。他平时住在招待所，周末有空就来家看我们。有机会他就带我上船参加员工的婚礼或娱乐活动；有时他去公司开会，也带我去。前些年听民生公司的前辈讲，我曾跑到祖父正在讲话的台子上玩，他也不干涉我。有时祖父也带我们一家和友人一道去逛公园。有一次，在公园的山道上散步时，我稀里糊涂跑到众人前头去了，还把前面一个路人当成了祖父，拼命去追赶，一边跑一边哭喊："爷爷，爷爷，等等我！"前面那人却不回头。祖父见状赶紧连声叫我，我回头才发现搞错了，于是破涕为笑，祖父和大家都笑了起来。记得小时候我还看见过一张那次游玩留下的照片，可惜在"文革"中所有老照片都化为了灰烬。母亲怕惹"祸"，把它们全烧了。烧成的灰不敢倒进垃圾堆，放到马桶里冲走了。

有一叠记忆的碎片时时浮现在我眼前，事关有一次祖父和母亲带着我，乘民生公司的"玉门"轮去澳门。父亲当时是船上的二管轮，正在机舱里检修通风设备。船行至中途，因机舱温度高，通风又不好，他突然晕倒了。船员们七手八脚把穿着草绿色工作服的父亲抬到船员宿舍做人工呼吸。我当时正好在船上的公共厕所里，母亲在门外等我，父亲晕倒后，母亲赶紧跑去看他，把我给忘了。我开不了厕所门，在里面大哭起来，引来路过的旅客替我开了门。我回到母亲身边后，看到了抢救父亲的一幕。记忆中，站在一旁的祖父好像没说话，但他心中的焦急是可想而知的。不过他没有给儿子特别的庇护，身体复原后的父亲，继续工作在生产一线。

祖父去世时，我虽然已在香港九龙塘学校上一年级，但年龄还不到六岁，所以懵懵然完全不知情。只记得有天晚上，昏黄的灯光下，父亲坐在家里的一把藤椅上，手里拿着一张报纸，不说话，眼圈红红的。过了不久，父母就开始收拾行李。我们家的缝纫机、照相机……但凡值点钱的东西都悉数不见了踪影，后来才知道是父母把它们卖了，攒点回重庆后的安家费。我听说要回重庆了，一个劲儿地高兴，天天嚷着"要回爷爷、婆婆家了"。我还把选出来的几粒特大的落花生和其他一些小玩意放进铅笔盒，准备带回去送人。轮船上我哪儿也不去，天天坐在我睡的上铺摆弄铅笔盒，依花生里边所装花生仁的多少排成队，准备把最大的、里面有五粒花生仁的一颗送给祖父，次大的送给祖母，依此类推。回到重庆祖母家时，她出门办事未归，天擦黑才从外面回来，我立刻起身跑去迎接她，她紧握着我的手往屋里走却不说一句话，见到我身后的父亲，两人抱头痛哭。我这时才开始明白，我永远也看不到爱我疼我的祖父了。后来我把送给祖父的那颗花生放在铅笔盒里，陪伴我度过了好一段孤寂的日子。在一次清明节给祖父上坟的时候，我悄悄把它埋在了他坟前的泥土里。

父母是从香港的报纸上得知祖父去世消息的，他们当即决定举家搬回重庆。祖父离开香港回大陆时，父亲送他到罗湖桥头。当时祖父兴致很高，一边走，一边欣赏窗外的景色，还忍不住说："快了，快了，甚至香港、九龙也不成问题了（意指回归）。"大家都希望能早些团聚。没想到这一别竟成了永诀。

我长大以后，母亲告诉我，小时候我老爱皱眉头，祖父见了曾感叹："这孩子从小爱皱眉头，将来长大了不知会有什么样的遭遇。"如今，已在世上走过了七十七个春秋的我，很想对祖父说：我因为有了您这样一位祖父而遭遇了常人难以想象的坎坷和磨难，但也因此而享有了常人不曾享有的幸福和荣耀。如果我还有下辈子，仍然要做您疼爱的乖孙女。

祖母教我学刺绣

卢晓蓉

　　我虽是女孩，但因为是家中老大，所以从小父母就对我寄予了厚望，经常在我耳边提示："我们是把你当男孩子来培养的。"于是，我就真把自己当成了男孩子。拍"洋画"、滚铁环、弹珠子、打游击，处处可见我的身影；爬树、上房、钻防空洞、起哄打闹，次次都有我的份。久而久之，朋友也是男的多，女的少，唱歌也变成了男中音。何况还有"时代不同了，男女都一样""妇女能顶半边天"的最高指示为我助威呐喊，于是浑浑然到了分不清自己是男还是女的地步。

　　尽管如此，在我心目中却始终珍藏着一块属于女性的天地。只要记忆的触角一进入这块领地，我就顿时宁静、柔顺了下来。

　　这份温馨的记忆与我的祖母有关。

　　我的祖母不仅容貌端庄秀丽，而且心灵手巧，做得一手漂亮的"女红"——刺绣，在当地颇有一些名气。目睹她的芳容，讨点她的手工，成为街坊邻里的一大乐事。在我记忆中，刺绣大抵分为两类：使用十字交叉针法的称之为"挑花"；使用平行针法的称之为"绣花"。无论是挑花，还是绣花，祖母的作品件件都雅致精到、栩栩如生。小时候，我们的衣服上、围裙上、枕头上、被褥上，甚至袜套上，到处都有祖母精心制作的绣品，有梅、兰、竹、菊，也有蝴蝶、燕子、青蛙和金鱼。绣什么像什么，煞是惹人喜爱。我们最早的看图识字不是来自书本，而是来自祖母这些鲜活水灵的作品。祖母出嫁前识字不多，出嫁后，祖父手把手教她学文化，还让她参加了扫盲识字班。仅有小学文化水平的祖母，从此写得一手标准的毛笔小楷，几乎可与街上卖的字帖乱真。我们就常拿她写给我们的信做字帖临摹。我猜想，祖母的毛笔字写得好，大概是来自于她刺绣的功夫深。

祖母教我学刺绣，大约是在我上小学三年级的时候。有一次，祖母很"郑重其事"地找我谈话。详细内容我已记不清了，但主题思想大抵是说，一个女孩儿家，成天跟男孩子玩儿，不学点女人的本事，总不是个办法，将来长大了嫁不到一个好人家。祖母心目中的"女人的本事"，当然指的是刺绣之类的针线活。我对她说的话似懂非懂，但至少有一点是明白的：祖母大概就是因了一手女人的绝活，才嫁给了我祖父这样的好人。于是，我爽快地答应了祖母的要求，祖母顿时喜出望外。祖孙俩就这样开始了短暂却又是铭心刻骨的教学生涯。

在祖母的心目中，教我学刺绣好比是行女人的"成人礼"，丝毫马虎不得。为此，她给我宣布了许多规矩。比如，干活前，要把手洗干净，不能让作衬底的白布染上任何污点；衬布要用绷子绷紧，不得有任何皱褶；行针的时候，心要静，不能有任何的杂念；数纱子要细心，数错了必须重来，否则会毁掉整件作品；针头不能生锈，线头要保持湿润；等等。这些要求看起来容易，但对于我这个假小子来说，却比登天还难。首先，绣花针比一般的缝纫针小得多，我这放任惯了的手，是怎么也拿不稳的。不是手被针扎出了血，就是数错纱，让针头扎偏了方向。要不，就是使的劲太大，一会儿把线扯断了，一会儿又把衬布拉皱了。我费了九牛二虎之力做出来的"东西"，丑得连自己都不忍看。祖母做的绣品背面翻过来都比我的正面好看。为此，我常常是一边干活，一边找碴儿出气；一件活还没干完，气就泄了一大半。每当这个时候，祖母总是想方设法鼓励我重新来过，不要轻言放弃。

那时候，重庆市中心有条小街叫"群林市场"，市场的大门高三四丈，好像是座欧式建筑。市场里面排列着一间间的店铺，有点像上海的城隍庙，专卖针头麻线等小商品。祖母鼓励我学刺绣的最高奖赏，就是带我去这个市场采购刺绣的工具和原料，不外乎丝线、竹绷子、绣花针之类。每逢这时，祖母总是一边和那些早已熟识的店主打招呼，一边专注地挑选着她所需要的物件。我则饶有兴味地盯着那些五光十色的玻璃柜子，仿佛走进了琳琅满目的玩具世界。尤其是那些摆放在柜子里的专供刺绣用的各种各样的丝线，像磁石一样地拽住了我的眼球，远比那些铁环、弹弓、"洋画"有吸引力。这些丝线每一根都制作得很精致，不仅光洁润滑，而且色泽深浅不一。分开看不单调，聚拢来像彩带。祖母的绣品绚丽生动，这些丝线功不可没。每次去群林市场，我都会要求祖母给我买一大堆丝线，带回家做刺绣、缠"粽子"、结发带，而祖母从没让我失望。这些丝线像一道道彩虹点缀着我的童年，又像一条条彩带把我拉回到"女人"的轨道上来。

抗美援朝时期，平时在家相夫教子、几乎足不出户的祖母，不知哪来的勇气，当上了重庆市妇女互助会的头头，起早贪黑地带领一帮女同胞挑花、绣花、做针线，有时还带她们到自己家里干活。做出来的女红都捐给了前线买飞机大炮。试想，如果全国人民都"不爱红装爱武装"，我祖母和她的姐妹们恐怕就断了爱国的门路。

在祖母门下，我好像最终也没做成功一件像样的刺绣，但祖母恪守原则、刚柔相济的品格，却随着她那娴熟的手姿，一针一线地镌刻在我的心底；祖母的痴情与慈爱，也和她那些美不胜收的绣品叠印在一起，定格在我的记忆之中。

后来，祖母和我都被下放到农村。祖母在东北，我在川北，由于武斗互相不通音信。唯有祖母教我学刺绣的往事，常常潜入我的梦乡，鼓舞着我去战胜许多连七尺男儿都难以抵御的艰难困苦。而那些用丝带架起的彩虹，也一次次地把我带回到祖母的身边，抚慰着她那饱受思念煎熬和没有刺绣可做的空落的心。那时候的群林市场也难逃厄运地走向了衰落，再也看不到丝线、竹绷子和绣花针，也没有人再有心思去买它们做女红。

打倒"四人帮"以后，记得是1980年春节，群林市场大门口从上到下赫然挂出"恭喜发财"四个巨型大字，像一声春雷，炸开了人们久闭的心扉。我当时正在上海的一所大学读书，受到这个消息鼓舞，还专门写过一篇文章，内容大抵是歌颂改革开放，祝福群林市场新生之类。这篇文章曾被老师当作范文在课堂上宣读，不过他并不清楚群林市场在我心中无可取代的地位。而现在，群林市场已被高楼大厦所替代，市场原址外面的广场，变成了全国最大的常年性"时装秀"舞台。每到傍晚，浓妆艳抹的姑娘妇人们，都忙不迭地穿着新潮服装去"秀"一番，成为外地人心目中对重庆印象最深的一景。

可是，群林市场的丝线呢？祖母和她的姐妹们做的女红呢？不会做女红的女性，"秀"在哪里呢？

祖母一生不施粉黛，甚至连花衣服都没穿过，但她留给人世的美丽是隽永的。

（原文曾发表于《中华手工》2005年第3期）

父亲的座右铭

卢晓蓉

父亲去世两个月了，他的身影还常常在我眼前晃动。父亲如果再坚持一个半月，就能过上"米寿"的生日。他原本和母亲商量好，一定要相依相伴活到一百岁，这样就可以看到国家更加富强，人民更加幸福，看到他们疼爱的孙儿和曾孙儿女考上大学。

父亲这辈子心愿很多，能实现者寥寥。我决心尽一切努力，让他了却这个在医学发达的今天并不算奢侈的愿望。在父亲去世前的一两年里，他和母亲皆因衰老而体质日渐下降，我为此曾叫过十三次救护车送二老去医院，饱尝京城求医问药的艰难。尽管如此，我还是尽可能找最好的医院、请最好的医生为他们诊断治疗；并打定主意，哪怕他们患上瘫痪或老年痴呆，都要侍候到底。可惜天不从人愿，父亲既没有瘫痪，也没有痴呆，而是突发脑血管破裂，经手术抢救，生命延续了十三天还是撒手人寰。没有一声呼喊，也没有一丝呻吟，父亲一生忍辱耐苦与世无争，就连与命运作最后的抗争，也是如此的隐忍和缄默。有朋友安慰我说："你父亲是爱你，不愿给你带来太多的麻烦。"可是父亲哪里知道，他的突然离去，反而使我的心像灌进了铅般的沉重。这些天来，痛定思痛，写下这些文字，既是为了告慰九泉下的父亲，也是为了抖擞起精神，照料好年届九旬的老母，继续前行的路。

父亲一生追求光明，恪尽职守，但因战乱和人祸，一腔热血和抱负难有实现的机会。可是他却有个业绩昭著，令世人敬仰的父亲，即我的祖父卢作孚。祖父虽59岁就离开人世，却登上了生命的巅峰。他留下的"民生公司、北碚实验区、《卢作孚文集》，其中任一项都足以改变历史"[①]，曾被梁漱溟先生誉为"胸怀高旷，公而忘私，为而不有，庶几可比之于古之圣贤"。祖父以辗转"革命救国""教育救国""实业救国"等领域的丰富实践经验和高尚精神情操，为世人示范了一条"修身、齐家、治国、平天下"的成功之路。但他的儿子、我的父亲在这条路上走得却很不轻松。父亲的名字是祖父给取的，寄托着他对这个长子的厚望。还在父亲十一二岁时，祖父的一位好友就语重心长地叮嘱他："卢作孚的长子不好当啊！"父亲从此把这个告诫当成座右铭，记了一辈子，也践行了一辈子，并以世人所难为的克制和耐力感受着这句话如山的分量。

在1931年5月18日的《嘉陵江日报》上，曾刊登过一封父亲写给祖父的信。信中说，学校刚进行了临时测验，"这次算术得九十七分，国语得九十四分。我想着我有这样大的进步，真是无限的快活呢！我每星期五便与你写一封信来，我正好把我每周的成绩和每周的经过告诉你，好吗？"写这封信时，父亲不满十二岁，正在家乡合川读小学。祖父将这封透着稚气的家信送给报纸发表，可见他当时是何等的快乐！父亲为了祖父有更多的快乐，就更加勤勉地学习上进。与因家贫只有小学文凭的祖父相比，父亲要幸运多了。1936年7月，祖父便送他远赴上海，到著名的上海中学念书，为的是让他"开阔眼界，进一步打好事业的基础"。时任四川省建设厅厅长的祖父，特地在给民生公司的代总经理宋师度的信中关照："卢国维十一日乘民贵，或十二日乘民权，由渝赴申投考学校，应买之船票，请嘱世铨照买之后，通知会计处拨弟账为感。"可惜父亲刚读了一年，就因日军的炮火而中断学业返回故里。高中毕业后，父亲考上了从南京迁往重庆的中央大学机械系。他的校友、后来在华东师范大学中文系任教的钱谷

---

① 此为2003年卢作孚先生被重庆市民众和专家学者同时推选为"重庆十大文化名人"榜首的评语。

融教授告诉我："你祖父当年很有名，我们听说他的大公子也在中大念书，都争着去看，可你父亲却特别谦虚朴实，令我很有些意外。"

谦虚朴实得令人意外的父亲，在国家和民族需要的时候却毫不犹豫地挺身而出，自愿报名参加中美抗日远征军，先后担任美援武器装备和前线战况翻译。父亲在耄耋之年，亲笔写了一篇题为《驻印抗日远征军译员生活忆趣》的回忆录，其中写道："我当时是重庆中央大学机械工程系毕业班学生。中大教育长朱经农在学校传达了征调文件后，我心情久久不能平静，知道这是一项艰险的工作，却又是报效国家、锻炼自己的好机会，故主动争取前往。我的父母亲从一开始也完全支持我去应征。"而当时许多富家子弟却装病的装病，出国的出国，躲过了这次征调。回忆录在《北京观察》刊发时，编者加了一段按语："文中不但回忆了抗日远征军的浴血奋战，更以被俘的日军战区司令寺内寿一的日记，活生生地证明了中国军队在敌人心目中的顽强战斗力，因而从一个侧面显示了自身的重要史料价值。"父亲这篇长达一万五千字的回忆录，是他关于自身经历的唯一一篇回忆录。这一年零六个月的"戎马"生涯，应该是父亲生命中最为光彩夺目的一页。1944年随部队战斗在缅印边界的父亲，有一次被派往印度的加尔各答出差，在那里巧遇转道去美国出席国际通商会议的祖父。父子久别重逢，彼此都很兴奋。那时的祖父，已经在构思战后国家现代化建设的宏伟蓝图。

抗战结束，父亲大学毕业考进了民生公司，担任技术员。在祖父创办的企业里工作，"卢作孚的长子"就更"不好当"了。父亲唯有更加勤勉、更加谦虚，也更加自律。在民生公司1947年的人事档案里，记录着父亲给人的印象是："笃行慎言"；给他的评语是："该员原任外勤工作，刻苦耐劳，好学不倦，言行谨慎，实为一有为青年。"就在那年，父亲和其他十多位工程技术人员一道，被公司派往加拿大监造祖父在那里订购的九艘轮船。新船陆续造好后，除"荆门"和"夔门"两艘先行开回长江外，另外七艘都开往香港暂避内战烽火。父亲是1949年4月随"玉门"船经巴拿马运河到达香港的，母亲和我也先后去了香港。父亲在香港民生公司仍担任技术管理工作。为了给公司节省开支，父亲和他的同事组织船员成立了维修工程队。凡属船舶的一般维修护理都由工程队自己承担，不再依靠外面的修理厂。有一次，父亲在公司开往澳门的班轮上，检修机舱排风系统故障，因舱内温度太高，氧气不足而晕倒。当时祖父、母亲和我正好也在那艘船上。我现在还模糊记得，船员们七手八脚把穿着草绿色工作服的父亲抬到床上，给他做人工呼吸。祖父见到父亲这种状况一定是心急如焚，但是他没有给儿子特别的庇护。身体复原后的父亲，继续率领工程队工作在生产一线。后来，这七艘新船连同其余十一艘民生公司在海外航行的船只，都完好无损地开回了祖国大陆。

祖父一生创造的财富无可计数，但他都献给了人民，献给了社会，没有留给自己和家人。母亲常常给我讲一件她亲身经历的事情。那是抗战后，我们和祖父、祖母一大家人住在重庆红岩村。有一次家里打牙祭炖了一只鸡。一身疲惫的祖父踏进家门闻到鸡汤的香味，惊喜地问道："今天晚上有鸡吃呀？"母亲每每说及此事，眼里都噙着泪水。著名社会学家孙恩三先生在《卢作孚和他的长江船队》一文中写道："在他新船的头等舱里，他不惜从设菲尔德（英）进口刀叉餐具，从柏林进口陶器，从布拉格进口玻璃器皿，但是在自己的餐桌上，却只放着几只普通的碗和筷子。"我们一家到香港后也过着清贫的生活。初时我们住在九龙狮子山下一间简易平房里，周围没有几户人家，交通也很不方便。有一次祖父到香港，看到这个境况很难过，当即吩咐父亲另找地方安家。我们后来住的地方，是位于九龙界限街的民生公司宿舍。这是栋四五层高的楼房，中间围成一个天井。我们家住三楼，是那种带一厨一卫的单人间。全家的睡卧、起居、会客、吃饭都在一间房里。那时我们家吃得也很差，几乎每顿饭都只有一个素菜，一块廉价海鱼。因为小弟弟刚出生，鱼基本上是给他吃。我很馋，却不好意思和他争。天井对面五楼有位邻居是香港民生公司的经理级干部，家里经济条件不错，吃得也不错，我和他们家的孩子很要好。于是我有时就在他们家开饭的时候，借故留下蹭饭吃，至今记忆犹新。

大概是看到我实在太过少不更事，父亲在我上小学的时候，就教导我要练出"泰山崩于前而色不变"的本事。当时我猜不透他的用意。直到经历了诸多沧桑变故之后，才体味到深藏在这句话后面的极尽其责的父爱。对于父亲而言，1952年2月8日，便是"泰山"在他眼前崩塌的日子。我们一家在香港得知了祖父不幸逝世的消息。那是一个昏暗的夜晚，父亲独自闷坐在藤椅上，眼圈红红的，家里顿失往日的温馨和欢笑。我当时不满六岁。不知道，也不敢问究竟发生了什么事。但香港的报纸已铺天盖地报道了这个噩耗，其中不乏煽动性的宣传。许多朋友都劝父亲去美国或留在香港暂避。有位祖父的朋友还主动安排父亲到他的企业工作。但父亲婉谢了大家的好意，和母亲一道打点行装，二月下旬就带着我和弟弟踏上了归途。回到大陆后，父亲放弃了在机关或研究所工作的机会，带着全家到位于重庆郊区青草坝的民生机器厂落户，一待就是二十八年。

父亲去的那家工厂是我祖父在20世纪20年代末创办的，主要用来为民生公司建造和维修船舶，是当时四川最大的机器厂。抗战时期，工厂承担了极其繁重的修造船任务，为保障长江和川江这条运输大动脉的畅通，立下了不朽功勋。父亲进厂的时候，工厂已公私合营并进而国营。在"阶级斗争要年年讲，月月讲，天天讲"的时代，父亲的上进之路无异于"走钢丝"。"反右"斗争开始以后，工厂的党委书记专程也是仅有的一次来到我们位于山顶的简陋的家，动员父亲给党提意见。我父亲不知其来由，就照实说："有什么意见，我平时都提了，现在没有啦。"父亲的诚实使他躲过这一劫，却没有躲过"文革"浩劫。"文革"中，他被军宣队作为揭开工厂"阶级斗争盖子"的"反面典型"揪了出来，受尽折磨和凌辱。"文革"后期，我有次从农村回家探亲，曾试探着问父亲，有没有为当年从香港回来的决定后悔过。他毫不犹豫地回答我："从来没有！"并给我解释作出这个决定的两个原因：一是遵从祖父生前在信中的嘱咐，要他"回来参加新中国建设""到工厂向工人学习"；二是因为祖母尚在，他是长子，必须尽孝。父亲还给我讲了一件往事。1937年7月中旬，祖父奉国民政府之命，率团去欧洲考察。到上海后接到家里电报，得知他母亲病逝。他当即中断行程，折返重庆北碚为母亲治丧。恰在此时，抗战爆发，祖父强忍着失去母亲的悲痛，毅然投入抗战，从此再没去过欧洲。给我讲这番话时的父亲，还戴着"内控历史反革命"和"国民党残渣余孽"两顶帽子，其源盖出于他是卢作孚的长子，并参加过中美抗日远征军。那时祖母和我二姑一家已被下放到东北农村劳动改造。母子俩远隔天涯，唯有将揪心的思念寄托于茫茫星空。值得庆幸的是，他们都熬到了改革开放。80年代初，父亲把祖母接来我们家住了一段时间。母亲竭尽全力伺候祖母，我刚上小学的女儿聪明乖巧逗得老人家喜爱，我和弟弟则赶上恢复高考的"末班车"，从农村考上了大学。这一切，让年过八旬的祖母在饱经世态炎凉后，享受到四代同堂的天伦之乐，也了却了父亲回归时的夙愿。

父亲的忠孝之心也关照到家族的其他长辈。祖父排行老二，他上面有位大哥。小时候，大哥对他关爱备至，他对大哥也敬重有加。大哥结婚以后没有孩子，我祖父便商请祖母同意，将我父亲名义上过继给他们。从此父亲五兄妹都称呼他们为"爹""妈"，而称祖父祖母为"爸爸"和"婶"。我们则称祖父的大哥大嫂为"大爷爷""大婆婆"。大爷爷过世较早，我们全家都视大婆婆为亲人，几十年如一日，从不分彼此。"文革"中，大婆婆的家被抄，存折被封，没有了生活来源。父亲不顾自己蹲"牛棚"、扣工资、三个子女都在农村的困难，每月坚持给她寄生活费，从不间断。"文革"后期的一个夏天，大婆婆突患癌症住进了城里的医院。在别人唯恐与她沾边的时候，父亲吩咐母亲和我们，每天坚持从地处郊区的家里，跋山涉水给大婆婆送汤送饭。他自己凡有休假，也会前去探望。老人家靠着这些资助和亲情，得以活到"四人帮"垮台。同时得到父亲资助的还有他的三叔、三婶等。得知父亲去世的消息，他年逾九十的四婶如闻"一声惊雷"，泣赞父亲"至尊至孝"，忆起每逢新年伊始，父亲总要用书信或电话向她和她的儿女祝贺，并关心她的住房和生活情况，不由悲叹"老迈之躯其何以堪？"

父亲不仅是祖父的长子，也是卢氏家族这一代的老大。在弟妹的眼中，他是一位好兄长，无论是直系还是旁系弟妹，都一律称他为"大哥"。他们还记得小时候大哥带他们一起玩耍，记得大哥常常拿钱给他们买糖果、买学习用具，甚至还记得大哥"连在昆明读书和在国外办事时，每次来信总问到我们"。在他们心目中，大哥的"心灵如同外表一样都是那么绚美"，"庆幸有这样一个博学、仁慈、重事业、重亲情、顾大家的好兄长。他忠实地追循父亲爱国建业、努力奋斗的宏志，为'民生'的发展做出了重要的贡献"，"庆幸卢家出了个这样的'忠孝仁爱'的表率"。2007年七月，父亲的弟妹不顾自己的高龄，带同他们的孩子，从美国和国内各地齐聚北京，最后一次陪伴父亲度过了几天幸福快乐的日子。

对于我们三姐弟来说，父亲更是一位严父。也许因为他把自己无法实现的理想都寄托在我们身上，从小对我们的管教大有炼铁必成钢之势。那时他身上总是揣着一个小本子，本子上少不了这样的内容："某月某日某点到某点，和某个孩子谈话。谈话内容如下：1，2，3……"这样的谈话基本上是自上而下的，所以严格说来应该叫"训话"。训话一般都安排在休息日。平时父亲从不过问我们的学习和课外活动，给了我们充分的自由。可是到了训话时间，我们都必须正襟危坐，专心听讲，外面有再好玩的游戏招徕，也绝不敢请假缺席。父亲的训话内容虽因我们的近期表现各异，但更多的还是修身养性、学好科学文化知识之类大家都受用的道理。他的话无论轻重，从来都干净利落，条理清楚，绝无一句赘言，一如他的为人。我们三姐弟在他的鞭策下，在学业和表现上都不敢怠慢，总是用优良成绩和各种奖项回报他的期望。可是父亲好像从不满足，他永远会在我们的前头树立新的标杆，让我们没有停下来消闲的机会。小学考初中，父亲要我报考市里一所重点学校。可班主任教我们填志愿表时却说，根据上级规定，所有考生第一志愿只能填报本区的学校。考上本区学校，我就可以天天回家，何乐而不为。哪知放学回家吃中饭时给父亲知道后，他立即放下碗筷拉着我的手就去了班主任家。大概因为他态度诚恳，理由充分，班主任和有关领导居然同意我修改第一志愿。我后来凭自己的优异成绩考上了父亲心仪的那所重点中学，虽然不得不离家住校，却从此确立了我这一生小有作为的基调。而父亲在小本子上为我们作出规划部署的习惯，则一直保持到他体弱多病不能再提笔为止。父亲对我们的鞭策和提调，还延续到他的第三代、第四代。我的女儿和弟弟的女儿出国留学，他都要亲自去找资料、选学校、买参考书，并且随时关注她们在国外的学习和生活情况，让我们一点不敢马虎。他去世前，已经在为身边刚满三岁的外曾孙筹划未来的方向，曾好几次对我说："这孩子聪明，好好培养，将来一定有前途。"

父亲又是一位令我们永远怀念的慈父。三年饥荒年代，父亲将从香港带回的仅有的物品——几套西服连同领带，拿去旧货市场卖了，换"高级点心"和高价鸡蛋，给我们三个正在疯长身体的孩子吃。去上海出差，他逢休息时间就从位于外滩的长航招待所乘公共汽车斜穿市区，到当时的郊区五角场买烤红薯填肚子，省下全部粮票带回家给我们充饥。无独有偶，父亲的一位大学同学苏笈寿伯伯在怀念他的文章中写道："到了七十年代末，他有一次来上海出差，我到他下榻的招待所去拜访，他送我一袋绿豆，是用旧布口袋装的，约有两三斤。那时大家生活非常清苦，这袋绿豆经他千里迢迢带到上海，在我的眼里，已经是一份很珍贵的礼品了。"

"文革"前，我因"出身不好"被打入另册，中学毕业上不了大学。父亲希望我当科学家的梦想破灭，转而托一位正在当校长的世交朋友，替我找了一份中学教师的工作。可是当时被主流意识冲昏了头脑的我，死心塌地要下农村，以求脱胎换骨踏入"红门"。父亲对我的选择没有任何责难，而是和母亲一道坦然送我上路。然后就坚持不懈地给我和农场的知青朋友寄书、寄报，还花了一百八十块钱，相当于他一个多月的工资，给我们买了一台上海出的"美多"牌收音机，要我们在穷乡僻壤天天听时事广播。没想到，却听来了"金猴奋起千钧棒"，砸得神州遍地哀。成堆成山的书籍被焚毁，大中小学教师靠边站，两个弟弟无书可读也到我那里落了户。父亲仍然不气馁、不松劲，虽然不能当面训话了，可教导我们识大体、走正道、要相信光明前途的信件却从未中断。他还设法找来中学物理、化学课本，要我们抽时间学习，将来有机会就上大学深造。他这些想法，在当时看来可谓"天方夜谭"。但在那烽火连数年，"家书抵万金"的日子里，我们每逢到镇上赶场，最大的心愿就是收到父亲的来信。从那些充满亲情和爱意、清秀工整、没有一个涂改痕迹的文字中，我们根本没想到父亲当时正经受着心灵和肉体的煎熬。在最困难的时候，他和母亲相互鼓励："为了三个可爱的孩子，我们无论如何都不能自杀。"

"文革"结束时，四川省委统战部的一位干部曾对我父亲说："您的档案是我见过的知识分子档案中，最清白干净的。"父亲在给我复述这句话时，眼里闪过孩童般的纯真。其实，在我心目中，一辈子"刻苦耐劳，好学不倦，言行谨慎"，而且素有洁癖的父亲，焉能不清白、不干净？！"文革"中，军宣队规定，厂里的"牛鬼蛇神"每天上班必须戴上"白袖章"，上面用黑笔写上各自的罪名。父亲戴的白袖章上写的是"国民党残渣余孽"。不少"牛鬼蛇神"都有意无意地让白袖章卷成一个圆筒，巧妙地将"罪名"遮蔽起来。但我的父亲却例外。每天早上出门之前，他都亲自将白袖章整理得一展平，"国民党残渣余孽"几个字清晰可见。我曾不解地问他为什么要这样做？他说："我心中无鬼，怕什么？""心中无鬼"的父亲照样挨批斗、挨打、进"牛棚"、挑抬重物、挂黑牌罚站、被人按着跪在地上拖行……过着不知明日复何在的日子。这一切我们都是后来听厂里的朋友讲的，父亲自始至终都守口如瓶。对父亲这样的忍让和克制，我们很不以为然，总是劝他把心里的苦水倒出来，但都无疾而终。现在父亲已逝，我痛悔由于自己的疏忽和延误，永远失去了探索父亲内心世界的机会。但是，至少有一点我是清楚的，父亲独自吞咽"胯下之辱"，是不愿再给这个百废待兴的国家添乱。好学不倦的父亲在命悬一线的日子里，还利用扎实的英语基础，自学了德语和法语。当时，他所在的船厂从欧洲进口了一批机器设备，说明书全是外文，没人看得懂。父亲便自告奋勇地把资料全部翻译出来，又指导工人安装调试，始将一堆"废铜烂铁"起死回生。父亲用自己的超人毅力实践了祖父的言传身教："穷则独善其身，达则兼善天下"。

80年代末，父亲带我去香港探望在那里工作的弟弟。一位美籍华人朋友特地赶来香港与我们相会。那位朋友劝父亲移居香港。父亲一如当年回答我的问题那样斩钉截铁："我是因为爱国才回去的，现在何必再出来。"那年父亲刚好满七十。改革开放使他看到了国家的前途和希望，也激发出他报国的痴情和余热。退休之后他仍废寝忘食地工作，以自己的信用和经验为国家创办了一家航运企业，并引进外资为所在城市创办了第一家国际租赁公司。"现在何必再出来"，的确是他的肺腑之言。可那位朋友仍继续劝他："你不要以为我们在国外的人就不爱国，也许我们比国内的许多人还要爱得真切，爱得深沉。再说，以你的资历和你父子两代的人缘，到香港来说不定对国家的贡献还更大。"这番话终于打动了父亲。于是我们在离开香港三十八年后又回到香港住了十二个春秋。重返香港的父亲，仿佛焕发出当年的活力。自己筹资办公司找到立足之处，又四处联络旧日的朋友，为大陆的"三引进"、两岸的"三通"和香港的回归，出资出力，献计献策。他还把这些爱国人士的真知灼见转呈给中央有关部门参考。这些年来，在我们三姐弟的协助下，通过父亲的关系引进的外资，创建的项目达数十个之多，但他和我们都没有向国家要过一分钱的回报。

2007年10月14日这个星期天，是个晴朗的秋日。我们一家四代陪着父亲和母亲，到京郊疗养胜地九华山庄度假。父亲经过一段时间的中西医结合治疗，每天两次外出呼吸新鲜空气和晒太阳，身体状况大有好转，加上关乎国家前途命运的党的十七大即将召开，他显得格外高兴。我们看在眼里，喜在心里，相信他的百岁心愿一定能够实现。15日，我特别仔细地关照保姆，不要因为父亲身体见好就放松警惕，必须加强护理和监控。父亲是在党的十七大召开的第二天出事的。那两天，他守着电视机观看实况转播，说起国家的愿景、两岸的统一，滔滔不绝、兴奋不已，失控的血压不幸导致硬化的脑血管破裂，使他带着未尽的心愿驾鹤西去。保姆为此不断地念叨："爷爷要是不整天看电视，还像平时那样出去晒晒太阳，哪里会……"

在父亲灵堂的正中，挂着一幅父亲的晚辈朋友送的挽联。上联是："丧乱曾经，青春作远征，一生清朗入江魂"；下联是："孝慈共同，耄耋成苍穹，千秋气节映高松"。盖棺论定，父亲无愧于卢作孚的长子。他的灵魂一定会进入天堂，陪伴在祖父、祖母的身边，永远不再分离。

（原文曾发表于2008年4月9日《中华读书报》）

青草坝的故事

卢晓蓉

我们全家从香港回到重庆后，父亲本来可以选择去北京、上海的船舶技术研究所，或者去重庆市的航运管理机关工作，但是他牢记祖父生前要他多去工厂、多向工人学习的嘱托，选择了到位于重庆江北区青草坝的民生机器厂安家落户。这家工厂是祖父在1928年亲自创办的。

青草坝不是平坝而是一座丘陵，更确切地说，是丘陵的一侧。它坐北朝南，面对长江，距闻名遐迩的重庆朝天门最多只有五里路。站在我家门外，便能透过薄薄的水雾，望见长江与嘉陵江交汇处的朝天门码头伟岸的身影。

民生机器厂主要与船舶打交道，所以坊间都称它为"民生船厂"。船厂的大门开在长江边上，不知疲倦地接纳着风尘仆仆的大小船只，将它们梳妆打扮，修葺一新，再送回长江的怀抱。于是，工厂里机器的轰鸣声、榔头的敲打声、新船下水的号子声和上下班报时的汽笛声，组成了耳熟能详的时代交响乐，伴随着我们度过了许多热血沸腾的日子，直到"文革"兴起，工厂停产，抑扬顿挫的大合唱才戛然而止。

那时的青草坝是民生机器厂的辖区。船厂后面的山坡上，错落有致地分布着职工宿舍。山顶是一村，顺山而下是二村和三村。三村和船厂接界，中间隔着一道高高的围墙。围墙的中段开了一扇后门，那是父辈们上下班的必经之路。在村与村之间有青石板砌成的小道相连。曲折起伏的路面几乎任何时候都一尘不染。路的两旁种满了花草，匍匐在地下的是麦麦冬，齐人腰高的是万年青，红、白、黄、蓝、紫的牵牛花缠绕在万年青的枝头上争奇斗妍。被万年青环抱的还有月季、茉莉、蜡梅、栀子花、美人蕉……青草坝一年四季有草常青，有花盛开，宛如一个色彩缤纷、芳香四溢的大花园。高大的槐树、桉树、梧桐树、苦楝树、皂角树、黄角树，撑起一把把大伞，将整个青草坝笼罩在绿荫中。

1944年祖父给在金陵大学读园艺专业的大女儿国懿的同学题词——"愿人人皆为园艺家将世界造成花园一样"。祖父的一生造了不少花园，民生公司的住宅区也成了大花园。打理青草坝这个大花园的只有一个船厂长年聘用的"花儿匠"。记忆中似乎从未听他讲过一句话，但我清楚地记得他的名字叫蒋三元。有时在放学的路上，我们忍不住"顺手牵羊"摘几朵花戴在头上，蒋三元见了不但不发火，反而松开满脸的皱纹，笑眯眯地望着我们，那神情像是发现园子里又多开了几朵花。

在青草坝的大花园里，还点缀着一个个各具特色的小风景，那便是孩子们的杰作。我家所在的一村，紧贴着后山的农村，我们常和农民的孩子一道捉迷藏、打"游击"。偶尔也在门前屋后侍弄一下小菜地，种的都是番茄、玉米、丝瓜、四季豆之类，赤、橙、黄、绿、青、蓝、紫也算一景。到了夏天，地里还有金龟子、萤火虫供我们取乐，而最让我刻骨铭心的则是"金蝉脱壳"的真情表演。

当丝瓜藤吐须攀竹竿的时候，蝉蛹便从地底下钻出来悄悄地爬上丝瓜架。每逢这样的夜晚，我们准能顺藤摸到几只蝉蛹，然后把它们带回家，放在洗干净了的白瓷缸里，再以少有的耐性，屏息观看翡翠般的幼蝉怎样从金黄色的硬壳里爬出来，像模特儿做时装表演似的缓缓展开那对浅绿色的翅膀。可是不一会，幼蝉却吐出一团团"墨汁"，把自己从头到脚染个漆黑，直到变成通常在树上整天叫着"知了""知了"的成蝉为止。每当看到这一幕，我的心都会"咯噔"一下，想不通原本很美丽的蝉为什么要这样作贱自己，还弄脏了我家的白茶缸。长大以后，当我看见周围的人们在一次又一次的政治运动中，为了换取生的希望，无端地往自己身上泼"污水"时，才仿佛明白了蝉的用心。但是蝉涂黑了自己，便可以在树上大鸣大放；人抹黑了自己，却只能在黑暗里苟且偷生，这不能不是人类的悲哀。

在当年的小风景中，最上乘的作品要算三村孩子们自己设计、自己建造的小凉亭。三村的孩子中有两兄弟当时已进了中学，令我们望尘莫及。他们用石头、木棍在蒋三元建造的大花园里搭起一个个圆的、方的或六角形的凉亭。凉亭的顶棚爬满青青的葡萄藤，凉亭里安放着石头桌椅。每逢夏天的晚上，三村的孩子都聚集在凉亭里，一边听故事，一边吃葡萄、闻花香，如此良辰美景很令我辈眼红。于是有一天，我们一村、二村的孩子联合起来，一举捣毁了三村孩子建造的小凉亭。一夜之间，一个个精致美丽的凉亭变成了一堆堆让人目不忍睹的废墟。第二天晚上，余兴未尽的我们，还跑去偷看三村的孩子如何伤心落败。哪知我们所见到的是三村的孩子正挑灯夜战。他们把几个小凉亭的石头、木棍集中起来，重新建造了一个更大更美的凉亭。一切都在有条不紊地进行着，连三岁的孩子也没闲着。因为天黑又相距较远的缘故，我看不清他们脸上的表情，却清楚地看到我们这些"胜利者"一脸的尴尬和愧疚。

到了三年自然灾害时期，三村的孩子也没有了栽花种草搭凉亭的闲情逸致，反而学我们的样，种起了菜地。对饥饿的共同感受使我们摒弃前嫌，成为同一条战壕的战友。菜地里的土豆、玉米、牛皮菜支撑着我们度过了那段难熬的岁月。有一次我和弟弟正在我家的玉米地里啃玉米秆，没察觉下班的汽笛已响过，被父亲回家撞了个正着。一向极爱干净的父亲，为处罚我们不洗手就在地里吃东西，用尺子打了我们一人十下手心。

然而到了"金猴奋起千钧棒"时，挨打的却变成了长辈们。从前每当下班的汽笛响起，我们都会成群结队地跑去船厂后门迎接各自的父亲，然后牵着他们的手欢天喜地回家去。可是现在，我们最不愿意去的地方就是下班时的后厂门。一到这时，劳动改造了一整天的父亲们就被强令挂上黑牌，弯着九十度的腰，站在路边示众。三村那两个令我们羡慕的中学生的父亲，"文革"前是这间船厂的总工程师，此时也被革除公职，天天打扫厕所，最后被逼成精神分裂症。工程师们都靠边站了，船厂从此沉寂下来，天长日久尘埃堆积的车间里渐渐长出了荒草。

蒋三元在"文革"初期无疾而终。红卫兵小将们以反"封资修"为由，当着他的面，把他用几十年心血浇灌的花草苗木铲了个一干二净。蒋三元一口气上不来堵在心窝里，没过两天便撒手人寰。

当青草坝不再有美景、有欢笑的时候，我和当年的同伴们都被蛮荒的洪流抛弃到偏远的山乡插队落户。因为父母还在青草坝居住，我每逢探亲都得故地重游。只见从前走过千百遍的青石板路，或是断裂，或是塌陷了，也许是承载不起太多的历史负荷。路边再也看不见麦麦冬、万年青，更没有四季飘香的鲜花一族，疯长的荒草淹没了一切。每到这时，我都会想起那位终其一生都在制造美丽的"花儿匠"蒋三元。

前几年三村带头建花园的中学生老二来北京探亲访友，历经苦难的我们又无比欣慰地回到了少年时代，聊起了青草坝的话题，念念不忘的是那个美丽的大花园，它的形象贯穿了我们的一生。

我的小学

——民生机器厂子弟校

卢晓蓉

　　家住香港时，我不到五岁就上了小学一年级。我既非神童也非天才，父母这么早就把我送进正规学校，大抵是因为我不喜欢上幼儿园，送到哪里就哭到哪里，换了两三个地方都不得安宁，非得接回家不可。在香港九龙塘界限街民生公司宿舍的新家附近，有个至今还颇有名气的小学，即九龙塘小学，母亲怀着一线希望把我送了进去，哪知这一次我不哭了。学校离家很近，上学放学我都可以自己来去自如。至今我脑子里还留存着这样的影像：我上学或放学时，常与附近教堂里披着黑头巾、身着黑白服装、举止优雅的修女们不期而遇。天热时，母亲偶尔会给我一点零钱，让我放学后在附近一个卖雪糕的叔叔那里买两小纸杯冰淇淋回家，一杯给母亲，一杯给我自己。

　　学校是清一色的灰色平房，旁边的山坡上有香港通往内地的铁路，每天都有火车响着汽笛、冒着白烟驶过。一年多后，我们全家离开香港回重庆坐的就是这趟火车。当火车经过校园旁边的高坡时，我探头往下看，也许是课间休息，同学们三个一堆、五个一群正在操场上玩耍。在后来孤寂和悲苦的岁月里，这倏忽即逝的一幕常常回到我脑海中来。

　　回到重庆后得知，必须年满7岁才能上小学，我当时还不满6岁，于是只好在家里待了一年多等着重新上学。

1953年夏，我终于可以上小学了。以"教育为救国不二之法门"①为毕生理念的祖父，20世纪二三十年代在他主持乡村建设的试验基地北碚，创办了实用小学（**后改名兼善小学**）和兼善中学，又于1936年在民生机器厂创办了子弟学校，也称"民生厂子弟校"。我和两个弟弟因此而能就近入学，但当时却完全不知晓学校是祖父创办的，直到几年前，母校找到我，请我给学校写一段寄语，我才得知它的来历。

我上学之初，小学设在青草坝半山腰，下面不远处就是位于山脚的民生机器厂。我们家当时住在山顶的平房里，每天上学放学都要下坡上坡，好在路不算远。上学不久，学校要拆迁，新校舍还没建好，学校就在工厂与长江之间的河滩上盖起了临时校舍。临时校舍用木头和竹箅席搭建。木头做梁柱，竹箅席做隔墙，学校直接坐落在沙滩上。竹箅席是不隔音的，上课时免不了互相干扰，但奇怪的是，留在我记忆里的竟没有一点噪音，而是一片琅琅的读书声。课间休息，我们就在教室外的沙滩上尽情玩沙，教室里的课桌上却一沙不染。临时校舍与长江相距不过百米左右，我们在那里上课数月，却没有发生过一次学生溺水的事故，可见学校的管理是如何的到位。

新校舍建在山顶，和我家当时的居所相隔不远，课间休息还来得及回家喝开水。校舍是两层楼的灰色砖瓦房，楼上楼下都是教室，每间一样大小，都宽敞、明亮、气派。校长、教师的办公室则在旁边一排刷了白石灰外墙的平房里，显得有些矮小和拥挤。校园里还有大大小小四个活动场地，滑梯、秋千、跷跷板、篮球架、单双杠等设施一应俱全。最大的一个场地可容纳全校几百名学生做体操。有一段时间提倡美化环境，我们就给学校捐盆花，将大操场围了几圈，校内校外的鲜花与我们的笑脸交相辉映。

因为在九龙塘小学打了点基础，再从头上小学就一点不费劲。那

---

① 卢作孚（1916）：《各省教育厅之设立》，载《卢作孚文集（增订本）》第1页，北京大学出版社2023年4月版。

时我们用的语文课本也很人性化，60多年过去了，我现在还依稀背得出语文课本开头几课。第一课：开学 开学了；第二课：上学 我们上学；第三课：同学 学校里同学很多；第四课：老师 老师教我们，我们要听老师的话；第五课：放学 放学了，老师说，同学们再见！我们说，老师再见！……从民国走来的老师们大多有很好的学养，对我们的教育充满着人性的关爱，对我的祖父和民生机器厂也知根知底，尽其所能地保护我闯过了一个又一个阶级斗争的旋涡、风浪。我在这个一年四季都绿茵葱茏、鲜花盛开的大花园和民生厂子弟校里，度过了快乐纯真的童年和部分少年时代，并一直担任班级和少先队大队干部。

我们学校的合唱团也不可小觑。大约五年级时，我们参加了歌咏比赛。从学区到江北区，我们过五关斩六将夺得了第一。最后参加了在重庆市人民大礼堂举行的市级比赛，并取得优异成绩。记得我们唱了两首歌，一首是《蓝蓝的天上白云飘》，另一首是《我有一双万能的手》，我都是领唱。

1956年，到了三年级下学期，不满十岁的我，初次尝到阶级路线的滋味。船厂通知学校，过几天有个苏联专家代表团要来厂里参观，要学校挑选几个女少先队员去给客人献花。大队辅导员把我和其他几位入选的同学叫去，给我们交代了任务，并要我们自己准备服装。放学回家后，我兴高采烈地告诉了母亲。母亲一向很支持我参加集体活动，专门去城里为我买了一件毛衣。

苏联专家到来的前一天，老师要我们把准备好的服装带去学校彩排。我穿上新毛衣，戴上红领巾后，同学们一阵喝彩，夸我的衣服颜色和红领巾很相配，而个别没有找到服装的同学则不好意思地躲到一旁。正在我陶醉其中时，大队辅导员走进教室通知我，我不能参加给苏联专家献花活动，而且就我一人被取缔。家里家外都受宠、从未受过打击的我，不记得那天是怎样迈开双腿，走出大家惶惑的视线离开教室的。

回到家，我对着母亲伤心地哭了一场。母亲问明了原委，没做任何解释，也没有一句抱怨，反而作出一个完全出乎我意料的决定，她要我把毛衣脱下来，马上送去学校，借给没有找到服装的同学穿。开始我真不敢相信自己的耳朵，等回过神来，看到她那温柔而笃定的眼神时，才相信她是认真的。于是我忍住抽泣，擦干眼泪，换下毛衣，转身向学校走去。

第二天，同学们顺利完成了献花任务。她们仿佛约好了似的，谁也没有再和我提起这件事。班主任把毛衣还给了我，目光还是那样亲切，我也从没打听是谁穿了我那件新毛衣。就在那时候，我们家中凡与祖父有关的物品，比如他的照片、他的著作等，都悉数不见了踪影，我们上学、放学时再也不能对着祖父的照片说"爷爷再见！""爷爷好！"，吃饭时也没有再摆放祖父的碗筷。我们回到重庆后，曾在每年的清明节都给祖父扫墓，这时也不经意地取消了。父母原本想用这些简洁朴素的纪念仪式让我们记住祖父，现在这条路也被堵死了。

但始作俑者未曾料到的是，承自祖父、父母及其他亲属言传身教的家风家规，却无时无刻不在熏陶感染着我们，点点滴滴地融入我们的血肉筋骨之中。比如忠实地做事，诚恳地对人；为而不有，好而不恃；宽以待人，严以律己；勤学苦练，奋发有为；勤俭朴实，不慕奢华；不能随手扔垃圾；遵纪守法，打不还手，骂不还口；找别人帮忙，要说"请"；接受了别人的礼物或服务，要说"谢谢"；给别人带来不便，要说"对不起"；什么钱都可以省，读书和为了健康的钱不能省；等等。

我每次去美国，都去看望住在洛杉矶的大姑。她1947年去美国读研究生，继续学园艺。姑父何尔俊，西南联大毕业后去美国留学，后在美国休斯公司工作，曾任该公司总工程师，贡献卓著，不幸于20世纪70年代中病逝。他们的婚礼是晏阳初先生受祖父的委托主持的。大姑给我讲过祖父对孩子们的教诲："大约在我五六岁的时候，爸爸就鼓励我记日记。""爸爸常问我们一些训练智力的题目，比如'树上三只鸟，猎人开枪打下来一只，树上还有几只？''一张方桌砍掉一个角还有几个角'等。""爸爸很注意在生活中培养我们的文明礼貌习惯。比如，饭后自己把椅子推到饭桌底下，他就马上鼓励说：'这是好习惯。'""在我们心目中，爸爸很有权威性。我七八岁大的时候，一个年纪比我大的女同学擦脂抹粉，我也学她。爸爸见了没有训我，只说了一句：'把脸洗干净'。我从今以后就再也不那样做了。""在重庆时，有亲戚教我们唱歌，如果歌词不干净，爸爸就不许我们唱。"等等。

即使在后来的岁月中，我们也有过盲从、有过愚昧，也曾随大流、做过荒唐无知的傻事，但来自家庭的深藏在心底的道德底线，却始终在无形中管束着我们，督促我们从没干过损人利己、打砸抢抄抓、诬告栽赃陷害等伤天害理的坏事。

四年级时，反右运动开始了。父亲的工厂里也揪出了几个"右派"分子。我们不懂事，只知道右派是"坏蛋"，于是就跟着瞎起哄。其中有一个"右派"分子原是厂里宣传科的，很会写文章，也住在我们一村。每逢他下班回家，我和小伙伴们就追着他唱当时流行的童谣："右派，右派，全身都坏，脚上长疮，头上长癞。右派想飞，喷气式追，右派钻地，挖土机去……"见邻居总是低垂着头，沉默无语，一脸的痛苦和无奈，我们还得意扬扬地接着唱："社会主义好，社会主义好，……右派分子夹着尾巴逃跑了！"

没想到我很快就尝到了被诬陷的滋味。有次全校做早操，我的同班同学、一向趾高气扬的民生厂党委书记女儿，气势汹汹地领着两个女同学走到我跟前，说我偷了她的钱。我受家庭熏陶，很看重人品，听了此话不由怔住，脸唰地一下子就红了。她见状越发得意，便借题发挥在班上孤立我。她污蔑我偷钱的理由是：前一天我看到她口袋里掉了两毛钱在地上并告诉了她，所以只有我知道她身上有钱可偷。这件事让我难过了好几天。不知怎么给校长知道了，她很快就在全校大会上不点名地批评了那位同学，还说了句我一生一世不曾忘怀的话："像卢晓蓉这样的家庭教育，别说两毛钱，就是20块钱她也不会偷！"校长是女的，叫周淑芬，人和名字一样文静。我真不知道斯文瘦弱的她，哪来那么大的勇气公开批评党委书记也就是她的顶头上司的千金，为小不点儿的我讨回公道。

大约上小学三年级时，老师要我们以"一件小事"为题写一篇作文。我写了这样一件事：有一次，我和堂弟在马路上边走边聊天，走来一位警察叔叔，很和蔼地告诉我们，行人要走人行道，遵守交通规则。我感到很不好意思，马上就改正了。也是这位周校长在全校大会上宣读了我的作文。这件事给予我的激励持续了一生，即使在人生的谷底，我也没有放弃对文学的爱好。

就在"偷钱"事件之前不久，正是那位厂党委书记亲自爬到住在山顶的我家，动员我父亲给党提意见。父亲很真诚地回答："我有意见平时都提了，现在没意见了。"因而让唯一一次来我家做"客"的书记白跑了一趟。好长一段时间，父亲为自己那次没有中"阳谋"当成"右派"而感到庆幸。"反右"运动因为父亲的忠厚与机智，算是躲过一劫，但后来他终究没有逃过"文革"的炼狱，而且那时他才知道自己早就是"内定的历史反革命"，原因就是抗战时参加过中美远征军。

不仅是小学校长，我的班主任也不止一次地保护我。就在我被那位"千金"孤立的时候，班主任不但没有对我另眼相看，还照样让我当班长和三好学生，而且还带我和她一起去家访，让家长们看到她还是一如既往地信任我，也就等于向同学们宣告，我没偷钱。我当时的感动，现在还记忆犹新。小学五年级时，班主任给全班同学宣布，学校要成立一个秘密儿童团，任务是统计大家消灭苍蝇的数字和监督男生不准在地上拍"洋画"。洋画是当时流行的一种印在硬纸上的图画，由若干张小画组成，连起来是一个历史故事，剪开来每张小画约有一个火柴盒面那么大。男生们常在地上拍着玩，谁能把一张小洋画拍翻面谁就赢。这个游戏不仅影响学习，也很不卫生，学校是禁止的。班主任接着说，秘密儿童团的团长由我担任，其余还任命了几个副团长和团员。但凡参加了秘密儿童团的同学就不再担任班级干部了，也就是说我不再担任班长了。那时候，儿童团在我们心目中的地位何等崇高，能参加儿童团而且还是秘密的，更是无上光荣。我们怀着天真的豪情，很负责任地履行使命，检查打死苍蝇的数目真是一个一个地数的。直到五年级结束，大队辅导员在校会上宣布：这一年，工农子弟在本校学生干部中的比例大幅度上升，我才恍然大悟，所谓秘密儿童团，原来是校长和班主任呕心沥血想出来保护我们这些非工农出身的学生的。既然一开始就在班上宣布了名单，哪来秘密可言！

也是在五年级时，《重庆日报》用整版篇幅刊登了长篇报告文学《江竹筠》（即江姐）。班主任是教我们算术的，却用了整整一堂课的时间，饱含真挚而崇敬的感情给我们全文朗读了这篇报告文学。从此，江姐英勇不屈的形象便深深扎根在我心中，同时我还记住了她有一个儿子叫彭云。

上六年级后，学校让我当了大队委员，并在当年（1959）的六一儿童节，将我和另一班的一位男同学评选为江北区的优秀少先队员，全校仅有两名。

小学阶段，我初遇了阶级斗争的几次风浪，都是校长和老师们用她们的良知、智慧和身躯替我遮挡了污泥浊水，让我心中的阴霾一扫而光。小学毕业，我考上了重庆市的重点中学——巴蜀中学。我的两个弟弟也先后考上了市重点中学。

我给母校写的寄语是——"爱的教育惠及终生，母校恩泽源远流长"。这是我心中孕育了70年的感恩情结。

（原文《回忆我的小学》曾发表于2017年9月7日《中华读书报》）

我的初中

卢晓蓉

考上巴蜀中学

我在民生厂子弟校读书的六年，学习上没让父母操过心，唯有小学毕业填写升中学的志愿时，父亲不得不出手干预，并且一生中唯一一次为了我而有求于人。

1959年小学毕业填志愿前，父亲叮嘱我第一志愿一定要填位于重庆市中区的四十一中即现在的巴蜀中学，无论在当时和现在，它都是重庆市名列前茅的重点中学。而班主任则按照上级划分学区的规定，要我们第一志愿必须填报考场所在的学校，即江北区十六中。我按照老师要求，第一志愿填了十六中，之后的两个志愿填了巴蜀中学。中午回家吃饭时，父亲问我："志愿填了吧？"我回答："填了。""第一志愿填的哪所学校？""十六中。"父亲一听，急得把筷子一放，拉着我的手就出门，径直到了班主任家里，并恳求班主任让我修改志愿表。班主任听后，很温和地表示理解和赞同。第二天，她把志愿表发给了全班同学再检查一遍，如果有填错的地方可以修改。我便借此机会作了修改。哪知这一改，决定了我后来命运的大逆转。而且我1962年考高中、1965年考大学竟然都修改了志愿表，这在当时是做梦也想不到的。

巴蜀学校由四川军界著名人士王缵绪于1933年创建。在庆祝80

周年校庆时，巴蜀中学出了一本《校史》，里面有这样一段话："卢作孚先生曾与王缵绪多次共事，……更重要的是，他们都有改进地方教育的共同愿望，是志同道合的朋友。巴蜀学校创设后，卢作孚先生先后出任巴蜀小学董事会董事、巴蜀初级中学董事会董事、巴蜀文商学院董事会董事，是巴蜀学校发展过程中始终如一的参与者和组织者，为巴蜀学校的建立和发展做出了巨大贡献。"王缵绪还请卢作孚帮忙聘任第一位校长。祖父便请黄炎培先生帮忙物色聘请了江苏教育界知名人士、时任苏州景海女子师范学校兼附小主任的周勘成先生赴任。这本《校史》还引述了黄炎培先生的话证实了这件事："民国二十一年，我在上海。老友卢作孚先生从四川写给我一封信，说军界领袖王治易先生缵绪，要办一个小学校，因为江苏新教育开发较早，指定向江苏教育界请一位专家来担任校长，全权托我物色。……有位周勘成先生，是师范毕业，办过多年小学，深得各方信仰，大家认为四川一席，最好请他去，周先生就慷慨入川。"我这才清楚地知道，父亲当年为何非要我考巴蜀中学不可。

好在我凭借语文算数两门功课平均95分的成绩考上了巴蜀中学。这所中学与同名小学及幼儿园统称巴蜀学校。我的父辈中有不少人也在那里读过书，当时是只看成绩不看出身的。到我进入这所学校时，它被坊间称为"两头尖"，即干部子弟和统战对象子弟都比较多。这一点我父亲是不大清楚的，他对自己的判断和我的学习成绩很有信心，我一举中榜，父亲如愿以偿。但他后来很可能为这个决定后悔不已。为了宽解他的自责，我从未和他提起这个话题，直到他离开人世。

去中学报到那天，我人生地不熟，便约上我的堂妹一起去。她小学读的巴蜀小学，中学也是巴蜀。巴蜀小学就在巴蜀中学旁边，两所学校紧挨着，所以她是熟门熟路。报到时方知，我和堂妹分在同一个班并保持到高中毕业。这种巧合的概率很小，我们没有辜负家庭教育，关系一直很好。报到后，我们去看贴在墙上的初中一年级新生分班表，发现我们班里有彭云的名字。因为曾听过小学班主任朗读有关江姐的报告文学，所以我知道他就是江姐的儿子，从此开始了与他同窗6年的中学生活。

在我侥幸考上重点中学的时候，阶级斗争的阴影并没有消逝。我小学班上有位好友，她的父亲是1949年前后民生机器厂的技术副厂长，新中国成立后不久就被扣上莫须有的罪名，判了无期徒刑，发配到新疆劳动改造。后因他技术过硬，有重大立功表现，改为有期徒刑释放回家。我这位好友成绩也不错，那年却考上一所只有初中的民办学校。毕业以后，她回到浙江老家务农，并在老家结婚。我一直为她感到莫大的遗憾。后来听说她的两个孩子很不错，都考上了大学，很为她高兴。

为了班级的荣誉

我们班的同学主要来自重庆市的三所重点小学，即以地方干部子弟为主的人民小学、以军队干部子弟为主的八一小学以及也是"两头尖"的巴蜀小学。有不少同学的父兄都是令人敬仰的革命前辈。他们中既有江姐、彭咏梧、双枪老太婆那样红遍大江南北家喻户晓的英雄人物，也有当时正在重庆市委市政府各部门担任要职的领导干部；有曾经战斗在敌人心脏的地下党负责人，也有横扫敌军如卷席的正规军首长。来自其他小学的"散兵游勇"，也是各自学校的拔尖人物。

如果在巴蜀的路让我自己走，我只需管好自己，有时间读一些课外书，也许会养成独立思考和自主选择的习惯。然而，开学不久，班主任就把少先队中队长的职务交给了我。因为初中同学大多还是少先队员，所以中队长不是一个闲职。我要么坚持不就；要么不负责任放任自流；要么挑起重担，让这个原本就非同寻常的集体名副其实。我的天性和潜意识决定了只能选择后者。和一个个背景、资历、见识、能力都在我之上的同学相比，我就像一头"大驴子"（我在中学的外号叫"大卢子"，四川话中"卢"和"驴"发音相同），只能靠"勤能补拙"为全班同学服务，为班级争荣誉，不惜把几乎所有的课余时间都用在了社会工作上。

同学的前辈就等于我的前辈，同学的父兄就等于我的父兄，大家都为自己能生活在这样一个班级而感到无比自豪和光荣。我曾经策划过中队的一次主题活动"听爸爸妈妈讲过去的故事"。我们这家进、那家出，受到"爸爸妈妈"们亲切热情的接待，感觉他们并没有把我们当外人。印象最深的是拜访重庆市红十字会的党支部书记谭正伦妈妈。谭妈妈是彭云父亲彭咏梧的前妻，也是江姐儿子彭云的养母，为人善良、真诚、朴实。她热情地接待了我们，强忍悲痛给我们讲了不少彭咏梧烈士的成长经历和英勇事迹，也讲了重庆解放后她带着彭云寻找江姐的曲折经历。在彭咏梧牺牲后，江姐决定继承他的遗志，在前往华蓥山之时，写信给谭妈妈，请她帮忙照护彭云。谭妈妈就从老家云阳到重庆接管了彭云。在江姐被捕之后，她又带着彭云东躲西藏，摆脱敌人的追查。重庆解放后，她到处打听，天天翻看报纸上的寻人启事，却一直没有找到江姐的下落。大约过了半个月，才在报纸上看到一条新闻，解放军刚在歌乐山发现了两座监狱（即渣滓洞、白公馆）和不少难友的遗体。谭妈妈立刻前往寻找，才得知江姐已经牺牲。从此她便视彭云为己出，对他关爱备至，这都是我们亲眼见到的。

尽管是三个组成部分难分高下，"散兵游勇"也各显神通，我们班却是活而不乱，张弛有度，但凡与集体荣誉有关的事，大家都是心往一处想，劲往一处使，绝不给集体抹黑。那时候，学校规定少先队员必须每天都要佩戴红领巾，即使平时不戴红领巾的同学，也会在踏进会场的最后一刻，从裤兜里扯出来戴在脖子上，恰到好处地确保了全班"一片红"。有一次，学校搞文艺汇演，当台上的主持人宣布，请下一个节目初六二级二班的五人口琴合奏作准备时，这五个"演员"连影子都不见。我焦急万分地四处寻找未果，正打算请主持人设法和后面的节目调换一下时，舞台的帷幕已徐徐拉开，台上一本正经地站着五位仁兄，苏联经典乐曲《喀秋莎》欢快、豪迈的旋律顿时回荡在学校大礼堂的上空。

记得初中毕业时，我们同吃同住同学习同劳动了整整三年之后，竟然还有来自巴蜀小学的同学以为我是人民小学的，又有人民小学的同学以为我是巴蜀小学的。其实我哪个学校都不是，而是来自名不见经传的江北区民生机器厂子弟小学。我们班那时候没有门第之见、等级之分，由此可见一斑。有位初中没读完就转学的好友前些年对我说，她当时就发现我在班上因出身受歧视，为我打抱不平，可是我却浑然不觉。

初中二年级，我到了入团的年纪，写了申请书，团支部在重庆市西区公园讨论并通过了我入团。当时有位市委副书记正好去那个公园视察，他的养女是我的同班同学，所以我们还拍了张合影留念。过了不久，团支部又讨论通过了另外四位同学入团。到了"五四"青年节，那四位后讨论通过的同学被学校团委正式批准，只有我一人落选。事后入团介绍人告诉我，落选的原因是我不爱汇报思想，不像有的同学连做个梦都要汇报。说实话，我是真不会汇报思想，这个毛病保持了一辈子。为了对得起入团介绍人，我用了巴掌大的一张纸拼凑了几条思想汇报，很快就被批准了。

同一条路

彭云和我不仅成为同班同学，还成为并肩工作的同事：初中时他任团支书，我任中队长；高中时他仍任团支书，我任班长。他的学习成绩很好，我们曾互相交换一些从别处找来的难题来做，他常常是率先解出答案。有时他上课偷偷看小说，老师因为他成绩好，也就睁一只眼闭一只眼。班级工作上的事我和他很好商量，记忆中从未产生过分歧。

中学时代的彭云从外表看，除了脑袋特别大以外，没有任何特殊之处。然而我们这个班却因为有了他而与众不同。不仅学校对我们关爱有加，为我们选派优秀教师，创造尽可能好的学习条件，而且市里对我们也另眼相看，有什么重要活动常会邀请我们参加。只要彭云在公众场合亮相，必然会造成轰动效应。我们班最出名也是最繁忙的时候，要数小说《红岩》出版发行之时。在那以前我们有幸先睹为快，小说原先的名字叫《禁锢的世界》，正式出版时才改为《红岩》。从此《红岩》不仅风靡全国，而且漂洋过海，一发而不可收。小说的成功又一次将"江姐热"推至高潮。来自全国乃至其他国家的信件雪花般飞来。这些信件洋溢着对革命先烈的崇高敬意，也充满着对烈士后代的深切关怀。彭云却从不声张、从不骄傲，始终如一地保持着低调。我曾经纳闷，小小年纪的他为何能够如此冷静。直到有一天，我见到了江姐在狱中写给她谭妈妈的弟弟谭竹安先生的一封信。信是用竹签子蘸着用烧焦的棉花和水调制成的"墨水"，写在一张毛边纸上的。虽然随着岁月的流逝，纸有些发黄，字也有些褪色，但是江姐那苍劲有力的笔锋，那对时局入木三分的精辟分析，那对理想和信仰毫不动摇的忠诚，那对儿子和亲人难以割舍的深情，都融入其中，让人过目难忘。更何况，那时的江姐正身陷铁牢，饱受酷刑而且生死未卜！我还是第一次这么直接、这么贴近地读到一封烈士的家书。我为这封信所迸发出的精神力量和理想之光而深受震撼，同时也明白了彭云的谦虚和自律来自何处。

从此，我们教室的墙上挂上了江姐语录：

"孩子们决不可骄（娇）养，粗服淡饭足矣。"

"盼教以踏着父母之足迹，以建设新中国为志，为共产主义革命事业奋斗到底。"

我们上初中时，正值三年自然灾害时期，全国人民都在挨饿。虽然政府和学校对我们班有特殊照顾，让我们自报口粮标准，但我们全班同学都不约而同地选择了最低等级，彭云也不例外。因为身体消瘦，他的头显得更大，可深度近视眼镜后面那双酷似江姐的眼睛却仍然炯炯有神。"粗服淡饭"虽然亏欠了我们的身体，但是，江姐的形象鼓舞着我们，这点困难算不了什么。但凡学校里有什么学习竞赛，彭云一定名列前茅；有什么评比项目，我们班一定榜上有名。

彭云的父亲，即江姐的丈夫彭咏梧，也是一个响彻巴山蜀水的英雄名字。在一次群众集会后的突围中，他为了掩护战友和群众，只身一人将敌人引到相反方向，终因寡不敌众而英勇牺牲。惨无人道的敌人将他的头砍下来，悬挂在县城的城门上示众，而江姐那时正满怀激情赶来与他并肩战斗。在事后写给谭竹安先生的一封信里，江姐倾诉了这个消息给她带来的那种"叫人窒息得透不过气来"的痛苦。但紧接着，她又写道：

"……你别为我太难过。我知道，我该怎么样子活着。"

"……我记得不知是谁说过：'活人可以在活人的心里死去，死人可以在活人的心中活着'……所以他是活着的，而且永远地在我的心里。"

被彭咏梧救出的老百姓怀着极度的悲痛，冒着生命危险，分两处掩埋了他的头颅和身体。1961年我们读初二的时候，当地政府特地邀请彭云前去，隆重举行了彭咏梧烈士的遗体合葬仪式。现在当地已修建了两位烈士的陵园，一批又一批的倾慕者前往祭拜。人民的英雄虽死犹存，江姐和彭咏梧应可含笑九泉。

"文革"中，"四人帮"出于不可告人的目的，竟然诬蔑彭咏梧、江竹筠所领导的川东地下党和游击队是"叛徒"，是"黑帮"，并且关闭了纪念场馆，毁掉了珍贵文物，企图抹掉这段历史，然而却无法撼动矗立在人民心中的丰碑。那时我正在四川最贫困地区之一的大巴山插队落户，无论是肉体之苦还是精神之苦，都令我和知青同伴们濒临绝境。支撑着我们勇敢地活下来，为自己曾经有过的理想和信念奋斗到底的重要原因之一，就是江姐、彭咏梧的光辉形象与我们同在。无论在任何政治高压下，我从不相信用自己的生命去拯救战友和乡亲的彭咏梧，以及明知新中国已经诞生，却大义凛然、英勇牺牲的江竹筠会是叛徒！

也许他们当时没有想到，他们用生命换来的新中国，会出现那么多偏差和错误；他们所期待的民主、法治、平等、自由的现代化强国还没有完全建成，但他们所怀抱的理想是真实的、美好的，与我的祖父及其同道的追求是基本一致的，只不过在具体方法上有不同的选择。祖父曾与自称是"炸弹"的好友恽代英相互勉励，一个搞革命，一个搞建设，"相辅相成，殊途同归"。他创办的民生实业公司首选便是轮船的客运而不是当时更赚钱的货运，方能利用这个窗口，为民众提供"看得清、受得着"、最具现代文明的优质服务。民国著名学者、北京大学教授陈衡哲记述她1935年12月从汉口乘坐民生公司的民权轮到宜昌转重庆的经历时写道："我们坐在里面，都感到一种自尊的舒适。"①

最近为了写一篇书评，我读了双枪老太婆陈联诗的外孙女林雪为她的父亲林向北写的传记《亲历者》，有一个新的发现和感悟：林向北及其父亲林佩尧与陈联诗及其女儿廖宁君所组成的大家庭，其两代人都是民国时期的地下党员，也曾发动和参与过武装斗争，但更多的时候却是在做改良工作，为人民做"看得清、受得着、深信不疑的实际好事"。因革命的需要，他们辗转了不少地方，更换过不少岗位，但无论在哪里，都兢兢业业，忘我无私。

1944年秋天，陈联诗的亲家、传主的父亲林佩尧应邀进入民生公司担任事务课长，其间曾在北碚主办茶房（即服务员）训练班。为此总经理卢作孚亲自找他谈话："现在事务部门要做的事很多，我希望你先把茶房的训练抓好，不要看茶房工人做的都是些鸡毛蒜皮的小事，他们的一举一动都对顾客产生直接的影响，都关系着公司的信誉。我已在北碚办了十几期茶房训练班，效果很好，现在希望你去把这个训练班接着办下去，更上一层楼，办出更好的成绩来。"年轻时在民生公司工作过四年的北京大学著名教授杨辛曾对我说，他听过祖父的多次演讲，印象最深的一句话是："就是做茶房，也要做世界上最好的茶房！"足可佐证林佩尧的记忆。而林佩尧也没有辜负祖父的期望，吃苦耐劳，积极能干，直到在这个岗位上病逝。

从前些年披露的材料得知，当年被关押在重庆渣滓洞、白公馆监狱的难友们，曾经冒着生命危险给党组织写过报告，批评了党内存在的不正之风，提请党组织千万要警惕官僚作风和贪污腐败问题。

高中毕业以后，我和彭云天各一方，至今已有50多年，但我们从未中断过联系，有机会就一起相聚。虽然历经磨难，我们都始终保持着中学时代那份纯真的友谊。也许是因为无论身在何处，我们走的仍然是同一条路：一条先辈们用热血和生命铺成的路，一条通往全人类美好明天的路。

---

① 陈衡哲：《川行琐记：一封给朋友们的公信》，《独立评论》第190号，1936年3月1日，第15页。

我的高中

卢晓蓉

如果说，初中在我的记忆里还是彩色电影，那么高中就是逐渐被精神雾霾笼罩的黑白片了。

1962年初中毕业时，我又一次填写了升学志愿表。当时班上有几位成绩冒尖的同学，心血来潮打算报考同样是重点学校的一中和三中，我也凑热闹把这两个学校填在了巴蜀中学的前面。哪知志愿表交上去以后，校长亲自找我们座谈，劝说我们继续留在母校就读。校长叫王霞量，是随军南下的文化干部，高高的个子，斯文而和善，很受学生敬重。见他亲自挽留我们，我们却不过情就照改了。这是我一生中第二次修改升学志愿表，为我今后的命运铁板钉了钉。

中考结束后，我和几位女同学在校园里散步聊天，正好遇见了王校长。大家一拥而上，纷纷向他打听自己能不能升上高中，他慈祥而和蔼地望着我说："像你这样的好学生我们怎能不要！"那年我没有辜负他的期望，以全年级第一的成绩中榜。

上高中后，新的班主任要我当班长。政治老师也找我谈话，先是告诉我中考成绩年级第一，然后要我担任年级主席。我坚辞不就，她便做我的思想工作，要我听党的话，大公无私为同学服务，我不得不再次顺从。高中一个年级有八个班，做年级主席的社会工作更多了，课余时间几乎全部占满。据说有一次团市委来学校检查学生干部的课外负担，把"卢晓蓉一周开了23个会"作为典型上报。这个调查结果不知从哪儿来的，未免太过夸张。但真实的我，确以"听党的话"为宗旨，以当好"砖头"和"螺丝钉"为奋斗目标。由此换来的是，我们班从初中到高中一直是先进集体。墙报比赛蝉联第一的传统一直延续到高中。江姐的儿子彭云依然与我同班，我们班的墙上依然挂着江姐语录："孩子们决不要娇养，粗服淡饭足矣。""盼教以踏着父母之足迹，以建设新中国为志，为共产主义革命事业奋斗到底！"

但是班上同学之间的裂隙却不觉而生，而且逐渐扩大，主要原因是进入高中后的分班。我们初中四个班，高中八个班，初中四个班考上巴蜀的同学组成了高中的6、7、8三个班。我们是7班。初中在巴蜀同班的同学进入高中后，自然就以原来的班级为阵，后来逐渐演变成以干部子弟为主的一拨，其他成分的子弟一拨。我是班长，责任感令我很想把两拨同学团结在一起，可心有余而力不足。高一高二还算可以，大家表面上还是一团和气，但在一波又一波的阶级斗争风浪冲击下，进入高三之后，这个矛盾就公开化、激烈化了。

首先是得知高我一届的几位品学兼优的学哥学姐，因为"出身不好"，"没考上"大学，响应党的号召，到川北大巴山脱胎换骨炼红心了。

接着是一开学我就被莫名其妙地孤立，过去要好的同学突然不和我说话了。原来是市委派来工作组到我们班蹲点，成立了"工农革干子弟小组"，组织他们学习《中国社会各阶级的分析》，并以此为依据，按照家庭出身，把我班同学划分为"依靠对象""团结对象""孤立对象"和"打击对象"。我在毫无思想准备的前提下，一夜之间从班长、年级主席、三好学生沦为"打击对象"。一把"贯彻阶级路线"的左刀，把好端端的一个班拦腰劈成两半。有的老师为了争表现，上课时，让"一半"坐前面，"另一半"坐后面；复习时，"一半"有老师辅导，"另一半"自力更生；考试时，"一半"开卷，"另一半"闭卷；政治试卷，"一半"的题目是"长大要接革命班"，"另一半"的题目是"出身不由己，道路可选择"。

升入高三不久，高一时曾动员我担任年级主席的政治老师又找我谈话，这次是要我批判我祖父，说他当过国民党政府的高官[①]，与人民公敌蒋介石有过来往，等等，当然丝毫也没提到祖父对巴蜀的贡献。这时我才搞清楚被孤立打击的来由。接着班上的"工农革干子弟小组"也要我揭发批判祖父的"罪行"和交代自己与家庭划不清界限的问题。所举例子有，我说过祖父是靠勤俭起家的，不是靠剥削起家的。还说过，我是家里的孝子贤孙。其实有些话我没说，例如前一句；有些话是断章取义，例如后一句，是我给同学写信时随便涂鸦的。高三的班主任对我也有意见，说我把班上的事情都做了，把她架空了，还到校领导那里去哭诉。我有些想不通，我是班长，把班里的事情都做了，不是为班主任好吗？想不通也得想通，早已习惯单向思维的我，盲目地选择了顺从现实。尽管我当时并不知道祖父有哪些丰功伟绩，但在家里、在青草坝的耳濡目染，使我无论如何对祖父产生不了怨恨之情。对父母的言行挑不出什么原则问题。要我划清界限，也不知道界限在哪里，如何才叫划得清。每周我还是照常回家，只不过什么也没对父母说。我所能做的就是不断地"深挖"自己的"资产阶级思想"，比如恋家呀、注重学习成绩呀、工作作风主观急躁呀、缺乏斗争精神呀，等等，实在找不出什么了，就怀疑自己的资产阶级思想是不是已经严重到不知道有资产阶级思想了。

其实我的祖父一生确以节俭朴素著称，父亲给我讲过不少他的轶事。比如有一次，祖父到上海国际饭店办事。此楼于1934年建成，当时是上海最高的楼。当他想乘电梯上楼时，电梯管理员见他衣着普通，不像有钱人，不准他上。他便自己爬了十多层楼。还有一次，祖父去四川军阀、省主席刘湘府上办事。卫兵见他穿的是麻布中山装（民生公司制服），以为他是个平头百姓，怀疑他有什么意图，不准他入内，还把他扣留起来关了禁闭。祖父不愠不怒，待在禁闭房里思考问题。直到刘湘回来看见才赶忙向他赔不是，并训斥了那个卫兵。祖父连声说"没关系，没关系"，还替那士兵说情。最有意思的是，

[①] 祖父在1938年1月临危受命担任国民政府交通部常务次长，负责组织指挥抗战运输，1943年主动辞职。

1944年10月祖父代表中国实业界到美国参加国际通商会，去之前听从晏阳初的劝告，理了西式发型，穿了西装。结果到了美国机场安检处被扣下来折腾了好一阵。原因是他护照上的相片还如往常一样留的是平头，穿的是麻布中山服，加之相片是在上海王开照相馆拍的，相片的衬底上印有"王开"二字，所以安检人员以为他是王开而不是卢作孚。当然，交涉了一阵之后，事情还是搞清楚了。

再说，我祖父"起家"创办的民生公司和多项事业都不是属于他的。他自己没有资本，不过是利用社会上的资本，为社会办事，所以民生公司刚一成立就叫股份有限公司，从来不姓卢。因为他没有资本的缘故，有相当长的一段时间都没有资格进入董事会。后来公司的董事们感到他经营公司功莫大焉，而且不在董事会里，有些重大问题无法讨论决定，才送了一些干股给他。他把这些干股的分红，连同他兼任多家企事业职务的酬金和车马费，全都捐给了他创建的科学、文化、教育事业，自己只拿一份工资养家。但高三时的我，对上述这些史实毫不知情。

这一次，再也没有民生厂子弟校正直而仗义的校长和班主任出面保护我了。面对这样的形势，我已无权办理任何公事，便接连七次口头加书面申请，辞去了班长和年级主席的职务，把头脑缩回自己的躯壳，过起了独来独往的生活。祖父一生也多次谢绝或辞去公职，然而都是他主动而不是被迫的。辞职以后，他仍回到他的主业——继续进行现代集团生活试验，为国家现代化做示范。我辞职以后却是一门心思地等待最后结果：向高年级的学哥学姐看齐，下农村脱胎换骨换红心。

如果小学考初中时，我按照规定上的是江北区那所普通中学，或者高中上的是一中、三中，就不会有市委工作组青睐我所在的学校和班级，也就不会有"工农革干子弟小组"对我们的"专政"，我即使不能报考大学，也不会有在巴蜀中学这样冷酷无情的遭遇。历史是没有如果的，而我最终上了大学的结果，又是合乎历史逻辑的。

尾声

我在当时那样的形势面前，只能接受上一届学长"出身不好"考不上大学的教训，选择不了自己的出身，就选择自己的出路。为此，我连续写了六份书面申请，要求不参加高考下农村。其潜台词是很害怕背上一个"考"不上大学的坏名声。三年前热情挽留我报考巴蜀高中的王校长单独找我谈话，眉宇间增添了几丝忧愁，口吻也绝无当年那么有把握："你不是说要'一颗红心，两种准备'吗？考大学也是祖国的需要嘛，你应该带头考好，考不上大学再下农村也不迟。"我知道这是老校长在当时自身难保的情况下，能够告诉我的心里话，寄托着他的祝愿和期望。

我就这样被动地参加了"文革"前最后一次高考。高考前夕又要填写志愿表了。我拿到表后，几乎想也没想，就在"重点大学"和"非重点大学"的十个空格里，无一例外地全部填上了农学院，排名从北京农学院到最后一个新疆建设兵团农学院。不是我对农业感兴趣，也不是我觉悟高，要为改变中国农业落后面貌作贡献，而是我以为像我这样的"出身"，能考上一个农学院就算不错了。

表交上去后的第二天，平时和我划清界限的班主任罕见地找我谈话，声音压得比较低，笑眯眯地对我说："学校研究过了，认为你的成绩和表现都不错，你可以报考北大化学系，那个系在全国都很有名。"听见班主任这番话，我仿佛钻进了云里雾里，头脑一片空白。类似这样的话，我以前听过不少。如今是著名高分子化学家、中科院院士的二姑父程镕时，就曾是北大化学系研究生，从我初中有了化学课起，他和我的家人就经常鼓励我报考北大化学系。而现在，班主任也对我说出了这样的话，我想学校的决定不出格，我这六年的成绩和表现确实不错，于是我毕恭毕敬地重新填写了一张表，把北大化学系填在了十个志愿的第一格里。

哪知重填的志愿表交上去的第二天，班主任又拿着一张空白表来找我。这一次，她省略了客套话，直截了当对我说："北大化学系还不是全国最好的系，最好的要数清华大学土木建筑系，系主任就是梁启超的儿子梁思成，你可以报考这个系。"恕我孤陋寡闻，她不告诉我，我还真不知道清华大学土木建筑系当时的系主任是梁启超的儿子梁思成。于是，我又在第三张表十个志愿的第一格里，端端正正地填上了"清华大学土木建筑系"几个字。这是我第三次修改升学志愿表，第一次是小学毕业升初中，修改的结果是考上了重庆市重点中学——巴蜀中学。第二次是初中毕业考高中，原打算报考市三中、一中，后经校长说服更改过来，继续在巴蜀中学读高中。这是第三次，与前两次只改填了一张表不同的是，这次改填了两张表。

高考结束后，我心安理得地回家等通知了，等到最次的大学录取通知都发完了还是没有我时，我才意识到，我没考上大学！不仅没考上清华，而且连一个农学院也没考上——我私下留了一手，除了改填第一志愿外，其他九个志愿仍然照搬了农业院校。我们家同命相连落榜的还有我的同窗堂妹和她也在巴蜀读初中升高中的弟弟。在遭遇了有生以来第一次考试名落孙山的打击之后，我拼凑起支离破碎的心情，去学校报名兑现"一颗红心，两种准备"的第二种准备：去了川陕交界处的达州地区万源县脱胎换骨炼红心。"文革"中我的两个弟弟也去了我那里落户。

1972年3月，在我当了7年农民后，被上调到当地的县文教局（当时叫县革委文教办）工作，我的两个弟弟之前也先后上调，小弟弟进了当地一家煤铁矿，大弟弟去了重庆一家民办工厂。在我的档案从知青办转到文教办的过程中，一位好心的领导冒着"违纪"的风险，让我"偷看"了保密的档案。档案袋里除了有几页我毫无兴趣的"政审"材料外，还有一张我1965年考大学时填写的志愿表。这张表引起了我的注意。

我迫不及待地打开它，查看当年我无权看到的另一部分内容。视线从高三毕业"成绩"栏移到"优缺点"栏，一切还算正常，"成绩"栏里除了体育80多分，其余都在90分以上；"优缺点"栏里说我"高举毛泽东思想伟大红旗，成绩优秀，尊敬老师，团结同学……"，一个缺点都没有。再往下便是"此生是否录取"栏，上面竟然写的是

"此生不宜录取"，还盖了一个母校党支部的大红印。后来得知，我们这一批"不宜录取"生，高考的卷子都没有开封。

祖父无论如何也不会想到，他最疼爱的长孙女，被他热心参与创建并作出"巨大贡献"的学校剥夺了继续受教育的权利，取缔了上大学的资格。

我的大学

卢晓蓉

报考大学

1977年首度恢复高考，我没有应试，因为我压根儿不相信可以自己报名考大学，而且不看家庭出身。77届高考揭榜后证明，自己报考是可以的，但仍然要看出身。眼见我参加77届高考因"出身"问题落榜的小弟弟和他厂里的知青朋友再接再厉，又投入了迎战1978年高考的复习，我多少还是有些动心，但很快就得知，1978年高考有一条新规定：1965年以前的高中毕业生一律没有高考资格，理由是我们曾经参加过高考。

就在希望的大门再次向我关闭的刹那，县文教局一位年轻的何副局长去达州市开会，我在达县体委工作的一位高中同窗也参加了这个会，正好就坐在他身旁。这个同学也姓何，以前在班上是画墙报的主笔，与我合作较多，关系不错。交谈之间，副局长从我同窗那里知道了我在中学品学兼优，于是散会的当天就马不停蹄赶回县里，叩开了我的家门，动员我参加高考："上面说了，根据你在中学的成绩和农村的表现，只要你高考成绩合格，哪怕是高64级、高63级，也一路给你开绿灯！"

我对副局长的话似信非信，但有一点是笃定的：我在学校的成绩没话说，在万源县的表现也经得起检验。我经历了七年与贫下中农同吃同住同劳动的艰苦生活后，奉调到县革委机关文教办工作，我的表现在县革委机关有目共睹。半年后因"出身问题"被军宣队一脚踢到乡村小学教书，学生家长认为是"可以让孩子学到真知识的好老师"。后经文教办调我进了县城独家电影公司办公室，负责所有工作，从清洁工、勤杂工到收发、接待、人事档案（**包括党支部档案**）保管、联络与协助公司领导管理四十多个公社放映队等一包到底，因为办公室就我一人。没有职务，没有级别，每月领取没有丝毫水分的基本工资，我也毫无怨言。1978年中，地区档案馆到各地督查档案管理情况，把我们公司评为先进单位，11月要我去参加地区代表大会。为此我又填了一张表。我拿着表去找公司一位领导盖章时，他不屑地指着政治面貌一栏对我说："按上级规定，管理档案的人必须是党员，你连党员都不是，哪有资格参加代表会？"可我既然不是党员，你们为什么一直要我管理档案，还包括党员的？这个问题他肯定无法回答，我也没说出口。

这时县文教局副局长动员我参加高考，机会难得，我还是愿意一试。不过中学毕业已经十三年，而离高考时间又不到两个月，我只有背水一战了。临时抱佛脚，报考理科已来不及，我就报了文科。在重庆工作的大弟弟，悄悄跑回巴蜀母校找来一本应届生的复习资料救了我的急。白天要上班，而且还不能暴露自己要参加高考，以防小人使坏——已有前车之鉴，我只有晚上下班后躲在宿舍里偷偷开夜车。结果考试成绩总分名列前茅，政治更是考了96分。张榜那天，县城一所小学的校长看到了我的分数，她大概知道我在县文教局工作因"家庭出身"问题被踢出局的遭遇，在马路上碰到我时，很激动地拉着我的手说："你就像压在石头下的竹子，现在终于有出头之日了！"我们平时几乎没有交往，她这番话令我非常感动，至今难忘。

高考志愿表再一次落到我手里，到了填写"家庭成员"栏目时，写不写我的祖父令我纠结了好一阵。犹豫再三，为了不犯"隐瞒家庭出身"之嫌，还是写了一句话："祖父卢作孚，原民生轮船公司经理"。其实，祖父1925年创办的企业一开始就叫"民生实业股份有限公司"。他始终坚持"依靠社会之力，办好社会之事"的理念，而我当时连他创办的公司叫什么名字都没搞清楚，更遑论了解他的理想和事业。

到了填志愿栏目时，我不相信"生"源滚滚的重点大学会斗胆录取我，所以索性放过"重点大学"的五个志愿不填，只在"普通大学"的表格里填了排名榜上倒着数的五个学校，不料被县文教局作为废表退回来叫我重填，我只好挑了几个省内的重点大学填了上去，最后一栏没有省内学校可填了，才顺手填了华东师大，第一志愿是"政治教育系"，拜我的政治分数最高所致。

哪知1977年高考时，四川把许多高分考生截留了，1978年矫枉过正，不按志愿顺序，一律让外地学校先挑选。于是我的志愿表便连跳几格，到了华东师大赴四川招生的政治教育系常务副主任吴铎老师手里，他毫不犹豫立即录取，使得我在完全没有思想准备的情况下，成为全县第一个收到来自华东师大的录取通知，我当时兴奋得差点儿步了范进中举的后尘。我的小弟弟和堂表弟妹但凡那年参加了中考或高考的都如愿以偿。

我们上大学后，还有三个月的"试用期"，也就是说，三个月内发现有任何与入学资格不符的问题，都只能被剥夺学籍打回原籍。那三个月里，我心里常打鼓，担心家庭出身又发生问题。直到过了三个月最后一天，我才完全放了心。大学三年级上学期，四川省委统战部给我们所有亲属的单位都发了一份为祖父昭雪的公函，全文不到250个字，却是在祖父去世28年后，第一次给他做了一个正面结论。文中称"……他热爱祖国，拥护人民政府，拥护共产党的领导，……对恢复和发展内河航运事业做出了有益的贡献。为人民做过许多好事，党和人民是不会忘记的"。后来才知道，就是这么简单的一个结论，也是来之不易的。1978年，我的二姑给胡耀邦先生写了一封信，信中叙述了祖父的子孙两代，因为莫须有的"出身"影响所受到的种种磨难。胡耀邦先生很快就作了批复，责成中组部会同中央统战部和四川、重庆两级统战部协商解决。中组部与三方统战部协商后，于1978年7月29日给二姑回了信，告知上述情况。那时我还在川北大巴山，信息全无。而四川省委统战部的公函却是1980年10月13日下发的。与中组部的回信时隔两年多，这中间有多少的波澜起伏是可想而知的。

大学一年级暑假回家探亲时，听见家附近一位中学小校友说，他们的校长即我们当时的副校长（当时的正校长已在"文革"中挨批斗病故），在一次全校大会上号召小弟弟、小妹妹们向我学习，说我中学毕业13年后，还能从农村考上大学。他却不知道，我考上大学用的正是母校出的复习资料。历史在这里画了一个圈，不过当然是螺旋式上升、波浪式前进的。

上大学

大学四年是我终生最难忘怀的时期。当年我选择政教系虽然并非出于自愿，但二年级下学期分专业时，我在哲学、科学社会主义和经济学三个专业中，几乎想也没想就选择了经济专业，潜意识里祖父的事业与经济关系密切起了决定性作用。尽管那时还实行计划经济，但我们学习的课程除了国际共运史、中共党史以外，还学了欧洲哲学史、世界经济史、《资本论》，等等，对于我后来看问题的眼界和方法，起了很大的作用。

影响深远的十一届三中全会于1978年12月18日—22日在北京召开。那时我们刚进校两个多月，但同学们关于两个"凡是"的问题，关于国家前途命运的问题，已有不少议论，观点也有些分歧，大家都盼望这次会议能有一个明确的答案。学校和系里像是了解我们的心思，就在会议闭幕那天晚上，在各系的教室里转播了中央人民广播电台关于这次会议的公报。记得那天上晚自习，我和一位女同学早早在政教系大楼阶梯教室占了位子。广播开始以后，我们逐字逐句地收听，感觉句句话都说到心里，兴奋得情不自禁。广播结束后，教室和校园里一片欢腾，久久没有平静。

当时华东师大的校长是著名教育家刘佛年，党委书记是施平。施平书记是"一二·九"运动的领导者之一，很正直务实。他们俩的绝佳配合造就了华东师大的黄金时代。我们在校期间，施平书记亲自给

77级、78级政教系的学生讲过一次大课，专题介绍校友王申酉为坚持真理批判"文革"和抵抗暴政的英勇事迹。王申酉是我校物理系六二级学生，"文革"开始不久，他就发现有很多问题，又对照马克思、恩格斯的著作思考这些问题，并将自己的思考写在日记里。后被同学告发，受到长时期残酷折磨，一直没有分配工作，谈了几次恋爱都被工宣队挑拨拆散。但是他不改初衷，在给最后一位女朋友的最后一封信中，仍然毫不掩饰地表明自己的观点，对"文革"及其发动者作了鞭辟入里的批判，洋洋洒洒写了六万字。施平书记称这份情书是"优秀的博士论文"。然而，这份饱含对祖国对人民无限深情的"情书"却把王申酉送上了刑场，他死于尚未肃清"四人帮"流毒的1977年4月。施平书记冒着风险三上中组部，终于给他平了反。听了这堂课我深受震撼。二十多年后，我在香港买到了《王申酉文集》，读完后写了篇文章《"文革"疯狂中冷静的思想者王申酉》，发表在中共中央党史研究室主管、中国中共党史学会主办的杂志《百年潮》上，向这位优秀的校友表达了我迟到的敬意。施平书记如今已届113岁，衷心祝愿他再创长寿纪录！

我们就是这样带着伤痛、带着余悸、带着自卑、带着与知识的隔膜、带着对前途的迷茫，来到华东师大校园，开始了我们一生中最重要的启蒙教育。而每一位老师，无论是教基础课、专业课、选修课，还是班主任、年级辅导员，都满腔热情地接纳了我们这批特殊学生，尽管他们自己也刚刚经历了"文革"的灾难，可是却无怨无悔，把全部心血浇灌在我们身上。其中有位历史老师，课讲得非常好，常有其他专业的学生前来蹭课，教室里总是坐得满满的。"文革"中他曾受到残酷虐待，可上课时他从未提起这些伤心事，而是用明镜般的丰富史料开启了我们久闭的心扉。蹭课人多的还有刘民壮老师的生物进化课，这门课在生物系大楼的教室上，偌大一间阶梯教室也是挤满人。刘老师讲到哪种动物，就顺手用粉笔在黑板上勾勒出来，逼真鲜活。刘老师还投入了很多精力到神农架寻找野人，其精神很令我们感动。可惜他英年早逝，无疑是母校的一大损失。

那时我们学校的学术氛围很活跃，思想很开放，尤其是政教系。

我们在课堂上常有讨论，大家都敞开思想自由发言，老师不揪辫子，不打棍子。记得有一次讨论社会主义初级阶段的问题，大家争得面红耳赤，可下来还是说说笑笑，毫无芥蒂。77级的同学曾经排演过话剧《假如我是真的》。在一次学校的文娱汇演中，我们班一位从空军部队考进来的男同学，满怀豪情地朗诵著名诗人流沙河的《理想之歌》："理想是石，敲出星星之火；理想是火，点燃熄灭的灯；理想是灯，照亮夜行的路；理想是路，引你走到黎明……"这首诗给我们带来的激励，直到今天也没有过时。

政教系的学生那时有一个特殊待遇，可以在图书馆的教师阅览室借阅图书，我得以看了不少当时还被禁售的中外书籍，如苏联历史学家阿夫托尔哈诺夫的《权力学》，英国经济学家哈耶克的《通往奴役的道路》，美国经济学家弗里德曼及小弗雷泽尔等的著作，大开眼界。同时还在图书馆借阅了不少中外文学名著，如礼平的《晚霞消失的时候》，靳凡的《公开的情书》，列夫·托尔斯泰的《安娜·卡列尼娜》，屠格涅夫的《父与子》，雨果的《笑面人》，大仲马的《基督山恩仇记》，等等，也收获不小。记得读《基督山恩仇记》时很投入，记忆也好，一个晚上可以看完一部，第二天现炒现卖讲给同学听。三个晚上就看完三部，也都陆续讲给同学听了。我对《基督山恩仇记》情有独钟，源于1964年高中开始贯彻阶级路线对我的打击，与小说主人公基督山伯爵进伊夫堡监狱的遭遇有相似之处。

同学之间的深情厚谊同样让我终生难忘。按年龄大小，我在全年级排名第三，全班排名第一，多数同学比我小十岁左右，最小的相差十五岁。可是年龄的悬殊并没有成为我们之间的障碍，我们彼此友好相处，情同手足。我们曾一起听课，一起辩论，一起到图书馆抢位子，一起背笔记应对考试，一起下乡劳动，一起参加社调，一起实习当老师，一起逛公园，一起半夜看电影回来翻校门……上海同学还经常把家里可口的饭菜带来和我们外地同学一起分享。上山下乡十三年，经历了无数磨难的我，又回到了天真无邪的学生时代，在这个闻名全国的美丽校园里，度过了四年最幸福难忘的时光。我们曾经组织过毕业二十周年，入校三十周年、四十周年的系庆纪念活动。正如毕业二十周年的聚会上，主持人——我们班的老班长所言："从来没有哪一届大学生，像我们77、78届这样与祖国的命运休戚相关。"有了微信以后，我们建了系群和班群，关心国家大事和回忆校园生活成了我们群里永远的主题。

上大学前，我一直羞于在人多的场合发言，一上台就脸红。中学当中队长、班主席，我尽量不开班会，宁可自己掏钱搞文体活动，为的就是避免上台讲话。在乡下公社小学教书，面对的大都是农民的孩子，心理没有压力。考上华东师大后，我意识到毕业后终归要走上讲台，所以下定决心克服这个毛病。但凡有讨论课，无论准备得好不好，我必定举手发言。大二下学期期末考试，系里进行口试试点，科目是政治经济学，参加笔试还是口试由同学自选。全年级一百六十多位学生，只有两个女生选了口试，我是其中之一。考试结束后，政治经济学的任课老师对其他同学说，"没想到卢晓蓉年纪这么大，孩子都有了，还考得这么好！"大学四年，我除了"党史"成绩是"良"以外，其余全是"优"。在一个正常的人性环境中，优劣对错的标准就是这么一清二白。

在校四年，我把对招收我进华东师大的吴铎教授的无尽感激藏在心底，没有与他单独交谈过，不愿也不敢打扰他。毕业后的第一个春节，我给他寄了一张贺卡，上面写着："衷心感谢您把我带到一个充满光明的世界！"这是我的心里话。

几年后我与吴铎教授异地重逢。我问他，当年哪来那么大的勇气录取我？他回答说，他们家是湖北人，抗战时他和他的家人乘坐民生公司的轮船去四川避难，他佩服我祖父的勇气。他还告诉我，他的小学阶段最后一年，是在重庆寸滩小学度过的。寸滩是长江边的一个小镇，与我家所在的青草坝相距不远。寸滩小学坐落在长江边半山坡上。坐在教室里，就可以听见民生公司轮船的汽笛声；推开教室的窗户，就可以望见往来江上的民生公司船舶的英姿。在那时孩子们的眼里，"轮船"代表着国家的最新科技；民生公司、卢作孚，成为他们幼小心灵中的民族骄傲。新中国成立以后的1951年，吴铎老师作为重庆市的学生代表之一，出席在北京召开的全国第十五次学生代表大会，也是乘坐民生公司的轮船出川的。1952年他参加新中国第二届全国高考，被录取到华东师大，又是乘坐民生公司的轮船到达上海的。没有想到历经沧海桑田30多载，他居然在1978年四川省的招生名录上，见到了卢作孚先生的孙系骨肉。这一见，唤起了他那数不清的儿时回忆……没想到"歪打正着"，幸好我在志愿表上"坦白交待"。直到现在，我与吴老师还保持着联系。

离开大学将近40年后，我收到正在深圳休养的吴老师发来的微信，信中写道："来深近三月，休养之余，主要审阅《华东师大校志》。今日惊愕发现，尊祖卢作孚1946年曾任大夏大学董事。大夏是华东师大嫡系前辈，你成为华东师大学子，真是缘分！"看到这里，我也大感意外。大夏大学是华东师大的前身，我早有所闻。可是对于祖父在1946年，也就是我出生那一年，曾任过大夏大学的董事，我却一无所知。吴铎教授还给我介绍了华东师大档案馆的馆长汤涛老师。汤馆长对大夏大学的历史和创办人王伯群先生多有研究，他写信告诉我："您祖父对大夏贡献很大，跟大夏校长王伯群关系很是密切。"从他那里的资料得知，祖父曾接受王校长委托，替大夏大学募过捐。汤馆长的文章《王伯群与卢作孚：为了信仰中的现代中国》①，细数了两位先贤在生平轨迹中的诸多相似和交集之处，论证了"他们一生都致力于信仰中的现代中国的建设，跨越'革命救国''教育救国'和'交通救国'三大领域"，从而结下了深厚友谊。

不知祖父在受任大夏大学董事的时候，是否想过就在当年出生的我，会在32年后被华东师大录取，从此改变了命运多舛的前半生。

---

① 本文载于《中华读书报》2021年2月3日《瞭望》版。

王伯群与卢作孚：为了信仰中的现代中国

汤　涛
（华东师范大学研究员、档案馆馆长）

一

　　我在阅读《王伯群日记》（稿本）、《卢作孚年谱长编》，以及相关档案时发现，在大夏大学①校长王伯群和他的朋友圈中，有一位人物和他的人生历程、志趣和志业十分相似——这个人就是近代著名实业家卢作孚。

　　他们是同时代的人物。王伯群与卢作孚都诞生于晚清，王生于一八八五年，卢比王小八岁；他们同是西南人氏，王为贵州兴义人，卢为重庆合川人；他们一生都致力于信仰中的现代中国的建设，跨越"革命救国""教育救国"和"交通救国"三大领域。

　　若论革命救国，他们都是革命的急先锋。王伯群留学东瀛，早年加入同盟会，追随孙中山从事民主革命。一九一五年，三十岁的王伯群与蔡锷、唐继尧和胞弟王文华等策划组织护国运动，震动海内外，维护新生共和的民主法统，被誉为"民主共和的功臣"。他投身护法运动、南北和议、北伐战争，以及抗战西迁等。卢作孚少年励志，参加同盟会、保路运动、辛亥革命，主办《川报》宣扬革命、"五四"

————————————
①　大夏大学系华东师范大学的前身。

运动和少年中国学会等。在抗战中，他身先士卒，坐镇指挥宜昌大撤退，化解军民粮食危机等。

在教育救国方面，他们都付诸实践。王伯群曾任交通大学等三所大学校长。他主要是通过创办大夏大学及其系列中小学，实现其教育救国的强国梦，大夏被誉为"东方哥伦比亚大学"。他晚年曾对妻子保志宁道："我个人最大的成就感来源于教育事业，而非政治。"

而卢作孚除了在小学、中学、大学一线担任过教师，他主要是通过创建重庆"北碚试验区"，创办实用小学、兼善中学和相辉学院等系列学校来探索和实现自己的教育理想。北碚被联合国教科文组织定位为"基本教育试验区"，媒体称赞其为"动荡纷扰之中国"的"世外桃源"。一九三七年初，黄炎培到北碚试验区参观后，撰文写道："与其说因地灵而人杰，还不如说因人杰而地灵吧。"卢作孚曾说："我之所以喜欢北碚，胜于自己所主办的事业，也正因为它是一个优良的教育环境。"

在交通救国上，他们的方式不同，但殊途同归。王伯群曾于一九二〇年担任广州军政府交通部长，一九二七年继任南京国民政府交通部长，以及招商局监督和吴淞商船专科学校校长，他通过行政力量和人才培养推动国家交通体系建设，更新和发展铁路、航空航运、海关管控、电话电报以及交通教育事业。

而卢作孚不同，他则通过创办实业，推动航运发展。一九二五年，他创办民生公司，以经营川江航业为起步，经过二十多年的擘画经营，逐渐发展成为拥有七十余家综合性的企业集团，航线业务扩展到东南亚和日本。被毛泽东称赞为我国四个不能忘记的实业家之一。巧的是一九三八年一月，他被国民政府任命为交通部常务次长，负责抗战中的水陆运输。

王伯群和卢作孚志趣相投，志业相同，当一九三三年他们握手相见时，自然一见如故，惺惺相惜。

一九二四年，王伯群在上海创办大夏大学。然而，私人办大学绝非一桩简单之事，财力人力物力都要费心劳力。在大学治理中，王伯群本着教育家与人为善、以人为德之精神，一方面参股银行和投资实业，用获利捐资办学；另一方面向教育部、军政首长、各方财阀和地方闻人劝善捐资，用他们的财力办利国利民之事业。一九三二年十月，创办八年的大夏由于中山路新校区扩建，学校一度出现财政危机。副校长欧元怀数次前来汇报大夏财政窘况："截至明年二月止，尚负债四十一万元。""本学期至少非三万元不能渡过难关"。当王伯群在日记中写下大夏财政状况后，心情骤然凝重起来。

王伯群在多方筹措资金后，大夏办学资金仍感不敷。这时，他想到了远在重庆的实业家卢作孚。

二

一九三三年二月初，王伯群得报卢作孚已从重庆抵达上海三马路九号的民生上海分公司指导业务，他遂先派大夏副校长欧元怀（字愧安）和财政委员会主任傅式说（字筑隐）设宴招待卢作孚，请益北碚试验区的实践和经验，顺请他为大夏筹募。卢闻听欧、傅两人来意后，当即慨然允之。二月九日，王伯群在听取欧、傅汇报后，为表尊重，他特此作致卢作孚函，恳请为大夏广为劝募。函云：

作孚先生大鉴：

久耳鸿名，未瞻雅范，企慕为劳。敝校第二期建筑募捐事，曾由欧愧安、傅筑隐两先生面达一切，承蒙惠允代募，热忱宏愿，钦佩莫名。敝校惨淡经营，规模粗备，现有一切，虽足跻于国内著名学府之林，惟是大学使命，既重且巨，大学建设，千绪万端，目前之成绩尚未与理想之标准相符，而况如图书馆、科学馆、体育馆、大礼堂等为大学教育所必需者，均因限于经济，尚因陋就简，未能单独建筑，尤为缺憾，故第二期建筑实属刻不容缓。素仰台端好义急公，热心教育，务恳广为劝募，共襄盛举，使敝校百年之基，从兹永固，则阖校菁莪，胥受其赐矣。

专此奉达。顺颂勋祺，不戬。

王伯群

廿二年二月九日

其实，卢作孚对王伯群本人也早已熟知。

王伯群执掌国民政府交通部期间（一九二七年——一九三一年），正是卢作孚航运事业的快速发展期。王伯群为推动国家交通建设，制定和实施了一系列的交通法规和举措。一九二七年，他在交通部设立航政司，主管全国航政，并在上海、汉口、天津、哈尔滨设立航政局。其中，汉口航政局主管鄂、湘、赣、川四省航政事宜。王伯群还就航运先后制定实施《海商法》《船舶登记法》和《船舶登记法施行细则》等法规，有力地规范和保护合法航运企业的正常经营。

王伯群对交通之于国家的意义，有过精辟的论述，他说："交通事业关系民生、文化、财政诸端，非常重要，交通不良，一切胥受影响。""要解决民生问题，一定要发达资本，振兴实业，振兴实业之方法很多，第一是交通事业。"而卢作孚在三十年代初则提出，开展产业、交通、文化、国防四个运动，"将整个中国现代化"。

王伯群施行的每一则法规，每一项措施，以及每一个观点，作为同道中人的卢作孚，深有体悟，也总觉得恰逢其时。对于发展中国航业，王伯群和卢作孚都是民族主义者，首先是收回国家航运主权。王伯群指出："吾人深鉴于航业前途之危机，除进行收回航权外，并积极保护航务，使其不致再遭摧残。……倘能假之数年，逐渐实现，则国空与商业与前途，庶有豸乎。"而卢作孚在经营川航的实践中，面对外国航业公司欺行霸市，如日本的"信和""太古""日清"，以及美国的捷江等轮船公司独霸川江，他提出"化零为整"、统一川江、一致对外的号召。他收购美国捷江公司，赶走日本轮船公司，以民族企业的姿态承运了长江上游百分之七十的航运业务。

王伯群还主导恢复吴淞商船专科学校，"为航业界储才"。他亲任校长，为航业运输培养驾驶和轮机紧缺人才。作为开办航运公司的卢作孚，自然在轮船驾驶和轮机专业方面，颇得人才之便利，并以优厚的待遇安置之。周茂柏在《抗战第六年之民生机器厂》记述吴淞商船毕业生之福利待遇："除优给薪资外，并加给生活津贴，食米津贴以及各项奖金特酬"，日常生活，"则有消费合作社为之供给米油盐柴炭";孩子教育,"则有职工子弟学校,免费收纳职工子弟就学";工厂安全和员工医疗,"均有特殊之设备,以达到生活安谧之地步"。

王伯群曾向蒋介石汇报,表示中国航业基础落后,正与宋子文、孔祥熙等筹商,结合海军的力量,成立国有航业公司,为抗战胜利后复兴发展国家航运作准备,他的提议得到蒋的首肯。如何办好国有航业?王伯群颇费思量,有次在读完《一桩惨淡经营的事业:民生实业公司》一书后,专门访晤卢作孚,商讨航业规划及未来发展。一番探讨后,王伯群大赞卢作孚"有经练,有见地"。

一九三三年二月十六日,正在上海的卢作孚前往访晤王伯群。此次见面,可谓相见恨晚,他们畅谈教育与展望交通。会见结束后,王还专门陪同卢参观大夏大学新校园。他们首次会晤,卢给王留下极其深刻的印象,王在日记中对卢作孚作了高度评价,他写道:"其人短小精干,一望而知为事业家。川人多能言而不能行,卢因做事主张脚踏实地,做一分算一分者,头脑亦新颖明晰,可爱之才也。"

在他们见面后不久,卢作孚便向国民革命军第二十军军长杨森(字子惠)劝募到两千元。

三

卢作孚为何跟杨森劝募成功?

其一,卢和杨有着良好的私谊。早在1921年初,时任川军第二军第九师师长兼永宁道尹的杨森,便邀请卢担任永宁道尹公署的教育科长。在杨的支持下,卢创办通俗教育会,并邀约少年中国学会的王德熙、恽代英等,以川南师范学堂为重点推行教育改革。不到一年,便以"新川南、新教育、新风尚"口碑传遍全川。三年后,升任四川军务督办的杨森再次邀请卢担任四川省建设厅厅长,卢婉谢,决意从一小事做起,在成都创办通俗教育馆。卢再次以惊人的速度和成效享誉川省教育界。据当时人回忆,"成都通俗教育馆寓教育于游乐,内容丰富多彩,日新月异,使整个成都社会均为之轰动,为之迷恋"。

其二,卢作孚也知道王伯群与杨森有过一段公谊。一九三二年六月，王伯群受国民政府派遣，以"川滇黔专使"视察西南。王在抵达重庆时，曾专电正蛰居广安的杨森告在渝现状。他还专门会晤杨森的参谋长甘德明、刘介藩，说明未能到广安与杨见面之原因，把蒋介石、汪精卫两函交其带去。杨森的东山再起，继续得到蒋之重用，与王的联络有一定的关系。后来，杨森受邀担任大夏大学校董。

一九三四年七月二十三日，王伯群又闻卢作孚抵达上海，正与招商局签订货载联运合同。他便专门发函致谢卢作孚代募捐款，并请转送致杨森军长函。函曰：

作孚先生大鉴：

代向杨子惠军长募得渝币二千元合沪币一千六百三十元，高义热忱，莫名钦佩。敝校规模初具，建设万端，此后尚望台端积极赞助，随时指教，至为厚幸。附上致杨军长函，即请转交为祷。专此鸣谢，顺致

大安！

弟 王伯群
廿三年七月廿三日

一九三七年，"八一三"淞沪抗战爆发。抗战军兴，王伯群率大夏大学间关千里，西迁到贵州。在贵阳办学期间，王伯群不再像在工商业发达的上海那样如鱼得水。大夏深感办学经费左支右绌，加上申请教育部国立碰到各种莫名的障碍。大夏的财政危机，常令王伯群寝食难安。

为解决大夏办学经费，王伯群四处奔波，多方筹措，一方面是寻求校友帮助。一九四二年六月，作为募捐运动会会长，他通过大夏大学校友总会发动全国校友为母校募集百万基金运动。一九四四年四月，王伯群再次在大夏校友总会理监事联席会议上，希望全体校友继续募捐，并决定发动募集千万基金运动。

另一方面，王伯群继续寻求社会各方贤达予以资助，而卢作孚仍是他劝募的重要对象。一九四四年初，王伯群在黔籍故交、四川银行行长邓汉祥的牵线下，召集重庆的金融界巨子，筹商大夏大学捐款

之事。

一九四四年三月八日，王伯群参加邓汉祥组织的金融界聚会，卢作孚和四川一批银行家、实业家胡子昂、杨烁三、黄墨涵、刘航琛、潘昌猷、康心如、吴晋航、胡仲实、周培兰、宁子春、杨晓波等十七人出席宴会。席间，在邓汉祥报告黔中经济情形、刘航琛代表答词后，王伯群起身略谈西南经济与战时关系，并请求大家支持大夏大学。在宴会现场上，卢作孚率先起立响应，其他银行家见状，也纷纷热烈呼应。宴会结束后，卢作孚盛情邀请王伯群去参观青草坝的民生机器厂。

作为曾经的交通部长，王伯群也极为期待这次参观。一周后的三月十五日，王伯群偕邓汉祥同往民生公司，前往青草坝参观民生机器厂。此次参观，给王伯群留下了难忘的印象。他在日记中详述参观的过程："九时，由朝天门码头乘小轮，约十分钟，即速见江岸旧船如鲫，房屋宏阔，逆水行舟，知为其工厂。上岸逐一观之，且大部在山洞中，外视不得见。机器完备，材料丰富，工人两千二百余，职员近二百，殊大观。不特修理，大小旧船胜任愉快，并能建造新船，自制锅炉引擎之类，可谓卢氏一大成功也。"

此次游观历时三个多小时。参观结束后，卢作孚还特别准备丰盛的菜肴，款待王伯群一行。

是年四月一日，王伯群收到邓汉祥转送卢作孚等为大夏捐款三十二万元的支票，其中卢以民生公司的名义捐款三万元。卢作孚和银行家们的捐款缓解了王伯群办学的财政压力。鉴于卢作孚对大夏的有益贡献，学校聘请他为大夏大学校董。由此以后，卢作孚与孙科、孔祥熙、张嘉璈、何应钦、梁寒操等校董参与学校重大校务的决策，为大夏大学的发展献计献策。

（原文曾发表于2021年2月3日《中华读书报》）

三代强国梦，拳拳赤子心

卢晓蓉

1980年，上级机关将我父亲从工作了28年的重庆民生机器厂，调往武汉长江航运管理局任高级工程师。1982年大学毕业分配时，系里为了照顾我与家人团聚，费了许多心血在武汉华中农学院（现华中农业大学）农业经济系协商到一个名额，任教课程是外国农业经济。当时的任课教师即系主任贾健教授已年近70，第一节课他就要我自己上，他旁听。听完后他对我说："这课就交给你了。"他看过我的大学成绩，也了解我的祖父。

随着改革开放大潮的到来，一生"笃行慎言"、低调内向的父亲，突然被推到台前。这时，国家号召"老字号"工商业者"下海"探路，党和政府也动员我父亲带个头。先是重庆市要他回去主持重建民生公司，后来又是湖北省和武汉市的党政领导挽留他在武汉办公司，为湖北省和武汉市的交通起飞出力，他便留在了武汉。为了替父亲帮忙，也为了尝试这一新生事物，我向系里打了辞职报告。党总支书记把我叫去动员我留下，他说学生们反映我是系里讲课讲得最好的老师，希望我收回辞呈。但我决心已下，就像当年一头扎进农村那样义无反顾。至于下海会遇到什么风险、放弃事业单位的职位是否可惜等，当时确实没有想过。我这一生在体制内也就待了十二年——万源县文教单位六年，上大学带薪四年，大学毕业在华中农学院工作两年，1984年下海，体制内所有工资加起来不到六千元人民币，从此与

109

体制了断。

这一年我38岁。祖父从1930年到1934年，也就是从37岁到41岁时接连发表了多篇探寻富民强国目标、道路和方法的文章，如《四川人的大梦其醒》（1930）、《乡村建设》（1930）、《从四个运动做到中国统一》（1934）、《中国的根本问题是人的训练》（1934）、《社会生活与集团生活》（1934）、《建设中国的困难及其必循的道路》（1934）等。他认为："内忧外患是两个问题，却只须一个方法去解决它。这一个方法就是将整个中国现代化。"如何实施呢？那就是"根据世界的最高纪录作为目标，根据国内的目前状况作为出发点"，以产业、交通、文化、国防"这四个现代化的运动"，"促使全国统一于一个公共信仰四个现代化的运动之下，这是最可靠的统一全国的方法"。①继1924年开展第一个现代集团生活试验即成都通俗教育馆后，祖父这时正在进行民生实业股份有限公司及北碚乡村建设另外两个现代集团生活试验，为"将整个中国现代化"摸索经验做示范。我则在他这个年纪才开始摸着石头过河，尝试在体制外创办企业。

1984年9月，在湖北省和武汉市政府及许多老民生同仁的支持下，父亲出面创办了一家航运公司和一家出租汽车公司，源于考虑到长江航运是一个长线项目，初期很难有经济效益，而出租汽车公司则是短线项目，资金周转快，效益高，可以辅助长线项目即航运公司。我们只向政府贷款五万元做开办费，等于白手起家，可谓困难重重。由于改革开放之初许多政策法规不到位，我们也毫无经验，原本出租汽车公司在政府贷款和外汇额度的支持下，已经筹备完成，在日本丰田公司购买的一百二十辆汽车也已到位，却受到地方势力的干扰，无法开始营运。父亲为了避免不必要的损失，决定将该公司无偿交给国家。而航运公司没有船，只能租船经营，首先就遇到货源问题。当时长江航运大宗优质高价运费的货源都掌握在国营航运公司手里，我们能运输的只有运价很低的河沙和煤炭，很难维持现状。许多老民生前

---

① 卢作孚（1934）：《从四个运动做到中国统一》，载凌耀伦、熊甫编《卢作孚文集（增订本）》第230页，北京大学出版社2023年4月版。

辈和公司员工纷纷要求父亲以祖父的名义向政府要政策，要低息和无息贷款，要计划钢材、计划油，要高价货源，要特种行业经营权……

父亲顶住这些压力，耐心劝说大家要发扬当年老民生公司自力更生的精神，因为国家还很困难，如果老字号企业的重建都要依靠国家扶持，争抢国家原本就很稀缺的资源，就失去了在改革开放中起带头作用的意义。而国家最需要的是外资、技术和人才，他就利用自己的特长和海外关系的优势，把主要精力放在了招商引资方面。1984年底，父亲带着小弟弟卢铿在香港会见了原中央大学的同班同学、新加坡著名人士、时任温兄弟公司（**后改名维信集团公司**）董事长唐义方先生。唐先生与我父亲一道参加中美远征军完成大学学业后，考上了美国哈佛大学的研究生，毕业后曾在世界银行工作，被李光耀总理看中邀请去了新加坡，担任李光耀的高级顾问。同时他也是新加坡工业园区的创始人，被誉为新加坡的"工业之父"。邓小平和江泽民到访新加坡时都会见过他。出于对我祖父的敬仰和对我父亲的信任，唐义方先生从这次香港久别重逢开始，便通过我父亲和我们几姐弟的协助，开始了与中国的合作。小弟弟卢铿则在他的亲自培训和提携下，担任了维信集团驻中国的首席代表。我曾问过唐先生，中国有那么多实力雄厚的国营企业，为什么不找他们合作，却看上了赤手空拳的我父亲。他说："国营企业的经理没有信用可言，做得不好就换人。而你的祖父和你的父亲我非常了解，他们的诚信，我可以放心。"

1985年，父亲凭借自己的经验和心血，与新加坡华侨银行协商，以一己之力引进五百万美元，协助有关机构成立了武汉市第一家中外合资国际租赁公司。那段时间，父亲常常在家里工作，与双方的代表通电话。公司在筹建过程中，因中外的运作模式差别甚大，为了协调他们的关系，父亲常常打电话到深夜，苦口婆心地劝说，从此改变了他喜欢早睡的习惯。

祖父曾就中国的人才问题发表过如下见解："中国人才应有三类：第一类是能从无钱无人无事之局面，创造成为有钱有人有事之局面；第二类是在有钱有人有事之局面里，能将此局面经营好；第三类是在有钱有人有事之局面里，本人能成功为一个好人。现在亟须培植的，是极其缺乏之第一类人才，始可不断的产生第二第三类人才，以增强我国家实力。[1]父亲能在无钱、无人、无事的局面里，意识到改革开放的中国最缺的是外汇，并且切实引进了外资，为国家办成了一个稀缺的中外合资租赁公司，如祖父泉下有知，一定会深感欣慰的。

为了更好地发挥招商引资的特殊作用，1990年父亲带领母亲及我和女儿又回到香港，并把在武汉创办的那家航运公司也无偿交给了国家。到香港后，我们与父亲中大同学的子女合作，没要国家一分钱，自己集资创建了安通国际航运有限公司。公司的业务是做国际航运的货运代理。我在该公司任董事和中国部经理。该公司以为客户提供"安全、快捷、优质、廉宜"的服务为宗旨，在粤港航运界树立了良好信誉。

我们这次重返香港定居，纯属偶然。1989年五六月份，我陪父亲在香港探亲访友。一位美籍华人朋友特地从台湾赶来香港与我们相会。那位朋友劝父亲移居香港。父亲毫不迟疑地说："当年我是因为爱国才回去的，现在何必再出来。"那年父亲刚好满70。改革开放使他看到了国家的前途和希望，退休之后他仍废寝忘食地工作，"现在何必再出来"的确是他的肺腑之言。可那位朋友仍继续劝他："您不要以为我们在国外的人就不爱国，也许我们比国内的许多人还要爱得更真切，更深沉。再说，以您的资历和您父子两代的人缘，到香港来说不定对国家的贡献还更大。"这番话终于打动了父亲。于是我们在离开香港38年后，于1990年又回到香港住了十二个春秋。创办安通公司也是为了在香港能自力更生开拓业务。

国际货运代理与国际旅行社有相似之处，都需要对客户做到安全、准时、不能有任何差池。有所不同的是，旅行社是运送旅客，货运代理则是运送货物。我们做的是集装箱货运代理。中外双方在签署贸易合同之后，剩下的事情就都由我们来完成，包括到卖方指定的地点取货、装箱、用汽车运输到码头或机场或火车站，完成所有报关报

---

[1] 卢作孚：《在李肇基创办的四川中学的讲演》（1937年9月24日），参见张守广著《卢作孚年谱长编》下册第709页，中国社会科学出版社2014年3月第1版。

检报税手续，再监督装船、装飞机、装火车。运送到目的地后，通过当地的合作货代公司完成所有入关手续，最后送到买方指定的仓库，再拆箱、入库、验收。我们所做的货物主要在广州、香港和上海集结转口。而广州的出口货则要通过驳船运到香港码头与国际海轮交接，错过一班海轮就会造成不可预测的经济损失。那时为了赶上国际海轮的开船时间，我常常头顶烈日、风雨或半夜三更在广州的码头上奔忙。香港同事说："只要卢小姐在码头，我们就放心。"而对于我来说，和大巴山的经历相比，这只是小菜一碟。

1992年我们公司还率先开通了由香港经广州到武汉内地的集装箱铁（路）海联运航线，很受客户欢迎。湖北有一家做劳保手套的客户，从德国进口碎牛皮，之前只能作为散货从德国运输到武汉，货到后差不多会损失百分之一二十。那时粤汉铁路段常有人半道上爬货车偷东西，再好的锁都能把门砸开。自改用集装箱联运后，分毫不差。中央电视台在为庆祝香港回归制作的专题节目中，还特别介绍了我们公司开通铁海集装箱联运的事例，让我们深感欣慰。

我的小弟弟在唐义方先生的直接领导下，负责该公司在中国的投资项目，历时近二十年之久。他主持创建的华新企业集团遍布国内十余个城市，先后创办了数十个企业，包括房地产、主题公园、电子科技和生物科技等，这些企业大都成为当地中外合资企业的典范。我的大弟弟卢晓雁也主动辞去四川省中国旅行社常务总经理的职务参与其中，担任过成都华新公司的副总经理。

我则在1994年暂时离开香港安通公司返回北京，代表维信集团主持与北大的合作项目，引进五百万美元，与北大同仁共同创建了北大维信生物科技有限公司，将北大的一个重要生物科技成果降脂红曲转化为产品血脂康。公司上下本着"关爱生命，创造人类健康生活"的宗旨，艰苦创业，勤奋工作，克服重重困难，严格按照有关要求做完动物急毒、长毒、人体二期临床试验，同时还要完成各项审批手续，仅用了一年时间就获取了药证和生产许可证，被誉为"中华人民共和国卫生部历史上的首例"。1996年，作为"九五"国家重点科技（攻关）课题，卫生部领衔主持了"血脂康调整血脂对冠心病二级预防的研究"的五千人扩大临床试验，历时八年，取得了意想不到的良好成果，并在人民大会堂正式对外宣布。这也是我国和亚洲地区第一次做如此大面积的人类药物临床试验。该药上市至今，一直是最受欢迎的国产降脂药，并已出口海外。二十多年中，我父亲和我们三个子女引进的外资难以计数，并且都取得了显著的成果，但我们从未向国家要过一分钱的回报。

我父亲还利用香港友人的资助，邀请湖北省和武汉市的有关领导到新加坡和香港考察；也不断邀请和接待来自香港、台湾、新加坡和美国等地的朋友到武汉和国内其他地方参观考察，动员他们前来投资发展。唐义方先生也先后到武汉、营口、沈阳、北京、上海、成都、重庆等地考察，曾给武汉市提出搞一个"城中城"（与后来的经济开发区类似）的建议，为营口市的经济开发做了详细规划等。这些海外资深人士的意见都受到有关部门的重视。我也协助父亲利用香港的有利条件，给海外的朋友介绍国内的情况，联系和陪同他们到内地参观访问，又张罗安排内地官员到新加坡和香港等地考察。和安通公司有业务往来的各大外国及港台的轮船公司，通过安通这个窗口，也加强了与中国大陆之间的相互了解。名列全球集装箱环球航运企业前茅的台湾长荣航运公司，在来大陆开设经营机构之前的进出口货都是通过安通公司代理运输的。后来他们打算来大陆发展，也由安通公司派员陪同到深圳、广州、厦门等有关港口考察。

香港查氏集团的创建人、董事长查济民先生是我们家的世交。他的岳父刘国钧先生是著名实业家，早年在常州创办了大成纺织印染公司。抗战时，我祖父协助刘国钧把机器设备撤运到北碚，与祖父之前在北碚创办的三峡染织厂合资，建立了大明染织公司。我祖父任董事长，查先生任总经理。因为他当时才二十多岁，所以祖父亲昵地称他"娃娃经理"。又因为他的年纪和我父亲相差不多，所以和父亲也建立了很深的友谊。他和他夫人的关爱还延伸到我和我女儿及至外孙，查先生笑称，他和我们一家五代都很友好。早在香港回归问题提上议事日程之后，查先生就高度关注这一重大历史事件的进程。他在与父亲见面或通信时，也不断商讨如何保障香港前途和顺利实现回归的问题。其中甚至还谈到回归以后，工会组织的活动最好能与企业的经营管理互相配合、协调发展；谈到驻港的陆海军规模不必太大，在象征国家主权的同时，也尽量减轻香港纳税人的负担；等等。后来，他将这些深思熟虑的看法和其他香港友人的建议综合起来，给中央政府写了一份报告，委托父亲连同他们往来的信件一起交给了中共中央统战部。查先生这些具有真知灼见的建议和主张，受到有关部门的高度重视。

第二辑

众里寻他千百度

悄然兴起的"卢作孚热"

卢晓蓉

　　1952年2月8日，卢作孚在重庆市金城银行朋友借给的住处溘然长逝。家人用泪水和黄土将他掩埋在长江南岸的一座山坡上，那里可以眺望长江和嘉陵江的汇合处。滔滔两江水见证了他筚路蓝缕的一生。他是赤条条地来，也是赤条条地去的。卢作孚逝世的消息，时任政务院副总理的黄炎培先生是在一周后才知道的。黄炎培与卢作孚亦师亦友，深交长达四十年，闻此噩耗，悲痛难抑，写下一首悼词叹曰："……识君之抱负，惊君之才，知君之心。呜呼作孚！今乃为词以哀君之生平。君其安眠吧！几十百年后，有欲之君者，其问诸水滨。"①

　　时光荏苒。数年前，著名作家陈祖芬在读了作家出版社出版的卢作孚文学评传《紫雾》后写道："卢作孚这三个字，一如川西的共生矿，丰富得令人惊喜，令人感动，令人感极而泣！"可是，在《紫雾》作者2001年前后将书稿送到北京一家出版社时，全社上下没有人知道卢作孚是谁。2002年凤凰卫视的《纵横中国》节目到重庆举办时，主持人吴小莉问在场的嘉宾，重庆历史上有哪些不能忘记的人，应答者争先恐后，却没人提到卢作孚。于是小莉说："有一个重庆人，可

---

① 黄炎培（1952）：《卢氏作孚先生哀词》，载《卢作孚追思录》第42页，重庆出版社2001年10月第1版。

能很多中国人都不知道，很陌生了。但毛泽东说过，他是不能忘记的人，蒋介石对他也有过高度的评价，称他是民族英雄。"从此，家乡人记住了这个优秀儿子的名字。在2003年举行的重庆十大历史人物评选活动中，卢作孚名列榜首。其评语说他留下的"民生公司、北碚实验区、《卢作孚文集》，其中任一项都足以改变历史"。

其实，20世纪80年代初，卢作孚的名字已见诸报端，不过太稀少零散，不为人们注意。后来，学者们花费了极大的心血，从四散在山洞、档案馆、报纸杂志等处的大量资料中收集、整理、研究，出版了《卢作孚文集》《民生公司史》《卢作孚研究文集》《卢作孚追思录》等著作。但因这些研究交流仅限于学术界，民间仍然很少有人知道。然而，学者们没有到此止步，他们怀着虔诚之心继续开发这座"川西共生矿"，后来又出版了《卢作孚年谱》《卢作孚的梦想与实践》《卢作孚书信集》《教育开发西南——卢作孚的事业与思想》《卢作孚与民国乡村建设研究》《卢作孚画传》等论著。相关文章也越来越多。有关卢作孚的讲座，从学校延伸到市民、干部、志愿者、农民工，从他的故乡扩展到外省市，还登上了北大的讲堂。

电视媒体也开始把镜头对准了卢作孚。中央电视台的"东方时空"2003年制作了电视纪实片《卢作孚1938》，首次披露了卢作孚在抗战中组织指挥"中国的敦刻尔克"——宜昌大撤退的杰出贡献。有关卢作孚和宜昌大撤退的故事便不胫而走。接着，又有中央电视台、北京卫视、东方卫视、凤凰卫视以及重庆、四川等地方电视台，陆续制作了卢作孚的专题节目。2006年上海电视台拍摄了52集电视纪实片《百年商海》，主要介绍对象都是上海和江浙一带的实业家，每人一集或每几人一集，唯有《卢作孚与民生公司》拍了上下两集。

辞别人世已半个多世纪的卢作孚，这两年成了互联网上炙手可热的人物，网上信息量也呈几何级数地增长，从两三年前的几千条，迅速上升到以十万条计，有的网站如百度最高达一百多万条。

卢作孚的精神和魅力感动了众多学者、作家、记者和媒体人，他们又把自己的感悟奉献给社会。两年前，北大教授钱理群先生曾对笔者说："我最近参加了三个不同的会，三个会都在谈论卢作孚，而且都很热烈。"一个已沉寂多年的历史人物，为何成了当今媒体和民间自发地谈论和追捧的对象，其答案自在人民心中。

从很早开始，卢作孚就树立了强国富民的远大理想，即如："教育为救国不二之法门"，"内忧外患是两个问题，却只须一个方法去解决它。这一个方法就是整个中国现代化。"如何才能达到这一目标？他提出将"现代化"作为全民的公共信仰，以代替党派和主义之争；用新的现代集团生活取代封建家族制；通过"产业、交通、文化、国防"四个运动实现现代化。为此，他强调"政治方面，要求成功一个完全独立自主的民主国家……但更当以经济建设为中心"；他呼吁"必须以建设的力量，作破坏的前锋，建设到何处，才破坏到何处"；他倡导将所有先进国家"其方法、其历程、其所到达的最高纪录，通通收集起来、整理起来，摆在全国人面前，摆在关心全国问题的人的面前，使明白什么样是现代的国家，如何才能够立国于现代"；他主张"国家对企业要实行计划管理，但不要参与企业的具体经营"；他希望并终身践行"人人皆为园艺家，将世界造成花园一样"。

卢作孚是一个理想主义者，同时又是一个实践者。高远的眼光和理想给了他战胜困难的无穷动力，让他得以把有限的生命力发挥到极致。卢作孚只活了59岁，因为家贫只有小学学历，靠自学成才，在革命救国、教育救国、实业救国三大领域都建立了不朽功勋。他参加过保路运动、同盟会、辛亥革命、"五四"运动、少年中国学会，主持过川南教育改革实验、成都通俗教育、统一川江航运、收回内河航权、北碚乡村模范建设、四川全省建设，抗战中担任过交通部常务次长组织指挥水陆运输、全国首任粮食局长解决军粮民食，兴办了民营航运公司和其他涵盖民生、交通、能源、制造、贸易、出版、金融、保险等领域的数十个企业。他给新中国留下了一笔巨大的物质财富，也给今人留下了富有中国特色的宝贵精神财富。

如果说，卢作孚在半个多世纪前创下的理论建树和实践经验，与今天的大政方针契合得如此令人惊讶，那么他"胸怀高旷，公而忘私，为而不有，庶几乎可比于古之贤哲焉"（梁漱溟语）的品行操守，在当今这个物欲横流的时代就更为人敬仰。卢作孚生前不愿当官，但为了国家民族的利益，他曾多次当官，又都在任务完成之后立即辞官。1944年，一篇刊登在美国*Asia and America's*的文章说："在他的新船上的头等舱里，他不惜从设菲尔德进口刀叉餐具，从柏林进口陶器，从布拉格进口玻璃器皿，但是在他自己的餐桌上却只放着几只普通的碗和筷子。"卢作孚先生留给子女的不是物质财富，而是"知识和劳动的本领"。卢作孚创办的所有企事业，都是利用社会集资为社会办事，而不是为家人谋利益。著名经济学家姜铎先生撰写的《论卢作孚先生的伟大人格》一文中指出："卢先生的伟大人格，具有巨大魅力、凝聚力和吸引力，所到之处，金石为开，成为卢先生事业赖以成功的基石。"

如今悄然兴起的"卢作孚热"，似乎印证了黄炎培和姜铎的预言。越来越多的年轻人，都表示要以卢作孚为榜样，将理想付诸实践。一位大学毕业、在京城已有不错工作的贵州青年，学习了卢作孚的精神和实践后，表示要做一个当代的卢作孚："我愿结交天下所有有志于想把自己的家乡建设得更美好的朋友，一起交流，一起努力，一起促进，一起建造这个世界的大花园。"另一位年轻朋友则说："此生以作孚先生为精神榜样，所以我现在的生活和工作有了更大的劲头和更从容的心态。我现在做的事情，就是学习和积累，我将按我的计划，一步步向我的理想、向作孚先生指引的方向前进。"

卢作孚如有在天之灵，定会甚感欣慰。

附录：两封来信

第一封　西南大学周鸣鸣教授

晓蓉：你好！

　　现在学生"作孚学社"的活动开展起来了，很有生气，影响也在逐渐扩大。他们创办了杂志《作孚风》，每周都组织学生参加"北碚文化之旅"活动，让更多的同学了解和学习卢作孚精神。这次"清明节"他们组织到作孚园扫墓，也组织得不错，我也一同去了。整个活动都是他们自己策划安排的，还在作孚先生的墓前举行了宣誓。很感动人！我带的创新班学生，有几位到农村支教，从贵州回学校，刚下火车，顾不得休息，也赶到作孚园墓地。他们每个人向卢作孚先生鞠躬、献花，并对卢作孚先生说了自己学习卢作孚后的一些变化和感想。作孚先生的精神真正影响和教育着一代新人。不知为什么，清明那天去作孚园，我的感觉也很不一样，总觉得卢作孚先生他在那里看着我们。这周末，作孚学社又联合了北碚环保局、文广局等单位开展"光荣北碚、生态北碚、幸福北碚——纪念卢作孚先生诞辰116周年青年志愿者环保行动"。我看见同学们真正地将卢作孚先生的精神和智慧转化为了自己的人生财富，在实践锻炼中成长！

周鸣鸣

2009.4.9

第二封　某杂志编辑

卢老师：

您好。今天从《中华遗产》上看到关于卢作孚先生的文章，十分高兴。

卢老师，我下定决心，此生以作孚先生为精神榜样，所以我现在的生活和工作有了更大的劲头和更从容的心态。我现在做的事情，就是学习和积累，我将按我的计划，一步步向我的理想、向作孚先生指引的方向前进。

祝您和严先生身体康健、长寿！

后学　××

顿首

2009 年 4 月 3 日

巴山蜀水祭忠魂

——卢作孚先生 110 周年诞辰纪念活动感怀

卢晓蓉

1893，农历癸巳年，在人类历史长河中，不过是短暂的一瞬，但在中国，因了以下一些人物的出世，却使它成为五千年文明史上不能轻轻翻过的一页：

宋庆龄　1893—1981

卢作孚　1893—1952

梁漱溟　1893—1988

孙越崎　1893—1995

毛泽东　1893—1976

今年，上述几位曾经在中国近现代史上叱咤风云的人物将先后迎来110周年诞辰，其中第二位便是我的祖父卢作孚。阳春4月，在祖父的家乡重庆，举行了一系列纪念活动，以缅怀他为民族独立、国家富强、人民幸福而殚精竭虑的一生。这些纪念活动从形式、内容到与会人士的广泛性来看，都是前所未有的。这说明整个社会对卢作孚的认识和理解也在"与时俱进"，他那超前的社会改革思想和实现国家现代化的理论与实践，与当今时代"全面建设小康社会"的伟大目标，不仅在物质层面，而且在精神层面，都达到了高度契合。

在祖父的出生地合川，中共合川市委、市政府主持举行了"卢作孚先生塑像瞻仰仪式"和"纪念卢作孚先生诞辰110周年座谈会"。4月11日上午，从四面八方涌来的人群汇聚到新近建成的、位于嘉陵江畔滨江公园内的卢作孚广场。用红色花岗岩雕刻而成的卢作孚半身巨像，矗立在形似一艘舰船船头的座基上，象征着他富国强民、波澜壮阔的一生正是从这里起航。祖父在这里度过了他的幼少年时代。由于家庭贫困，他一生仅受过的几年小学正规教育，全是在合川的学校就读的，浓郁的家乡情结因此伴随他的一生。

我的父亲卢国维在合川的纪念会上，追忆了祖父对家乡的依恋与回报。祖父不仅在此创办了民生实业股份有限公司，经营包括合川在内的嘉陵江客货航运，还兴办了当时在四川各县城中均属首创的电灯厂和自来水厂，并一直关心和帮助他的母校瑞山小学的发展。祖父曾多次邀请国内外专家到合川考察并制定发展规划。1945年美国著名大坝水利专家萨凡奇来四川考察和献计长江三峡工程，祖父也将合川等嘉陵江沿岸城市的发展需要考虑在内。

合川的父老乡亲没有忘记这位给家乡带来长远实惠和无上光荣的优秀儿子。在11日举行的两个纪念活动中，中共合川市委、市政府的主要领导都发表了重要讲话，他们深情追述了卢作孚先生为合川的现代化建设所作出的巨大贡献，号召家乡人民要把深切缅怀卢先生的不朽业绩、追忆卢先生的高尚情操及伟大人格，落实到焕发朝气，为人民富裕、祖国强盛而奋然前行的实际行动上来，以早日实现合川全面建设小康社会的发展目标。

今天的合川，其经济发展总量已名列重庆县级市的前茅，祖父当年创办的自来水厂、电灯厂都换上了现代化的设备，生产规模也成倍增长；最近，合川正招商引资筹建240万千瓦的火力发电厂和与之配套的大型煤矿；铁路、公路、水利等基础设施的建设也全面展开；不少外地企业，也包括港商、台商都到这里"安家落户"，一个现代化的新城已昂然出现在美丽的三江流域（嘉陵江、渠江、涪江）。祖父若见之，一定会倍感欣慰。

在祖父的"第二故乡"北碚，由中共北碚区委和区政府共同主持，在北碚公园的卢作孚墓园举行了"卢作孚先生110周年诞辰纪念大会"。4月13日上午，天空突然下起霏霏细雨，北碚公园里林木婆娑、绿荫葱茏，在少年先锋队员倾情演奏的乐曲声中，我随着看不见头尾的人流缓缓走向火焰山顶。一路上，我无处不感受到祖父的关注与爱抚。当年他和"少年义勇队"的前辈们亲手种下的苗木都已蔚然成荫，低垂的枝条和嫩绿的新叶，像祖父温暖的大手在抚摩我的脸颊；那用鹅卵石镶嵌成的盘山小路，使我想起了儿时在香港公园的小道上与祖父追逐、嬉戏的日子；远处的图书馆红楼在绿树丛中时隐时现，似乎是祖父在提醒我"活到老，学到老"，不可有丝毫的懈怠与骄傲……

其实，何止北碚公园，还有北碚市区，还有北温泉，还有嘉陵江小三峡（沥鼻峡、温塘峡、观音峡）……哪里不见祖父的身影，哪里没有祖父的英魂！在当天剪彩开幕的北碚"卢作孚先生纪念馆"里，我看到了祖父在北碚这块土地上留下的诸多足迹。祖父是深受"五四"精神熏陶、启蒙的爱国实业家、教育家、思想家，他对几千年来束缚和桎梏中国社会经济发展的小农经济及其滋生出来的封建家族制度，多次进行了鞭辟入里的批判，并且以建立"现代集团生活"的社会实践来对其加以改造。北碚的乡村建设，就是他推行现代社会经济生活模式的重要试验之一。

著名教育家黄炎培曾于1936年春夏到北碚考察，事后著有《北碚之游》一文，这篇文章为北碚新近落成的卢作孚纪念馆做了绝好的诠释。在黄炎培先生笔下，从前的北碚"满地是土匪，劫物掳人，变做家常便饭，简直是一片土匪世界"，但经过卢作孚和前辈们卓有成效的努力，不但肃清和改造了土匪，而且"把地方所有文化、教育、经济、卫生各项事业，不上几年，建设得应有尽有"。在此之后"北碚两字名满天下，几乎说到四川，别的地名很少知道，就知道有北碚。与其说因地灵而人杰，还不如说因人杰而地灵吧"。

在北碚人民为这个城市的缔造者设立的纪念馆里，对黄炎培先生所描绘的北碚当年的巨变大都有照片和史料印证。有的照片我还是第一次见到，比如我曾祖母的肖像；比如祖父青年时期穿中山装的照片；还有祖父和父亲在"雁门"轮停靠的香港维多利亚海湾与其他船员的合影等，弥足珍贵。纪念馆开馆那天，前来参观的人们络绎不绝，其中有北碚历史的见证人，也有新一代的建设者。

位于火焰山顶的卢作孚墓园，是两年前在北碚区政府的大力支持下修建而成的。在祖父离去时守候在他身旁的我的大弟弟卢晓雁，尽心尽力地主持了这项工作。从此，祖父和相伴一生的祖母在分别48年后终于又长眠在一起。当年祖父去世时，家人将他安葬在重庆的南山，虽然连墓碑都没有一块，却让他一眼可以望穿长江和嘉陵江，那里曾是他梦魂牵绕、钟情一生的圣地，也是他纵横驰骋、洒尽热血的疆场。今天，祖父的墓园里堆满了亲属和各界人士送来的花圈和挽联。竖立在墓园后面的大理石板上祖父的遗墨："愿人人皆为园艺家，将世界造成花园一样"，经过春雨的洗濯更显得清晰夺目。

西南师大有一位研究美育心理学的专家、博士生导师赵伶俐教授，20多年前刚到北碚的时候，就为它非同一般的景色所痴迷，她在一篇题为《北碚，美丽心灵的建造物》的文章中这样写道："置身于北碚城中，你分明感觉到一种整体的和谐，是物质与精神的和谐，那些非生命的建筑物似乎都在诉说着心里的话语。这种和谐绝不是天然生成，绝不是上帝所为。我贸然产生了一种想法，这小城一定有位设计者。"从此，她一直在寻找这位设计者，以便"当面感谢他为我们的生活设计了这么可心的环境"。一个偶然的机会，赵教授参加了她的朋友、同是西南师大教授的周鸣鸣老师主持的"卢作孚与中国现代化研讨会"，她才找到了问题的答案，才知道她已无缘与这位北碚城的设计者与缔造者畅谈如何寓美育于德育、智育和人民的日常生活之中，但从此，赵伶俐教授便成了卢作孚思想的追随者和传播者。

在卢作孚墓园举行的纪念会上，我们从中共北碚市委书记和其他领导的讲话中听到了与赵伶俐教授同样的心声。他们都为北碚有幸成为作孚先生的第二故乡，成为他乡村建设的实验基地而感到自豪。他们以无限景仰的心情追述了卢作孚把北碚从一个落后的封建村庄建成为一个风景秀丽的现代模范市镇，成为中国乡村建设的典范，成为人民安居乐业的福地的难忘历程，决心万众一心，励精图治，继承和发扬作孚先生当年的艰苦创业精神、高尚情操及伟大人格，早日把北碚建成国家级可持续发展示范区。

在北碚纪念会上，我父亲卢国维回顾了祖父和四祖父卢子英兄弟俩共同开发和经营北碚的往事。其中谈到抗战时期有大批文化界知名人士，如老舍、田汉、阳翰笙、张瑞芳等人和乡建教育界知名人士梁漱溟、晏阳初、陶行知、顾毓琇等人，都来此定居工作，周恩来曾两次到访北碚，董必武、林伯渠、吴玉章等人也曾来此访友度假，还有英、美、加等国驻华使节和许多外国友人来北碚参观游览，在北碚主持日常工作的卢子英，遵照兄长的嘱咐，热情接待、妥善安排了所有到此居住、游览的人士，从而使北碚成为战火中少有的避难家园，其知名度也跨越国界，远及欧美，不胫而走。

在北碚纪念会举行期间，绵绵细雨一直下个不停，许多专程赶来的群众都冒雨坚持听会，应了主持人的一句话："我们隆重纪念卢作孚先生，天地也为之动容。"北碚区中山小学"卢作孚中队"的少先队员们，在雨中宣读了他们火热的誓言：

……
我们一定学习您热爱祖国、艰苦创业的崇高品格，
像您那样忠实地做事，诚恳地做人。
学好本领，锻炼身体，做祖国的好儿女，
长大报效祖国，建设家乡，振兴中华。

当天，北碚区委宣传部和文广局还在北碚文化广场举行了专场演出，人们用各种方式尽情抒发了对卢作孚先生的感激和怀念之情。

参加合川和北碚的纪念活动的人士中，有不少是企业界的代表，有的是在卢作孚当年创办的企业里工作的新一代员工，有的是民营企业的后起之秀。他们在发言中都深切怀念这位中国现代企业家的先驱，表示要以卢作孚为榜样，做一代有理想、有人格、有创新精神的企业家。这使我联想到，不久前曾有一批北京和重庆的企业家，聚首协商要在卢作孚先生110周年到来之际，隆重纪念这位"为民族自由

解放和国家独立富强而殚精竭虑、鞠躬尽瘁的历史先驱",以培养和砥砺中国新一代企业家的爱国主义精神,在成就光彩事业的同时,塑造自身的光彩形象,从而为实现全面建设小康社会战略目标,实现祖国统一和民族复兴大业作出应有的贡献。他们的倡议已得到上级有关部门的赞同和重视。

4月14日晚,我和几位卢作孚研究专家、作家一道,应光华战略俱乐部秘书长、企业家向宏先生的邀请,到位于重庆永川县境内的由光彩集团和澳门天华集团共同出资兴办的"光彩学院"与师生们会见。其时已近晚上10点,但全校教师和数千名大中专学生仍精神抖擞地挤满了偌大的会场,激情奔放地唱起了"光彩校歌":

> 东山之麓,安溪之滨,我们光彩学院花园环境,园中青草铺满地,鲜花飘香,绿树成荫。我们光彩园丁献身光彩,我们光彩学子勤学上进,要为西部大开发贡献我们的才智和青春。
> 来吧,朋友,趁着我们年轻;
> 来吧,朋友,学好过硬本领;
> 过准军事化生活,把自己培养成为最受纪律的人。
> 来吧,朋友,趁着我们年轻;
> 来吧,朋友,学好过硬本领;
> 过准军事化生活,把自己培养成为最会学习最富创造最守纪律的人。

刚刚完成了一部颇受好评的卢作孚文学评传《紫雾》的作家雨时听到豪迈的歌声,不由想起了当年卢作孚在北碚组建的"少年义勇队"的队歌:

> 争先复争先,争上山之巅。上有金璧之云天,下有锦绣之田园,中有五千余年神明华胄之少年。嗟我少年不发愤,何以慰此佳丽之山川?嗟我少年不发愤,何以慰此锦绣之田园?嗟我少年不发愤,何以慰此创业之前贤?

他在会上激动地说："今晚我看到了，听到了，理解了什么是'光彩事业'，作孚先生的事业后继有人了！"说到这里，主持人请所有合川籍的学生举手，刹那间台下的人群中齐刷刷地举起了一大片稚嫩而笔直的臂膀。这时，相信所有在场的人都和我一样流出了滚烫的热泪。

在纪念活动期间，我还接待了一位企业界的成功人士、美国高盛集团亚洲公司的董事、总经理徐子望先生。徐先生曾主持将国内许多大型国企介绍到香港和国外上市，也引进不少国外企业到中国投资，在业内赢得了颇高的信誉和声望。平时工作异常繁忙"满世界飞"的徐先生，竟抽出一整天时间，专程来到北碚、合川探寻卢作孚先生的遗迹，他十分虔诚而专注地拜谒了北碚公园的卢作孚墓园、清凉亭；瞻仰了合川的卢作孚塑像和故居芭蕉院。我问他为什么要这样做，他回答说："赚钱并不是人生最高的追求，人生的价值就应该像你祖父那样，体现在为社会、为人类行善事、造福祉上。"为此，他曾捐出自己的工薪收入做过不少好事。到合川的当天，他还抓紧时间和合川市的领导们共同探讨招商引资大计。我从合川、北碚的新老企业，从光华战略俱乐部，从光彩学院，从徐先生身上，看到了中国新一代企业家的希望。

4月15—16日，西南师范大学举行了"卢作孚社会改革实践与中国现代化建设"学术研讨会。在研讨会的开幕式上，西南师大的校长宋乃庆教授到会致词，热烈祝贺会议的召开。西南师大"卢作孚研究中心"副主任周鸣鸣教授为与会者作了《三十年来卢作孚研究述略》的报告。报告总结了自党的十一届三中全会以来的卢作孚研究历程，充分肯定了近三十年来卢作孚研究的成绩，也对今后的研究提出了中肯的建议。报告最后发出了振聋发聩的呼吁："卢作孚先生的思想和实践是我们国家和民族先进文化的一部分，因此，作为每一位有政治理想和抱负的干部，每一位有事业心和良知的学者，每一位生活在北碚，享受着卢作孚先生恩泽的那份人与自然和谐美感的公民，都有一份义不容辞的责任，把这份宝贵的文化遗产发扬光大，让它从嘉陵江走向全国，走向世界！"听了她的报告，中国青年政治学院的吴小龙教授激动地说："卢作孚研究从此又掀开了新的一页。"

吴小龙教授甘于寂寞，长期以来一直孜孜不倦地潜心研究"少年中国学会"——这个在中国近现代史上发挥了巨大作用，但至今仍然没有得到应有评价的重要社团组织。正是在对这个组织进行研究的过程中，他发现"船王"卢作孚竟也是"少中会员"，而且将"少中"的宗旨"以科学的精神，为社会的活动"和信条"奋斗，实践，坚忍、简朴"一直贯彻到生命的始终。吴教授主动要求参加西师的研讨会，并在会上就卢作孚的社会改革思想和实践作了精辟的阐释。他指出："卢作孚先生对于中国的救国的根本道路，有着他独特的思考，他认为'政治问题不是可以大刀阔斧解决的'，反对'用强迫手段急剧地改革社会某方面的问题'，主张以踏踏实实的建设工作来积累物质和文化资源，达到改造社会的目的。""卢作孚在城乡关系、教育、卫生、经济发展等方面都有一些相当超前的见解和实践，值得我们学习借鉴。"

现任光华战略俱乐部文化委员会主任的王康先生，本人也曾创办过企业，但他更是一个文化人、思想者。他早就熟知卢作孚其人其事，并且对此进行过社会的、历史的、哲学的诸多思考。这次纪念活动，他几乎每场都出席，并且都作了激情演讲。他认为："卢作孚先生是二十世纪中国的一位圣贤"；"是孙中山之后，中国现代化思维和实践的不朽先驱"；"是名垂青史的民族英雄"；"是人类进步与幸福的坚定信徒，是中国走向独立、自由、民主、繁荣、强大的杰出典范"。"他把金钱与良知、精明与仁爱、事业与责任、个我与世界的矛盾，一一加以消解、转化、升华；把西方资本主义的自由与效率天才地融冶于中华人文风教和伦理秩序；他首创的企业管理和企业文化，足为中国二十一世纪的企业家垂范。"

在重庆举行的各项纪念活动中，我发现了一个耐人寻味的现象，原本横亘在学者文人和企业家之间的、互"不买账"的芥蒂竟消失得无影无踪，大家水乳交融般地聚到一起，虽然各自有着不同的出发点和研究方向，但都指向同一个中心人物——卢作孚。在企业家心目中，卢作孚是他们的"楷模"和"先驱"，而在学者文人看来卢作孚"骨子里本是一个文人"。他们都受到卢作孚精神和人格的感召；都在卢作孚身上找到了精神的寄托；也都从对他的学习借鉴中感受到心灵的净化和人生价值的升华。既是实业家，又是教育家、思想家的卢作孚，无疑已成为具有鲜明的责任意识和担当勇气的文化人与具有强烈的开拓精神和实践勇气的企业家之间的媒介。文化人与企业家的良性互动无疑是现代化进程中一个颇具"中国特色"的耀眼亮点。

有趣的是，祖父在历史上还做过几次别种意义上的媒介。我的三叔卢国纶在西南师大研讨会的发言中讲到了这样两件事：一件是祖父成功劝说互为敌手的四川军阀刘湘和杨森"化干戈为玉帛"，为家乡人民避免了一场战争浩劫；另一件则是西安事变之后，国共两党在筹建联合政府时，对每个政府部门的人选都各推举了一人，其结果是各个部门都有两名候选人，惟有实业部例外，两党都不约而同地推举了卢作孚。

为期六天的纪念活动在西师研讨会的高潮中结束，作为卢作孚的后代，我的心情却久久不能平静。祖父对我们来说，是一本读不完的大书，是一处采不尽的富矿，是一座望不见顶的山峰！家乡人民对祖父的深切爱戴，鞭策我们不断努力上进，弘扬他的精神，继承他的遗志，生生不息地为民族复兴大业贡献自己的才智和力量。

《东北游记》^① 的历史与现实意义

——纪念卢作孚诞辰 130 周年

卢晓蓉

　　《东北游记》（以下简称《游记》）为实业家、教育家、现代化乡村建设先驱、社会改革家卢作孚（1893—1952）所著。卢生前为社会创造了难以估量的物质财富，也留下了数以百万字计的文章著述。其中唯有《游记》采用了日记体的散文笔法，既阐述了他的思想理念、治国主张、实践方法，也生动体现了他的文学造诣和艺术情怀。《游记》写于 1930 年 9 月，共有 4 万余字，内容涉及经济、交通、城建、资源、生态、环境、教育、文化、旅游、博览、艺术等多个方面。写成后分两批"印成册子，以赠友人"^②。次年"九一八"事变发生，《游记》再次出版发行，并请四川保路运动主要领导人蒲伯英先生题写书名。卢作孚在增补的《序》中写道："日军占据东北之消息传来，人皆欲知东北情形，从游记中亦或可偶得其一二；人皆欲奋起而有所作为，从游记中亦或可偶将办法之所宜择取。""盼望有心人浏览之余，绕室从容，反省及于自身。"

　　出身贫寒，靠自学成才，接受了东西方文明启蒙的卢作孚，"研

---

　　① 卢作孚（1930）：《东北游记》，载凌耀伦、熊甫主编《卢作孚文集（增订本）》第 92 页，北京大学出版社 2023 年 4 月版，下同。

　　② 此处及本文所引卢作孚的文字，除特别注明外，均出自《东北游记》。

133

究了东方的日本维新与西欧的历史演变，又从本国着眼，从传统文化着手，深入分析、寻找解决时局问题的办法，并意欲温故知新，对症取药，以挽狂澜。又把康梁主张的君主立宪和孙中山先生的三民主义、五权宪法、治国方针，结合中国实际国情，认真加以思考，从中寻出一条可走之路。"①这条路就是"以建设的力量作破坏的前锋"，用"产业、交通、文化、国防"四个运动"将整个中国现代化"。不仅如此，卢作孚还借用民生实业股份有限公司和以北碚为中心的嘉陵江三峡地区为平台，开展了现代化建设试验，以供"小至于乡村，大至于国家的经营的参考"②，并取得举世瞩目的成功。

一、中国的现代化，要以世界最高纪录为目标

1930年6月21日，卢作孚从他所主持的民生公司、北川铁路联合体和嘉陵江三峡地区峡防局挑选了6名骨干，从上海杨树浦码头搭船赴青岛，开始了为期"一月差三天"的东北考察。在此之前，他们考察了江浙沪多地，黄炎培和蔡元培还陪同他们参观了"徐公桥乡村改进会"和川沙铁路等机构设施。

卢作孚曾指出："无论英美自由主义的国家、德意法的国家、苏联社会主义的国家，所有的产业运动、交通运动、文化运动、国防运动，其方法、其历程、其所到达的最高纪录，通通搜集起来、整理起来，摆在全国人民面前，摆在关心全国问题的人的面前，使明白什么样是现代的国家，如何才能够立国于现代。"③当时要出国考察条件还不成熟，他们便瞄准了曾先后被德国、日本、俄国占领的青岛及东北地区。据资料介绍，1930年东北拥有占全国产量80%的钢铁、93%的石油、55%的黄金、30%的电力、47%的铁路、38%的对外贸易。

这次东北考察的重点在山东的青岛及东北的大连、沈阳、哈尔滨、吉林、敦化及开滦、北平、天津等地，用时约一个月。从轮船到

① 卢作孚三弟卢尔勤回忆录，卢国模抄正。
② 卢作孚（1934）：《四川嘉陵江三峡的乡村运动》，载《卢作孚文集（增订本）》第288页。
③ 卢作孚（1934）：《从四个运动做到中国统一》，载《卢作孚文集（增订本）》第229页。

铁路，从码头到工厂，从煤矿到林场，从农贸集市到百货商店，从自然资源到产品陈列馆，从生产流程到管理方法，从市政建设到外国在东北的势力范围和经营状况，甚至东北地区的移民问题等，都在他们的考察范围之内。《游记》便是这一段考察的真实记录。

青岛虽不属于东三省，却是东北考察的第一站。在卢作孚眼中，"青岛的市场是安置在一些浅山上下的。马路亦随以起落曲折有致，两旁都有树木，房屋高高低低，各据形势，绿荫中间衬出黄墙红瓦，愈显出其鲜丽"。青岛曾先后沦为德国和日本的殖民地，1922年中国才从日本人手中收回。"德国人对于山东过去的经营，是以胶济铁路为中心，于全局为经济的。"日本人在青岛并无多大作为，卢作孚一行考察了德国人经营的几个炮台："差不多是应有尽有的。其布置不但坚固而又完备。其用意，固在以此为远东根据地，立军事上不拔之基，谁料成败无常，图人尤其是不可靠的事业，而今一个青岛竟两办移交，仍归故主了。"

在大连埠头事务所，一位日本职员给他们详细介绍了大连港四个码头、七条航线通往欧、美、东南亚各地，每年数以千万吨计的进出口货情况。"我们听了他这一段谈话，不禁有三个深切的感想。第一是日本人的经营，以满铁会社为中心，取得东三省的无限利益，其规模是何等宏大，前进是何等锋锐！第二是满洲的出产，矿与粮食是最大的富源，而且一年比一年进展！第三是中国机关的职员，只知道自己的职务，或连职务亦不知道，绝不知道事业上当前的问题，问题中各种的情况；而这一位日本人能够把码头上的一切事项，详举无遗，是何等留心问题留心事实！中国人何以一切都不留心？"

当时的东三省有人口达二千六七百万，满洲人不过剩余二百万，由山东直隶河南等省移去的，乃达二千四五百万。日本人不过二十万而已。但是，卢作孚在大连却惊讶地发现："日本人之经营满蒙，以南满铁道为中心，以经营南满铁路的满铁会社，经营矿业航业码头旅社，乃至于学校医院，及其他一切公共事业，差不多权力之大，等于一个政府了。其铁路所到的地方，即其国家军警所到的地方；即其工厂商场所到的地方；即其金票银行所到的地方；即其学校教育所到的

135

地方；可见其各方面侵略的武器，都随铁路以深入了。"而在旅顺更是见到，"日本把旅大金州一带早已划为他的关东州了，行政用人，同他本部一般，地图的颜色，亦已改变"。

尤其令卢作孚"动魄惊心"的是"满蒙资源馆"："凡满蒙所产之动植矿物，通通被他们搜集来陈列起了；凡满蒙各种出产之数量，通通被他们调查清楚，列表统计，画图说明，陈列起了；凡满蒙之交通，矿产区域，形势，都被他们测勘清楚，做成模型，陈列起了。……我们边走，边看，边想：东三省的宝藏，竟已被日本人尽量搜括到这几间屋子里，视为他之所有了。假使日本人都知道，都起经营之念，中国人怎样办？""我们见着日本是如何以实际的事务刺激日本的人民！其学校，其实业团体，又是如何联络，帮助此等社会教育的机关！中国情形又怎样呢？我们愈看愈惭愧了！"

在发现日本人侵略野心的同时，卢作孚没有盲目排外，而是特别注意考察日本在东三省的各项事业，留心学习对方在人才素质和经营管理方面的长处和经验。在抚顺，他们参观了日本人经营的煤炭事务所，从"一个炭坑模型，便把抚顺的市场、住宅、机关、工厂、铁路、马路、炭坑等等通通看完了……"后来又随一位日本职员带领，参观一个日本人利用油页岩炼油的工厂。卢作孚不仅惊异日本人竟准备了三百余年的海军用油在这里取携，而且惊异于这里的日本职员与大连阜头事务所的一样，对于事业的内容、数目能够讲述得如此清楚。这与他们在各地拜访中国政府办事机构时所感受到的冷遇和失望形成鲜明的对比。

对于中国同胞的可取之处，卢作孚也充满兴趣学习。他们在中国人经营的本溪湖矿区参观了半天，包括煤铁矿、炼焦厂、熔铁厂、发动厂、修理厂，虽是"跑马观花"，却仍看得仔细，记得详细。在哈尔滨道外①，他们参观了一个中国人开的百货商店："规模比先施、永安较小，秩序却比先施、永安更好。货品分类陈列，极为整齐明了。人员皆着短服，皆有徽章，卖药品者服皆白色，举动皆极敏捷，对客

---

① 当时哈尔滨分为道里和道外两个部分，道里属于俄国租界，道外为中国人的市场。

耐烦。凡此情况，都在先施、永安之上。不图此等良好组织竟在哈尔滨发现。"

二、会师访友，记录了老一辈文人强国富民的真挚情怀

如果说，实业考察是卢作孚此行赴东北的主要目的，那么会师访友则是他早已心向往之的一次情感之旅。

从青岛到大连，卢作孚登门拜访的第一位人士是周孝怀（本名善培，1875—1958），他担任过四川第一任警察局长、四川省劝业道总办，对四川近代工商交通事业的发展起过推动作用。在卢作孚看来，周孝怀"是在四川建设上惟一有办法且有成绩的人。他办警察，警察有起色，办实业，实业有起色"。周孝怀对卢作孚的思想和事业也早有所知。在这次会见中，他详细询问了四川的近况。卢作孚告诉他："这几年来，四川比较少战争了，少土匪了，军队逐渐讲究训练了，财政逐渐讲究整理了，地方经营逐渐成为风气了……一个地方别离两三年，再去便会认识不得了。"周孝怀很欣慰，认为"这种现象已经比中原好"。周又问起卢作孚经营的事业，听完介绍后感叹道："我早就听着说了，以那样混乱的政局下面，还有许多朋友在那里努力创造事业，倒是难得的。"

卢作孚此行拜访的第二位人士是旅顺的罗振玉（1865—1940，字叔蕴）。罗先生是近代著名的教育家、古文字学家，中国现代农学的开拓者、考古学的奠基人。卢作孚拜访罗振玉，首先是"很敬佩罗先生的学问，他藏书很富，读书很深，考证很精"。彼此寒暄一阵后，卢作孚问罗先生，近来有什么著作没有，他说，"只有几篇零碎文章。"话完，便去取所印就的文章送给卢作孚一行。卢作孚看了看室中的陈设，到处都是图书，感到最有兴味的是光绪皇帝赐给他的四个大字"文泉言律"，上款题的是光绪二十年，下款题的是赐顾问大臣紫禁城骑马南书房行走臣罗振玉。"罗先生固犹是前清的遗臣呵！"罗也很关心四川，问四川的战事，又谈了些中原的战争，北方的荒旱等。卢作孚"又觉得他不只是一个读书先生，亦很留心国事。这回出

来会着许多朋友了，谈起国事，还少有这样殷勤细致的"。

天津是卢作孚东北考察的最后一站，其重点是拜访南开大学校长张伯苓并参观南开学校。卢作孚从很早的时候起就非常重视教育并终其一生，早在1916年他就著文强调"教育为救国不二之法门"[①]。在峡区和民生公司也创办了各级各类学校和培训班，所以每到一地他都询问和观察教育状况。他在《游记》中写道："这次在青岛，在大连，在抚顺，街市上，电车中，或火车中，常常见着日本读书的小孩子，很令我们回想到中国不读书的小孩子。"到北平后，他们参观了燕京大学、清华大学、协和大学、香山慈幼院等。在南开大学他们见到了张伯苓先生，并告以东北的情形。张伯苓告诉他们，他正组织东北研究会，搜求东北的材料，研究东北的种种问题。每年暑假都有人到东北去考察。还准备从当年秋季起，中学加授东北地理，并"力劝"大学毕业生"到东北去任职"。

张伯苓请卢作孚一行吃午饭，饭后又陪同他们参观了图书馆、丽生园、思源堂。图书馆的规模差不多同中央大学和清华大学的一样大。阅览室陈列了学校模型。所有房舍、地景、运动场、道路、河流，等等，一目了然。另一区段陈列学校照片，从严氏私塾到私立中学，逐渐扩充，成立大学，成立女中，成立小学，顺次陈列，加以说明，"令人把一个生长中的南开学校看得清清楚楚，同时并想到其生长之延续，未来的无限的前途。前面的陈列是南开的地理，后面的陈列是南开的历史，用这种方法讲地理，历史，岂不更明白而有意义？"

三、游览山水名胜，彰显中华优秀历史文化的无穷魅力

卢作孚不长的一生成就了诸多具有开拓性的事业，在国家和民族需要的时候，还曾担任过政府要职。也许在一般人想来，他是一个"为效率而忘记了一切"[②]的人。然而，从《游记》里看到的卢作孚，

---

① 卢作孚（1916）：《各省教育厅之设立》，载《卢作孚文集（增订本）》第1页。
② 徐盈：《卢作孚》，载徐盈主编《当代中国实业人物志》。

却对大自然和美好景物充满了向往和童趣。每到一个地方，只要有片刻工夫，他和团友们都会去公园游览，去博物馆参观，去山水间嬉戏。

在青岛，他们游览了"第一公园"，卢作孚"深喜其为景深邃，满布林木。从这条路穿过去，又从那条路穿过来。或植梅花，或植樱花，或植海棠，令人百游不厌"。在哈尔滨，他们游览了道里公园，"游人甚多，络绎在途，几如市场。茶社，游戏场所，亦复不少。花坛布置，尤精美有变化。几种颜色形式各有不同的浅草，加以几种浅花，图案由简单而复杂，各显露其巧妙……精美在上海几个花园之上。"他们在松花江游泳，在山海关看海，香山、北海、天坛、先农坛、瀛台……都留下了他们兴致勃勃的身影。哪怕在车船之中，也常常是"俯首读书，仰首看风景"，不放过任何机会。还兴之所至临时增加了绕道去敦化的森林火车游，卢作孚见到"火车如急流，随山旋绕，常临绝地，而又发现新境。变换离奇，亦正有如乘快轮而下夔巫三峡间。山之突兀不如，而秀丽过之，可以想见风景之好，和我们此时欣赏之快乐了"。

对大自然的热爱，不仅源于卢作孚的天性和审美眼光，更源于他有一个美梦："愿人人皆为园艺家，将世界造成花园一样。"1927年，他上任峡防局长时的嘉陵江三峡地区，是个土匪出没、民不聊生之地。他原本的使命就是剿匪维持治安，但他的理想却是"建设成功一个美满的三峡，是从经济上、从文化上、从风景上、从治安上建设成功一个美满的三峡"①。他发布的第一个文告不是剿匪，而是建修北碚温泉公园的《募捐启》，于是重庆从此就多了一个至今还闻名遐迩的后花园。而卢作孚所经手开发的其他各项事业，都忘不了将花草树木培植其中。因此，东北之行闲暇中的"游山玩水"，对卢作孚而言也是在考察取经。

深受传统文化哺育的卢作孚，自然没有错过参观名胜古迹的好机会。在沈阳参观清皇宫博物馆时，他首先注意的是建筑："红柱，绿窗，黄瓦，而杂以雕刻，绘画。分观各部，综合全局，皆自成为图

---

① 卢作孚（1933）：《我们的要求和训练》，载《卢作孚文集（增订本）》第259页。

案。"游颐和园，卢作孚感兴趣的是排云殿的雄伟庄严，众香阁的精巧玲珑，认为"其美丽在间架，配置之方整，雕刻、堆砌之繁复，画楹、画栋之细致，形式、颜色之调和，或为长廊，或为深宫，凡所表现都在建筑"。而"故宫建筑之艺术，在能表现其伟大庄严"，尤以文华、武英、太和、中和、保和五殿最有代表性。卢作孚有感而发："我们瞻仰这种遗迹，回想到以前皇帝时代庄严的设备和朝见群臣时庄严的仪式，便知道帝王制度之能够保持，正全靠这些人为的东西在下面作支柱呵！人不比一切人伟大崇高，是另以一些伟大崇高的设备和仪式把他装点陪衬起来的。"

在故宫博物院，卢作孚认为，东路各宫中的陈列品"最有意义的是宫中遗留下来的文件，有历朝大臣的奏折，皇帝的批答，可以看出国中几桩内政、外交、内乱、外战的大事，中间是如何紧急，如何措置。有历朝会试殿式的各种试卷，可以看出当时之考试制度和读书人的考试生涯。中路则以字画，瓷器，玉器，古铜器，各种雕刻，如木、漆、骨、石的雕刻为最丰富"。"读古书时，所谓尊罍觚觯等物，莫名其妙，而今都知其分别了。以前皇帝赐大臣在尚书房行走或南书房行走，而今我们在这里来行走过，也才认清楚所谓尚书房南书房了。建筑很伟大的乾清宫和坤宁宫为明代所遗留，我们才知道京城之伟大是几代堆积起来的，不是一姓经营之物。"

令他们特别欣喜的是，这一趟考察之旅，竟然看全了四套四库全书。第一套是在浙江参观文澜阁时看到的，第二套在沈阳清皇宫侧文溯阁，第三套在故宫博物院的文渊阁，第四套则在中海居仁堂，是文津阁的四库全书，从热河移过来的。同行的一位朋友说："我们此游行程两万里，看了四部四库全书，真可以自豪了。"四套四库全书中，只有文渊阁收藏的"这一部是全书，没有遗失一种"。

北平的参观原本是一周，因接到上海转来的信，有许多要回到上海解决，遂缩短成五天，"是大憾事"。尽管如此，"同游的人都觉得到了北平，不听京戏与不看皇宫，应一样是憾事。"所以，他们在北平还是挤出时间看了一出"主要的戏"《赚文绢》，"是一段秦少游和苏小妹的故事。程砚秋扮苏小妹。于表情的动作，言词，声调，都轻描淡写，而有含蓄，令人觉得深刻之处，固自有其艺术"。卢作孚也是一个戏剧爱好者，喜欢川戏、京剧，自己也曾写过剧本给员工们演出。"深觉表演深刻，须利用心理上感觉的对比。中国旧剧每能曲折婉转，用此方式，亦自有其价值。可惜上流人，有文学研究者，不措意于此。"

四、东北考察之后

洞穿日本侵略野心的卢作孚，从东北考察归来便大声疾呼："我们一度游历东北，见日本人在东北之所作为，才憬然于日本人之处心积虑，才于处心积虑一句话有了深刻的解释。才知所谓东北问题者十分紧迫，国人还懵懵然未知，未谋所以应付之。一旦东北各地，没于日军，然后举国震惊，起谋救济，已太迟矣；而又况狂呼之外，仍无如何应付之计。这岂止是东北问题？实是国家根本问题。而且东北问题正由于这根本问题而起的。……根本有为是需要办法的，是需要整个国家的办法的，是需要深谋远虑，长时间不断的办法的。"不等国家拿出办法，卢作孚从东北回到重庆之后，率先投入了抗战的准备，试举几例如下：

例一，卢作孚在张伯苓先生支持下，于1931年9月23日在北碚发起成立了东北问题研究会，并致函张伯苓："去夏过津参观，得悉贵校有东北研究会之组织，研究中日满蒙问题。迩者东北失陷，深佩吾兄远识。而国人犹纷争离析，曷胜慨叹！"信中还说："敝局同人顷亦谨效步趋，作东北各种问题之研究，深苦材料难觅，拟请先将研究所得检赐一份，俾作参考，并祈介绍研究资料，以便购买。此后研究如有疑问，更盼指导。再贵校所出南开校刊，亦盼惠赠全份，借观勋业。"[①]研究会的工作得到张伯苓的大力支持，在《游记》附录中，就开列了近170种当时各大书局出版的有关东北问题的图书目录。

例二，加快统一和壮大川江民营航运业的进程，为抗战运输打下

---

① 张守广：《卢作孚年谱长编》上册第273页，中国社会科学出版社2014年3月第1版。

了坚实基础。1929年，卢作孚被刘湘政府任命为川江航务管理处处长。他用半年时间大力整顿川江航务，挽救了濒临绝境的民营航运事业，并"开创了自《天津条约》丧失内河航行权以来中国士兵检查外轮的先例"①，结束了外国轮船公司称霸川江的局面。卢作孚还利用各种经济办法，化零为整，统一和壮大川江民营航运。1930年民生公司只有4艘轮船。到1935年，重庆上下游的轮船几已归并民生公司。抗战爆发时，民生公司已拥有46艘轮船，从而保障了长江这条连接大后方和外部世界的生命线畅通。享誉中外的宜昌大撤退，就是由卢作孚指挥、主要靠民生公司的船队完成的。徐盈在《当代中国实业人物志·卢作孚》中写道："没有卢作孚，没有民生公司；没有民生公司，没有这些牺牲，也没有这些创造，也许不能造成战时那些局面。"②

例三，加快峡区经济和科学文化建设，为北碚在抗战时期成为迁建区打下坚实基础。卢作孚通过东北考察认识到："最要紧的办法是自己起来经营，才能灭杀日本人的野心。"从而加快了峡区各项事业的建设和完善。1936年，黄炎培先生到北碚参观发现，卢作孚及其同人已经"把地方所有文化、教育、经济、卫生各项事业，不上几年建设得应有尽有……"③抗战爆发后，国民政府西迁重庆，北碚划为迁建区，有数万难民和两百多个政府机关、文化机构、学校和科研院所迁入北碚，其中包括晏阳初、陶行知、梁漱溟、陈望道、马寅初、童第周、顾毓秀、吴宓、老舍、田汉、夏衍、阳翰笙等3000多位科教文化界知名人士。饱经战乱迁徙之苦的民族精英们不仅在北碚安身立命，而且创造出大量承亡继绝、名垂青史的精神成果。

例四，先后发表多篇加快国家现代化建设和努力做好抗日准备的重头文章，如《从四个运动做到中国统一》（1934年1月29日）、《中国的根本问题是人的训练》（1934年3月20日）、《建设中国的困难及其必循的道路》（1934年8月2日）、《四川嘉陵江三峡的乡村运动》（1934年10月1日）、《如何应付当前之困难与敌人》（1936年7月3日）

① 凌耀伦：《卢作孚文集（增订本）·前言》，载《卢作孚文集（增订本）》第9页。
② 徐盈：《卢作孚》，载徐盈主编《当代中国实业人物志》。
③ 黄炎培：《蜀道·蜀游百日记》，上海·开明书店1936年8月。

等①，在思想界、舆论界受到极大关注。有学者读了《如何应付当前之困难与敌人》②后写道："作者全局在胸，站在国家立场上，面对日本随时可能采取的吞噬中国的紧迫形势，要求当政者尽最大努力做好反侵略战争的各项准备，处理好国际的和国内的，外交的和内政的，军事的和交通的，中央的和地方的，政府的和民间的，经济财政的和文化教育的各方面的关系。全国共同拧成一股绳，采取统一行动，坚持长期抗战，争取国际支持。真是高屋建瓴，而又明察秋毫。后来的事实几乎都按此文预见的那样发展。可见作者之战略眼光何等明确锐利，政策眼光又何等细致周严。读来令人震撼！"

例五，倡议和主持召开三军军长会议，促使四川省以和平方式实现军政统一。

在东北考察中，卢作孚多次痛心疾首地感叹：在大敌当前之时，"无办法的中国人，只知打战火是事业"。为此，1931年6月，他联合重庆各界人士，促成四川几大军阀刘湘、杨森、刘文辉举行了三军长联合会议，旨在结束四川内战，实现川政统一。1933年8月，中国科学社年会到北碚举行，卢作孚出任年会会长，他推荐四川军阀之首刘湘担任名誉会长。当年8月四川大规模的军阀混战基本结束。

1937年3月，刘湘委派卢作孚为代表，到南京谒见蒋介石，报告四川军政和经营情况以及促进四川"军队国家化、政治统一化"的办法。与此同时，何应钦还就南京政府与四川省政府在政治、军事等方面的关系提出六项办法，请卢作孚向刘湘转达，刘湘表示接受。③这些重大举措消除了大后方的战乱之忧，也为川军走上抗战前线立下赫赫战功创造了先决条件。

抗战爆发，卢作孚从四川省建设厅长调任国民政府军事委员会第二部副部长，继而担任交通部常务次长，负责组织指挥抗战期间的水陆运输。

（原文曾发表于2023年4月12日《中华读书报》）

---

① 均载入《卢作孚文集（增订本）》。
② 该文曾全文呈报最高当局，资料来自台北"国史馆"。
③ 载张守广：《卢作孚年谱长编》下册，第670页。

青岛寻梦

卢晓蓉

我最初认识青岛是读祖父的日记[①]，从那时起，青岛在我心目中，总是和一个蔚蓝色的梦境连在一起。

七十三年前，祖父曾兴趣盎然地踏上这片土地，那是他赴东北考察的第一站。祖父一行从上海乘船到青岛，在青岛逗留了三天，观赏了青岛的市容，参观了德军的汇泉岬炮台和旭山炮台，游览了太平山脚下的第一公园，拜访了市政府和农林事务所。从祖父当时所写近两千字的日记推断，青岛这个海滨城市所独有的韵味和启示，给他留下了难忘的印象。从他初临青岛，"发现远山数点，慢慢接近，山亦延长"，"忽而他面亦发现群山，山上怪石屹立，各成奇峰，其面前竟隐隐有房屋，瓦似红色，规模不小，像是一座城市"开始，到后来见到青岛原来是分布在一些浅山上下的，"马路亦随以起落曲折有致，两旁都有树木，房屋高高低低，各据形势，绿荫中间衬出黄墙红瓦，愈显出其鲜丽"，青岛以她特有的地形地貌和人文景观深深地吸引了祖父。而船到码头时"那许多中外人士伸着头向船中寻找，找着他所盼望的客人了，高呼、举帽，快活得不得了"[②]的场面也使祖父有感于怀。为青岛的独特、"鲜丽"和青岛人的热情好客所吸引的显然不止

① 卢作孚（1930）：《东北游记》，载凌耀伦、熊甫编《卢作孚文集（增订本）》第92页，北京大学出版社2023年4月版，下同。

② 载《卢作孚文集（增订本）》第95页。

祖父一人，据不完全统计，在二三十年代，单是著名文化人就有上百位游历或寄居过青岛，比如老舍、沈从文、闻一多、梁实秋、赵太侔、苏雪林等，于是便留下了数不尽的美文佳句。

七十三年后，我追寻着祖父的脚步和来此讲学的先生抵步青岛，不过不是乘船而是乘火车。虽然没有见到码头边欢腾的迎客场面，但从中国海洋大学文学院杨自俭副院长等面带"快活得不得了"的笑脸在火车站迎接我们，到二十多天后我们离开，这种"快活得不得了"的笑脸始终像接力棒似的，一直在我们周围传递，而这时正是闹"非典"的时候，我们偏偏又来自疫区北京。那种从不把我们当"嫌疑犯"的亲切笑容，使我们真切地体味到青岛人开放的胸怀、豪爽的性格依然如故。

在得知我这趟来青岛，最大的心愿就是探寻祖父当年的踪影以后，热心的烟台大学教授沈渝丽、孔德谦伉俪立即替我们安排了行程。沈老师不但自己驾车陪同我们游完全程，还特地请了一位"老青岛"孟师傅给我们当导游。孟师傅说起青岛的掌故如数家珍，哪里是当年的跑马场，哪里是德国的总督府，哪里有日本的名建筑，哪里原来是供外国人安葬的"万国公墓"……

"第一公园"是祖父当年特别喜爱的地方，"转到第一公园，深喜其为深邃，满布林木。从这条路穿过去，又从那条路穿过来。或植梅花，或植樱花，或植海棠，令人百游不厌，只可惜留不住的时间要迫着我们出来"。[①]第一公园后来改名为中山公园。春天的阳光辉映着姹紫嫣红的园景，樱花、桃花、海棠花年复一年，再吐芬芳；路边的绿草地上盛开着红的、黄的、紫的郁金香。我追随着祖父的脚步，迫不及待地"从这条路穿过去，又从那条路穿过来"，在花海绿波中不断按动快门，以便让这"留不住的时间"变成永恒。

祖父当年去"市政府"和"农林事务所"，是为了"访其职员，问以青岛经营的经过"。而今不仅"市政府"大楼改换门亭，成为青岛市人大、政协的所在地，"农林事务所"也已无从找寻，难得细心的孟师

---

① 载《卢作孚文集（增订本）》第96页。

傅把我带到位于中山公园内的一块农林事务所于1938年10月竖立的记事碑跟前，碑的周围簇拥着鲜艳的花朵，碑上的文字详细记载了第一公园先由德国人开发，后移交日本人经营，再重新回到国人手中的经过。身临其境的所见所闻使我耳边不禁回响起祖父当年的感叹："很惊异德国人之经营这个地方，不过十几年，便由荒岛而变为美丽的市场。很惊异日本人之发展工商业，占据不过几年，便有几万人、几个大工厂，许多大商店。而又回想到中国人呢，如何不奋发起来？"①

从中山公园出来，我们又去了祖父参观过的原德军炮台，而且也钻进了炮台下面的隧道。当时已是中午休展时间，在得知我的心愿后，管理员欣然开了"绿灯"。冥冥中仿佛是祖父牵着我的手在狭窄的地道中前行，经过了当年德军的饭厅、寝室、输送子弹的路轨、治疗所和瞭望塔，祖父的感悟穿越时空令我警醒："其布置不但坚固而又完备。其用意，固在以此为远东根据地，立军事上不拔之胜，谁料成败无常，图人尤其是不可靠的事业，而今青岛竟两办移交，仍归故主了。"②如今，炮台已成为儿童们嬉戏玩耍的地方，几代人对主权、对和平的期盼终于变成了现实。

站在炮台山上鸟瞰青岛，近处是葱绿的群山，远处是蔚蓝的大海。在高低起伏、"黄墙红瓦"的原版异国别墅的紧邻，矗立着充满时代气息的高大建筑，阳光下数不清的明珠在熠熠生辉，海尔、海信、奥克玛、青岛啤酒……，"奋发起来"的青岛人如今已打出了漂亮的中国牌！

"我们离开青岛了，都留恋着它，由码头以至于旅馆，由市场以至于山上"③，寻梦归来的我又有无尽思念在心头。

（原文曾发表于2003年5月18日《青岛日报》）

---

① 载《卢作孚文集（增订本）》第100页。
② 载《卢作孚文集（增订本）》第95页。
③ 载《卢作孚文集（增订本）》第100页。

抗战烽火中的"诺亚方舟"①

——卢作孚与民生公司抗战纪实片段

卢晓蓉

尊敬的主持人，尊敬的各位嘉宾师友：

衷心感谢你们给了我这个极其宝贵的发言机会！

因为时间关系，我想与各位嘉宾师友分享卢作孚和他所创建的民生公司及北碚迁建区在抗战中的五个纵向或横向的史实片段。

第一个片段：卢作孚早就预见中日之间必有一场大仗，为此而做好了充分准备。

近年来，卢作孚重新进入人们视野后，大家认知最多的是，他在抗战中组织指挥了著名的宜昌大撤退。其实这个任务落到他的肩上绝不是偶然的，他为这一天的到来早就做好了思想、技术和物资的准备。

1930年卢作孚率领民生公司和北碚峡防局的有关人士，到东北三省考察，他在学习日本人先进技术和管理经验的同时，发现日本军国主义不仅在蚕食东北土地，而且早有侵吞整个中国的野心。他大声疾

---

① 本文为2015年在美国华盛顿一个纪念抗战胜利70周年展会上的发言稿。

呼："我们一度游历东北,见日本人在东北之所作为,才憬然于日本人之处心积虑,才于处心积虑一句话有了深刻的解释。才知所谓东北问题者十分紧迫,国人还懵懵然未知,未谋所以应付之。"①为此,他率先投入了抗战的准备,主要体现在以下五个方面:

一是卢作孚得到南开大学校长张伯苓的大力支持,1931年9月在重庆发起成立了东北问题研究会,收集和研究了大量有关书籍和资料,借助媒体广泛宣传呼吁,吸引了不少人参与其中。

二是加快了民生公司船队发展,统一了川江航运。去东北考察之前,民生公司只有3艘轮船,到抗战爆发时已有46艘,还有几艘在建。他用了三个办法:一是建造新船;二是用经济办法,将川江航段七零八落、濒临凋敝的民营轮船公司,整合成民生一家公司;三是收购了外国公司的轮船,从而保障了船队在战时能够统一调度指挥。1933年卢作孚在公司纪念"九一八"事变两周年的会上,要求民生公司全体职工"应作有血性有肝胆的男儿","于值得牺牲时不惜牺牲"②。

同时,卢作孚还从各地,包括香港提前购买和储备了抗战物资,如4000多吨燃油、2000多吨五金器材以及造船的钢板等。他说:"宜昌这一段撤退工作,不但是民生公司的一段最艰巨的工作,也是整个抗战运输当中的一段最艰巨的工作,实则民生公司在抗战中最艰巨的还不是运输,而是如何准备运输。"③

三是加快了北碚的经济文化建设。北碚原是个四县交界、民不聊生、土匪猖獗之地,1927年在社会各界人士的推举下,卢作孚被四川善后督办刘湘任命为北碚所在的江巴壁合四县峡防局局长。他上任之后,借助民生公司和当地有识之士的力量,很快解决了治安问题,并将北碚建成一个初具规模的现代化城镇。

东北考察回来后,卢作孚在北碚抓紧建成了四川第一条铁路——

---

① 卢作孚(1930):《东北游记》,载凌耀伦、熊甫主编《卢作孚文集(增订本)》第92页,北京大学出版社2023年4月版,下同。

② 朱复胜主编《宜昌大撤退图文志》第59页,贵州人民出版社2005年9月第1版,下同。

③ 卢作孚(1943):《一桩惨淡经营的事业》,载《卢作孚文集(增订本)》第445页。

北川铁路；建成和完善了三峡染织厂等几间工矿企业；创建了中国西部科学院，下设理化、农林、生物、地质研究所；创办了博物馆和兼善中学。他还积极促成1933年的中国科学社年会到重庆北温泉公园举行，并担任年会会长。会议期间会员们参观了北碚的地方医院、民众教育馆、嘉陵江日报社、农民银行、中国西部科学院、博物馆、图书馆、公共运动场、三峡工厂等。通过参观，会员们发现："北碚本为一小村落，自卢氏经营后，文化发展，市政毕举，实国内一模范村也。"①这次年会吸引了不少外省市经济、文化、科技等领域的人士到四川考察、投资、发展，对四川的经济、科学、文教事业产生了深远影响，特别是对于抗战爆发后北碚成为迁建区，具有十分重要的意义。

四是为巩固大后方加快了四川工农业的基础建设。1935年3月，蒋介石第一次乘飞机到四川时，对卢作孚说："一个人只要进入四川的上空，立即就看到了地球外貌的彻底改变。这个广阔的绿色省份最后一定会成为我国抗战的基地。"②当年年底卢作孚出任四川省建设厅厅长，他的施政纲领是：1.调查矿产、森林、工商、农业；2.测量水利、农田、荒地等；3.与中央各机关或四川大学合作进行农业、蚕桑、家畜试验；4.管理科学化、有效调剂丰歉；5.改进工业。在任期间，他抓紧调查和开发四川省的工农业资源，成立了多个农产品研究所，加强了外贸管理，并积极筹措资金，推动成渝铁路的建设。1937年6月，卢作孚应蒋介石电召飞抵武汉，代表刘湘进呈建设新四川的意见。

1936年7月3日，卢作孚给蒋介石写了一封信，题为《如何应付当前之国难与敌人》③。他站在国家立场上，面对日本随时可能采取的吞噬中国的紧迫形势，期望当政者尽最大努力做好反侵略战争的各项准备，处理好各方面的关系，全国采取统一行动，坚持长期抗战，争取国际支持。

---

① 《中国科学社第十八次年会纪事》，《科学》第18卷第1期，1934年1月，第132页。
② 卢作孚（1945）：《中国中心的伟大基地》，载《卢作孚文集（增订本）》第460页。
③ 卢作孚（1936）：载《卢作孚文集（增订本）》第338页。

五是尽力促成川康整军，军政归属中央，从而免除了战时后患。早在1931年6月，卢作孚就促请四川军阀三巨头刘湘、杨森、刘文辉在重庆举行了三军长联合会议。会上印发了他写的文章《四川的问题》，旨在结束四川内战，实现川政统一，搞好四川建设，史称"绿色和平会议"。1937年3月19日，四川省政府主席刘湘派卢作孚和省政府秘书长邓汉祥，偕同重庆行营代主任贺国光到南京，谒见蒋介石，报告四川军政情况，以期达成"军队国家化、政治统一化"。卢作孚回到成都后，即向刘湘说明了中央的六项办法，刘湘表示接受。[①] 这一重大举措，不仅制止了中央军和地方军的一场恶战，为抗战消除了大后方的战乱之忧，也为川军走上抗战前线，立下赫赫战功打下了基础。

1937年7月，卢作孚奉调中央政府组建经济部门，准备率团赴欧洲考察。正值此时抗战爆发，卢作孚明确表态："国家对外的战争开始了，民生公司的任务也就开始了。"号召"民生公司应该首先动员起来参加战争"。并放弃率团赴欧之行，赶赴南京，参与起草中央抗战总动员计划草案，其间又赶回四川，促川军出川参加抗战。1937年9月1日，首批川军14个师和两个独立旅即分东、西两路开赴前线。其中东路4个师及两个独立旅，由卢作孚集中民生公司所有轮船在两星期内迅速由重庆、万县赶运出川，这支部队参加了淞沪会战和南京保卫战。[②]

第二个片段：前中央大学校长罗家伦说，民生公司的轮船是《圣经》中的"诺亚方舟"。

抗战爆发之后，卢作孚临危受命担任交通部常务次长，负责战时全面的水陆运输，并组织指挥民生公司船队从大后方将川军将士和战备物资运往前线；又和其他轮船公司一起，从上海开始，将长江沿

---

① 周开庆：《卢作孚传记》，台北川康渝文物馆1987年，第60页；周开庆：《民国川事纪要》（1937—1950），台北四川文献月刊社1972年，第4页。

② 张守广：《卢作孚年谱长编》下册第705页，中国社会科学院出版社2014年3月第1版。

线的政府机关、工矿企业、科研院所、大专院校的人员物资撤运到大后方。

1937年11月26日国民政府主席林森率文官、参军、主计处主管乘民生公司民风轮到达重庆,其余人员和物资亦分乘民生公司民政、民贵、民元、民风等轮随后跟进,[1]国民政府得以从12月1日开始在重庆办公。[2]

与此同时,大量的军事、民用工矿企业也迁往重庆等大后方。民生公司不仅尽量提供运力,还主动为这些企业排忧解难。有的企业财力紧张,拿不出运费,民生公司就将运费转为股金与其合资合作。例如,上海的大鑫钢铁厂与民生公司合资,在重庆建成了渝鑫钢铁厂,即后来的重庆钢铁公司。河南的中福煤矿与民生公司合资,建成天府矿业股份有限公司。该公司在战时为重庆大后方提供了一半的用煤量。

中央大学于1937年9月底开始撤迁,11月就在重庆新址正式开学,被誉为抗战时期学校内迁最快速、完整和成功的典范,得益于卢作孚和民生公司的大力协助。当时长江的运力已相当紧张,罗家伦校长正焦急万分的时候,卢作孚找上门来,表示可以利用运载川军开赴淞沪战场的返航船只,免费帮助中大撤迁。民生公司的船只不顾日机轰炸,开至南京下关,载运中央大学图书、仪器2千余箱。[3]还搬运了航空工程系教学用的飞机3架和7吨多重、无法分拆、价值20万美元的风洞1个。[4]医学院供解剖用的泡制好的24具死尸,也完好地运到重庆。[5]为了运送农学院从美国、荷兰等国进口的牛、羊、猪、鸡、鸭、兔等珍稀畜种,民生公司还特别改造了一层船仓供其使用。为此,中大校长罗家伦将民生公司的轮船比喻为《圣经》中人与动物共一船的

---

① 《宜昌大撤退图文志》第26页。

② 简笙簧编纂:《中华民国史事纪要—1937年7月至12月》第697页,台北"国史馆"1987年6月出版。

③ 罗家伦先生文存编辑委员会:《罗家伦先生文存》第5册第631页,台北"国史馆"1988年12月21日。

④ 《罗家伦先生文存补遗》,第146–150页。

⑤ 《罗家伦先生文存》第1册,第596页。

"诺亚方舟"。①

第三个片段:"二战"中第一次胜利的战略大撤退——宜昌大撤退。

宜昌扼守三峡大门,是中、东部地区入川的重要关口。经过宜昌中转的撤退,实际上从抗战爆发就开始了。史称的"宜昌大撤退"②,特指1938年10月下旬到12月下旬的两个月,又以前面的40天最为紧张,因为当时聚集在宜昌的有3万多人和9万多吨重要机械设备,正常情况下需要一年才能运完,可是40天过后,枯水期就要到来,有不少轮船就不能航行了,而日本的军机已经开始轰炸宜昌。

卢作孚于1938年10月23日武汉沦陷前两日飞抵宜昌,在宜昌坐镇指挥,调集了民生公司可用轮船和大量木船,采取了分段运输办法,即把最重要和难以拆卸的物资直接运到重庆,把次要的可以拆卸的物资,先运到川江的其他口岸,再陆续运往重庆。40天内,3万多人员全部运到重庆大后方,物资运完三分之二,在接下来的20天内全部运完。卢作孚在文章中写道,这是"抗战运输中最紧张的一幕","兵工工业、航空工业、重工业、轻工业的生命,完全交付在这里了":"岸上每数人或数十人一队,抬着沉重的机器,不断的歌唱,拖头往来的汽笛,不断的鸣叫,轮船上起重机的牙齿不断的呼号,配合成了一支极其悲壮的交响曲,写出了中国人动员起来反抗敌人的力量。"③人们称宜昌大撤退是"中国实业上的敦刻尔克",实际上它比敦刻尔克还早了一年半。国内媒体也说:"在中外战争史上只此一例。"④

被民生公司船队抢运到重庆的兵工器材,很快就在重庆组建起第1、第10、第20、第21、第24、第25、第29、第50等多家兵工厂,

---

① 《罗家伦先生文存补遗》,第150页。

② 请参见本辑中卢作孚文《战时运输中最紧张的一幕》。

③ 卢作孚(1943):《一桩惨淡经营的事业》,载《卢作孚文集(增订本)》第445页。

④ 中央电视台专题片《记忆》之《卢作孚·1938》,载崔屹平主编《记忆》第246页,华艺出版社2001年版。

工人们冒着日军的轮番轰炸，生产出质量上乘的武器弹药，前线的战士只要看到是重庆兵工厂的产品，都会击掌欢呼，因为重庆牌的枪支弹药打起仗来不卡壳。

日本军事专家在战后哀叹："假定在昭和13年（1938年）攻占武汉作战时，同时攻占宜昌，其战略价值就更大了。"[1]

第四个片段：冯玉祥将军说："民生公司是爱国公司。"

民生公司广大职工，夜以继日地战斗在抗战运输线上，表现了高度的爱国热情。

祖父与田汉先生是好友，祖父第一个将《义勇军进行曲》灌制成唱片，在民生公司的轮船上播放。船员的床单上都印有"梦寐勿忘国家大难"。民生公司的运费是当时市场运价的十分之一。原本就以服务质量取胜的民生公司，在战时也绝不苟且。作家胡风及其家人，在1938年11月最紧张的宜昌大撤退期间，乘民生公司的"民本"轮从宜昌去万县再转重庆避难，他在日记中写道："民生公司是以服务周到，没有一般轮船的积习而出名的。……一个穿白制服的年青服务员领我们到舱里。一看，里面床上铺着雪白的床单和枕头，小桌上放了茶壶茶杯，井井有条，非常整洁，的确和别处的官舱不同。""我亲身体验到了民生轮船公司良好的服务态度和经营方针，如果不是战争，他一定能够击败外商的轮船公司。"[2]胡风先生不知道的是，那时川江上已经没有横行霸道的外国轮船了，民生公司以其优质服务赢得了竞争。

抗战中，民生公司一方面抢运了数百万将士到前方，另一方面也撤运了不少伤病员到后方。在运送过程中，伤兵们情绪不稳定，在船上借故甚至无故寻衅闹事，民生公司特别发出几次通函要求各轮船容忍退让，要用和蔼的态度对待这些对国家民族有功的人员。

---

[1] 原载《中国事变 陆军作战史》（译稿），日本防卫厅防卫研究所战史室编，中华书局1979年7月版。转引自朱复胜编《宜昌大撤退图文志》第193页。

[2] 胡风：《胡风回忆录》，人民文学出版社1993年11月版，第133页。

民生公司还运送了殉国将领和英烈刘湘、张自忠、王铭章、饶国华等人的遗体到重庆，国民政府隆重安葬。这些抗日英烈的光辉形象都进入了今天展出的巨画《浩气长流》。

民生公司自身也遭受了重大损失，轮船被炸沉炸伤16艘，还有不少岸上设施被炸毁。船员殉国116人。1941年8月22日，"民俗"轮从巴东运送抗日伤病官兵及旅客入川，驶至青石洞，忽遇敌机7架，轮番俯冲轰炸、扫射，顿时船被炸沉，伤亡惨重，船员牺牲70人。在被炸过程中，船员们为了抢救伤兵和旅客，表现了高度负责和不怕牺牲的精神。有的弹片穿破腹部，流血不止，仍扪腹忍痛工作；有的手被削断，还坚守岗位；有的为了抢救航行日记簿、船舶证书及其他重要文件倒于血泊中；机舱全体值班人员在机器已被炸停时均未离去，[①]他们用自己的鲜血和生命谱写了民生爱国精神的传世篇章！

第五个片段：北碚 —— 存亡继绝的文化家园。

1937年11月，北碚被划为迁建区，有两百多个单位先后涌进了这个花园般的现代城镇。这些单位中有政府机关，如国民政府司法院、立法院、监察院、最高法院、行政法院、最高法院检察署等。

有文化机构，如中华全国文艺界抗敌协会、中山文化教育馆、国立编译馆、国立礼乐馆、中国辞典馆、中华教育电影制片厂等和多家杂志社。

有学校，如国立复旦大学、国立江苏医学院、国立歌剧学校、国立戏剧专科学校、国立国术体育专科学校、中央陆军测量学校、军政部军需学校、立信会计学校等。

还有科研院所，如中央研究院动物研究所、植物研究所、物理研究所、心理研究所、气象研究所、中国地理研究所、中国哲学研究所、经济部矿冶研究所和地质调查所、中央农业实验所、中央工业实验所、中国科学社生物研究所、军政部陆军制药研究所等。

---

① 摘要自凌耀伦主编《民生公司史》第184-185页，人民交通出版社1990年10月第1版。

由此，3000多位学者、教授、文化人先后落户北碚，并取得累累硕果。

例如著名作家老舍在这里创作了长篇小说《四世同堂》、话剧《张自忠》；梁实秋以其寓所为名，陆续创作了诸多脍炙人口的散文《雅舍小品》；曹禺在北碚主持演出《日出》《家》；杨宪益将《资治通鉴》译成英文；梁漱溟写成了《中国文化要义》；翦伯赞撰写了《中国史纲》第一二卷和《中国史论集》两辑；顾颉刚在北碚主持通俗读物编刊社，编辑出版了157种宣传抗战的通俗读物。

晏阳初、梁漱溟、陶行知等几位先贤，将被日军战火中断的乡村建设和乡村教育试验带到北碚，与卢作孚携手合作成就斐然。1947年12月联合国教科文组织派代表到北碚考察，并于1948年2月将北碚定为"基本教育实验区"。

还有林语堂、陈望道、周谷城、马寅初、马廷英、潘序伦、童第周、杨家骆、邓广铭、马宗融等，多个学科的泰斗都与北碚结下了不解之缘。

上述人士在离乡背井、战火纷飞的艰苦岁月里，安贫守道，教书育人，著书立说，担当起存亡继绝的重任。他们中有多位代表人物也栩栩如生地汇入了《浩气长流》。

为了提醒北碚市民"梦寐勿忘国家大难"，北碚每逢升国旗的时候都要吹号，只要号声响起，所有的市民都会驻足立正。东三省失陷后，北碚当局即将原街道更名为辽宁路、吉林路、黑龙江路、热河路、大连路。"七七"事变的消息传来，又陆续更名了卢沟桥路、北平路、天津路、上海路、南京路等，还有两条以抗日英雄命名的路，一条以参加徐州会战阵亡的川军师长王铭章命名，一条以抗战牺牲的首位军长郝梦麟命名。

抗日名将张自忠长眠在北碚梅花山下，与北碚的青山绿水共为一体。

尾声：国民政府和民众没有忘记卢作孚和民生公司在抗战中的贡献，四次颁发勋章和奖章给卢作孚，同时也给民生公司和公司的其他领导人颁发了勋奖章。1944年10月卢作孚作为中国工商界的代表，与其他五位人士一起出席在美国纽约召开的国际通商会议，首站就是华盛顿，那是他第一次到美国，在美国发表演讲并到各地参观访问。随行的顾问、社会学家孙恩三回来之后撰文说："卢先生精神气魄确比平常人大些，故其在美颇为彼邦人士所惊异，到处受人欢迎，预料今后必能为民生展开一新纪元，使一个国家的公司，变为世界知名的公司。"①

---

① 《民生实业公司简讯》第798期，1945年5月28日，第2版。

战时运输中最紧张的一幕 ①

卢作孚

战前公司主要的业务是在上海重庆间，换言之主要是在这一线的两端，不在中间，对日作战以后，江阴封锁了，上海割断了，公司的业务即什九被割断。一部分担忧的人们认为：国家对外的战争开始了，民生公司的生命就完结了；我的感觉，却恰相反，认定："国家对外的战争开始了，民生公司的任务也就开始了。"那时自己正在南京帮助中央研究总动员计划草案的时候，告诉民生公司的人员："民生公司应该首先动员起来参加战争。"这个期望，公司实践了。四川需要赶运四个师，两个独立旅到前方，公司集中了所有的轮船，替他两个星期由重庆、万县赶运到宜昌。上海、苏州、无锡、常州的工厂撤退。民生公司的轮船即以镇江为接运的起点，协助撤退。接着又从南京起，撤退政府的人员和公物，学校的师生、仪器和图书。从芜湖起，撤退金陵兵工厂，从汉口起，撤退所有兵工厂及钢铁厂。第一期运一万二千吨，两个月间完成了，第二期运八万吨，分为两段，集中扬子江上游轮船，担任宜昌重庆间一段，集中扬子江中下游轮船，担任汉口宜昌间一段。这时除这八万吨以外，还有政府的全部，学校的大部，航空委员会航空器材的全部，民间工厂的大部，通通需要内

---

① 本文为卢作孚 1943 年所写《一桩惨淡经营的事业——民生实业公司》中的一节，即他指挥史称"宜昌大撤退"的亲历记，载《卢作孚文集（增订本）》第 443 页，北京大学出版社 2023 年 4 月版。

迁，其总量又远在八万吨以上。大半年间，以扬子江中下游及海运轮船的全力，将所有一切人员和器材，集中到了宜昌。扬子江上游运输能力究嫌太小，汉口陷落后，还有三万以上待运的人员，九万吨以上待运的器材，在宜昌拥塞着。全中国的兵工工业、航空工业、重工业、轻工业的生命，完全交付在这里了，遍街皆是人员，遍地皆是器材，人心非常恐慌。因为争着抢运的关系，情形尤其紊乱，我恰飞到宜昌，看着各轮船公司从大门起，直到每一个办公室止，都塞满了交涉的人们，所有各公司办理运输的职员，都用全力办理交涉，没有时间去办运输了。管理运输的机关，责骂轮船公司，争运器材的人员，复相互责骂。我才商由船泊运输司令部召集会议呼请"停止交涉"，以便"办理运输"。因为扬子江上游还有四十天左右的中水位，较大轮船尚能航行，于是估计轮船四十天的运输能力，请各机关据此分配吨位，各自选运主要器材，配合成套，先行起运，其余交由木船运输，或待四十天后，另订计划运输。如来不及，或竞准备抛弃。至于何轮装运何机关器材，由我帮助分配。各机关完全表示同意。于是开始执行，效能提高，不止加倍，四十天内，人员早已运完，器材运出三分之二。原来南北两岸各码头遍地堆满器材，两个月后，不知道到哪里去了，两岸萧条，仅有若干零碎废铁抛在地面了。一位朋友晏阳初君称这个撤退为"中国实业上的敦刻尔克"，其紧张或与"敦刻尔克"无多差异。二十四只扬子江上游的中国轮船当中，只有两只不是民生公司的轮船，外国轮船亦有数只，但因中立关系，只运商品，不运一切有关抗战的东西，中国轮船为了报效国家，兵工器材每吨只收运费三十元到三十七元，其他公物只收四十余元，民间器材只收六十余元到八十余元，而外国轮船只装商品，每吨运费却收三百元到四百元，即此比较，可知中国公司尤其是民生公司牺牲之多，报效国家之大了。

因为扬子江上游滩险太多，只能白昼航行，于是尽量利用夜晚装卸，因为宜昌重庆间上水至少需要四日，下水至少需要两日，于是尽量缩短航程，最不容易装卸的，才运到重庆，其次缩短一半运到万县，再其次缩短一半运到奉节巫山，甚至于巴东。一部分力量较大的轮船，除本身装运外，还得拖带一只驳船。尽量利用所有的力量和所有的时间，没有停顿一个日子，或枉费一个钟点。每晨宜昌总得开出五只、六只、七只轮船，下午总得有几只轮船回来，当轮船刚要抵达码头的时候，舱口盖子早已揭开，窗门早已拉开，起重机的长臂，早已举起，两岸的器材，早已装在驳船上，拖头已靠近驳船。轮船刚抛了锚，驳船即已被拖到轮船边，开始紧张的装货了。两岸照耀着下货的灯光，船上照耀着装货的灯光，彻底映在江上。岸上每数人或数十人一队，抬着沉重的机器，不断的歌唱，拖头往来的汽笛，不断的鸣叫，轮船上起重机的牙齿不断的呼号，配合成了一支极其悲壮的交响曲，写出了中国人动员起来反抗敌人的力量。

卢作孚与晏阳初交往拾零

卢晓蓉

　　祖父卢作孚和晏阳初先生的深厚友谊，在我国乡村建设史上早已传为佳话。他们第一次见面是在 1935 年 10 月。那时，晏阳初去江苏无锡参加第三届全国乡村工作讨论会，会后参观了浙江县政建设实验县兰溪，然后到了南京，巧遇也在南京的卢作孚。回到定县后，晏阳初在《关于出席乡建学会会议等经过情形的报告》中，特意谈起他见到卢作孚的情形时说："我们彼此相知已久，却从未会过面。这次在南京会面之后，一见如故。大家谈谈奋斗的经过，不禁引为同志。"[①]从此，他们开始了近 15 年的密切交往。在乡村建设方面，他们更是志同道合，相互支持，相互砥砺。鲜为人知的是，晏阳初先生还曾担任过卢作孚创办的民生公司的董事会监察人和常务董事。

　　因为卢作孚与晏阳初先生是莫逆之交，卢家和晏家也就成了世交，深情厚谊绵延至今。我从小常常从父辈的讲述中，听到两家人之间交往的点点滴滴。

　　卢作孚非常敬佩晏阳初先生坚持不懈献身平民教育的精神。他有次在中国乡村建设学院演讲时说："人都以为在美国很享福，你们的院长在美国募捐，住一个小店。有一次我去看他，他正在洗袜子。募捐是天下最苦的事，其苦一言难尽。"这件事后来有人告诉了晏阳初

---

　　① 宋恩荣等编：《晏阳初全集》第 1 卷，湖南教育出版社 1989 年 8 月，第 391 页。

先生，使他非常感动。

祖父本人和我的父辈都曾在晏阳初先生家里向他的美籍夫人许雅丽学英语。1939年1月底，祖父带着我的父亲卢国维、二叔卢国纪到成都，就住在晏阳初家，因此而留下了三父子目前尚存的唯一合影。

卢作孚以前一直剃平头、穿中山服。1944年10月，他要代表中国实业界去美国参加国际通商会并考察造船事宜，需要"改头换面"，全得晏阳初先生手把手的指教。晏阳初在回忆文章中还讲过这件事，他写道："我对他说：'作孚，外国人很注意衣冠。你这样不修边幅，恐怕会吃亏。'我带他去一家裁缝铺做西装；教他打领带。领带并不好打，一而再，再而三，他终于学会了。我又对他说：'阁下这个头，外国人看，会以为来了一个和尚。'听我的劝告，他留起了头发，很用心地学梳头。"父亲给我讲过一个故事：祖父留西头、穿西服的扮相，与他护照照片上原来的装束很不一样，加上照片是在上海王开照相馆拍的，角落上印有"王开"二字，因此而被美国机场边检人员错将他当成王开而扣留审查了好一阵。

1949年5月，我刚满三岁，祖父带着我，与晏阳初、蒋梦麟等友人同机从重庆到广州。机上很多人都因颠簸而呕吐，祖父也一样。我因为年龄小没事儿，照样玩得很开心，祖父见状轻松地笑了起来，晏阳初便给他开玩笑说："以后坐飞机，你都把晓蓉带上，精神就好了。"后来在香港，我又多次随祖父参加他和晏阳初的聚会。我们全家还和晏阳初先生同游香港太平山公园。我当时很小，记忆已很模糊，但因父母常常提起，所以仿佛历历在目。有一次，大家到太平山顶游玩散步，走着走着，我就脱离"队伍"跑到前面去了。抬头一看，前面有个人的背影很像我祖父，我以为自己走丢了，就边哭边往前追赶。在我身后的祖父和同行人士见状都大笑起来，我回头一看，也破涕为笑。那些结伴同游的美好日子原本已摄入镜头，可惜这些珍贵照片都在"文革"中化为灰烬，后面这个片段至今还铭刻在心。

80年代中期，我们家在武汉。父亲还带我去看望过晏阳初夫人的妹妹、武汉大学英语系的许海兰教授。老人家说一口流利的中文，很亲切地接待了我们。90年代，我在北大一家企业工作，父亲也住在北京，他多次去晏阳初的儿子晏振东家看望，晏振东和他的长女晏玲也来过我们中关园的家。可惜我那时忙于工作，与他们父女俩失之交臂。后来，晏振东和我的父亲先后去世，我已无法弥补这一过失。

我的大姑卢国懿与晏阳初先生的女儿晏群英是金陵大学园艺系的同窗好友，她们后来都去美国留学，并在加州定居。她们直到老来还经常相互探望、一起打高尔夫球玩麻将，在大姑的信中经常可以见到群英阿姨的大名。

前几年，中国社科院近代史所的研究员、晏阳初研究专家徐秀丽女士，发现了美国哥伦比亚大学收藏的一批晏阳初和卢作孚在1950—1951年的珍贵来往信件，一共有25封（其中卢作孚致晏阳初14封，晏阳初致卢作孚11封）。那时晏阳初在美国，卢作孚主要在香港。在这些隔洋通信中，两位念念不忘的，还是他们毕生所从事的教育事业和乡村建设事业；所倾心关注的，还是如何尽快结束战争，实现海峡两岸的和平，让饱经战乱和贫困的同胞过上文明幸福的生活。

在这些通信的字里行间，也提到了儿女家事。如晏阳初在1950年8月17日致卢作孚的信中写道："国懿后天在纽约中国使馆结婚，弟已嘱平会驻美办事处帮同办理一切，弟今晚赶赴纽约……，代兄主持并照拂一切。婚礼举行后再当向兄报告。"在此之前，卢作孚曾去信请他代为"考察""考虑"这位未来的女婿。1951年1月10日晏阳初给卢作孚寄出了最后一封信，信中写道："不通音讯，将近半年矣！国懿结婚，弟代表吾兄在简朴而隆重的空气下主婚，一切皆顺利地快乐地完成。尔俊①笃实，是一个好青年，祈释念。"此时的卢作孚已回到国内，如果能收到晏阳初这两封信，该是何等的欣慰！

我的二姑卢国仪当时准备去美国留学，报考了康乃尔大学，正在等候学校通知。祖父为她的留学费用发愁，于1950年3月22日给晏阳初写信说："彼仅有留学费用二千元，将来仍盼有学校或学术团体奖学金机会，乃能完成学业，否则仅能留美一年，似无必要也。"晏阳初3月30日即回信详述了他周到的安排，并请祖父放心："国仪读书，

---

① 尔俊，即何尔俊，卢国懿之夫，卢作孚先生的长女婿。

兄只备来美旅费，以后读书用费，弟绝对负责去办，祈释念。"卢国仪后来被康乃尔大学录取，因故没有前往就读。

这些信件，不仅填补了晏阳初和卢作孚最后交往时期的资料空白，再次见证了他们对国家民族忠贞不渝的赤子之心，也记载了晏卢两家源远流长的深厚情谊。

凡是为人民做过好事的人，人民和历史是不会忘记的。卢作孚和晏阳初的事业和友谊，在半个世纪后被今人重新提起和铭记就是明证。

今年6月，河北定县举行晏阳初先生120周年诞辰纪念会。我在会上幸遇从美国回来的晏阳初的长孙女晏玲女士，大家都分外高兴。她长着一双酷似其祖父的聪慧纯净的大眼睛，待人也和她祖父一样的真诚善良。我们相约保持联系，让卢家和晏家的友谊世代相传。

（原文曾发表于2022年2月17日《重庆政协报》）

敬怀至友卢作孚兄 ①

晏阳初

我一生奔走东西，相交者可谓不少；但惟有作孚兄是我最敬佩的至友。他是位完人，长处太多了，只能拣几点略述。

作孚有理想，有大志，他深知要使中国富强，必须发展交通。长江是交通重道，需要轮船，所以他组织民生轮船公司，以应时代的需要。

他极富创造力，具有实现理想的才干和毅力。他组织公司的资本，是向朋友或外国借款。他自己并不想赚钱，忘我忘家，绝对无私。抗战时，他有一次病了。他的家人想买一只鸡给他吃，连这钱都没有。由此可见他人格的高尚。所以知道他的人，都敬佩他。

他生活非常简朴，常年穿着一套中山装，人长得很小，属于瘦的瘦劲一型。为了节省梳头的时间，他剃光头。张岳军先生有一次跟他开玩笑："你的跟班都比你穿得漂亮。"

他是个绝顶聪明的人。抗战期间，因为得跟美国人打交道，他跟我妻雅丽读英文，晚上有空时来读一点。半年之间，就能看英文报。那时，他大概五十岁左右，英语说得不算流利，但简单的可以应付。

我现在已记不清究竟哪一年与他始交。我们在定县的时候（一九二九年至一九三六年），他已经对乡村改造发生兴趣。曾请了一

---

① 周永林、凌耀伦主编：《卢作孚追思录》第 45 页，重庆出版社 2001 年 10 月第 1 版。

位何姓的朋友来参观我们的工作。一九四〇年，我们在四川巴县歇马场创立"中国乡村建设学院"，他是学院的会计董事。

有二三件小事，我记得很清楚。20世纪40年代，他到美国为他的公司借款，我那时也在美国为乡村学院募捐。我对他说："作孚，外国人很注意衣冠。你这样不修边幅，恐怕会吃亏。"我带他去一家裁缝铺做西装，教他打领带。领带并不好打，一而再，再而三，他终于学会了。我又对他说："阁下这个头，外国人看，会以为来了一个和尚。"听我的劝告，他留起了头发，很用心地学梳头。

作孚对人的观察很敏锐。他知道：对怎样的人应该说怎样的话。他不说闲话，言必有物。用字精当，从容不迫，有条有理，就像他做事一样：很沉着，有组织，有思想。

他先回国后，中国乡村学院请他去讲演。他说："人都以为在美国很享福，你们的院长在美国募捐，住一个小店。有一次我去看他，他正在洗袜子。募捐是天下最苦的事，其苦一言难尽。"这话是别人后来告诉我的。

我常说："生我者父母，知我者作孚。"

像作孚这样一位正人君子、爱国志士、了不起的实业家，国人应当敬重。然而，他的结局竟是如此悲惨。我为国家伤心，我为至友哀痛。

1982年8月22日于菲律宾国际乡村改造学院，时年89岁。

卢作孚与晏阳初 1950—1951 年通信选

笔者按：

　　卢作孚和晏阳初这批信件写于1950—1951年，当时卢作孚在香港主持民生公司的事务，1950年6月返回大陆。晏阳初在美国。后由晏阳初送交美国哥伦比亚大学图书馆收藏。2001年，中国社科院历史研究所研究员徐秀丽女士在哥大查资料时，意外发现了这批信件，并复印了其中8通。2006年，徐秀丽以《回归前夕的卢作孚先生——卢作孚与晏阳初间的几封未刊信函》为题，在《历史学家茶座》总第5辑（山东人民出版社2006年9月版）上，将这8通信函公诸于世，并作了精到的解析和阐述。2009年，西南大学历史系教授、卢作孚研究专家刘重来先生在《历史学家茶座》上发现了徐秀丽这篇文章，如获至宝，认为这批信件填补了卢作孚研究在该时间段的史料空白，于是请我找到了徐秀丽。徐秀丽将8通信件的复印件和哥大的档案资料编号交给了我。我通过美国朋友、科罗拉多大学丹佛校区历史系助教侯晓佳女士，请在哥伦比亚大学东亚语言与文化系作博士后研究的朋友许曼女士，将保存在哥大图书馆的所有卢、晏通信复制了一套。徐秀丽女士得到这些信件复制件后，又抽出宝贵时间，将其打成电子版。西南大学的历史系教授、《卢作孚年谱》和《卢作孚年谱长编》作者张守广先生对这些通信的时间进行了考证和校订。本书挑选了其中14通发表，其中有8通系首次发表。

　　借此机会，我衷心感谢上述各位学者的无私奉献，同时也衷心感谢哥伦比亚大学图书馆妥善保存了这批珍贵史料，使之得以在半个多世纪后面世。

卢晓蓉

2010 年 12 月 16 日

2023 年 12 月 28 日改定

一、卢作孚致晏阳初（1950 年 1 月 7 日）

（前缺。此页右边上有"阅后火之"字样）

此外有请吾兄注意者，台湾绝非可凭藉以与大陆作战之基地，最后结束似只有时间问题。其利害，兄在港时，弟已迭加分析。美政府最近确定不卷入之态度，亦系证明。但美政府仍予台湾以无济于事之经济援助，使海岛与大陆相持之时间加长，即使台湾对大陆之空袭及封锁加长。此于中共军事无大损害，徒增人民痛苦，徒增人民对于军费及兵员之负担，徒促中共更多仰赖苏联之军事援助，于国民党之最后命运全无补救，徒使中国人民更痛恨美国，徒失美国人在国际之威信。此种利害得失，万望兄向诸好剖析明白。如美国欲得全中国人之好感，最好设法结束台湾残余无望之争。此为弟个人对兄个人提供之意见也。裁酌之。

弟作孚又及。

二、晏阳初致卢作孚（1950 年 1 月 20 日）

极密（阅后附火）

（一）兄关于台湾意见，完全同意，而同时此间朝野有眼光者亦皆有同样看法。兹附 New Ripublic 漫画，一见可知美人态度。弟当遵照吾兄提供之意见，向各方作进一步的剖析。

（二）弟正在此和美朝野商洽继续在大陆做纯粹为老百姓服务的工作，此时（尤其是因最近北平事件）大多数的美人是愤慨万分，反

167

对在中共区域做任何工作，少数冷静而具有远大眼光者极赞成弟之主张（如美国之平教董事会诸好）。但是他们问了弟不能答复的一个问题，就是如因我辈努力说服了美国朝野及参众两院，问弟能否保证中共的合作态度？此点关系甚巨，切望兄用您那智慧而有效的技术，去弄个明白并从速见示。美国此时亦正在寻一条出路，赛珍珠告弟我来得恰好，正是需要吾人给他们指路的关头，可惜您不在此。但您在那，我在这也有好处，恐怕到了画龙点睛的时候，您有飞来的必要。弟此时的人缘不坏。

（三）歇马场、北碚、璧山工作和同人实际状况究竟怎样？弟离川后迄今杳无消息，此心日夜难安。望兄用点时间打听个明白，并速函告，则不胜感激之至。

（四）因中共占据四川，一切援助SCA立即停止。这是第二次在农村复兴案中国会规定的。从去年十一月起一文不发。弟正为吾人川中工作另筹募款项，但亦难矣哉！

Write soon please.

弟 初匆上

一月廿日

三、卢作孚致晏阳初（1950年1月31日）

阳初兄：密笺敬悉。请告美国可靠友人，未来成败决不在原子弹或氢气弹，而在西方国家尤其美国对于落后国家有无真正了解。殖民地政策当然失败，第二次世界大战及目前状况均可证明。门户开放政策只着眼在商业往来，亦必失败。欲落后国家人民能自起来，绝无其事；必须先进国家真能全力帮助落后民族，比帮助西欧恢复需要力量更大，使能迅速提高文化及生活水准，乃能使落后民族不生变化。对今后中国仍当寄与极大同情，予以帮助，使能和平建设，勿激起日趋恶劣的情感，日趋强烈的武装准备，走向极端，乃系可靠的办法。速设法引起新的舆论。不但为中国之幸。匆祝健康。

弟作孚。一、卅一

四、晏阳初致卢作孚（1950 年 2 月 13 日）

极密

作孚吾兄：一月卅一号之密函各点与弟在此间所谈者不谋而合。近来朝野友好对于弟之主张（即在中国大陆继续农建工作）有同情者，有反对者（反对协助中共）。但事在人为，只要吾人不灰心，不头[投]降，成功不是完全无望的。但是弟有一重要问题（前函虽曾提过，但兄未答），就是：如因我辈努力，结果得到此间朝野的拥护，中共是否欢迎，是否同意吾人在大陆继续工作，此点万请我兄拨冗打听个明白，否则费了一番心血，把这边说服而那边又成问题。请见复，愈快愈好，愈确愈佳。

弟匆上，二、十三

五、卢作孚致晏阳初（1950 年 3 月 22 日）

阳初兄：无关事业之报告

（1）子英已交代北碚管理局，所有北碚事业亦经完全捐献与政府，子英现在渝，渝市府邀任建设局副局长，似示能辞却。

（2）国仪尚在港等待康乃尔大学入学准许证，是否可得准许，何时可得准许，尚不可知，吾兄可托友代为探讨否？彼仅有留学费用二千元，将来仍盼有学校或学术团体奖学金机会，乃能完成学业，否则仅能留美一年，似无必要也。

（3）弟为事业安全，尚滞留在港，屡电渝辞职，未得同意，尚须待封锁问题解除后乃能决定行止。北衡原拟赴国外游历，以护照签证未得，至今留港，或终回到内地。

（4）港有若干技术人员及建设性质之人才不肯即回内地，如果国际有领导地位者了解世界问题绝非备战可以解决，并了解对于落后国家有效之帮助为建设，为教导其人民共同起来建设，迅速提高其生活及文化水准，则滞在国外不肯即回国内之人才或尚有用于国外之机会，请兄更研究之。

匆祝

健康

弟 作孚

三、廿二

六、晏阳初致卢作孚（1950 年 3 月 27 日）

极密

弟对于美国、中共的希望，试简述如左，请兄指教：

（一）在灾民、饥民、病民、死民遍国的今日，中共只靠一个在经济上自顾不暇的苏联，怎么得了？！

（二）我认为中国的大灾大难是我们救国救民的良机，在今日救死不及的时候，中美间不是谈政治、谈主义的时候，今天只应谈救灾、谈建设（我所谓："即救即建"的口号）。鄙见是由农村建设入手（比较单纯，双方容易合作，因已有先例）；（中美）双方在农建、即救即建的工作上有了合作的（态度、情绪、机构和人物）良好基础，然后第二步就可进行工业的合作；有了农建、工建良好合作基础，中美双方政治的，甚至主义方面的调协不是绝对无望的（我辈如能为中共多拉一个强大的与国如美国，那么中共做附庸的可能就可减少多了，独立的中国可能性也就可加强了）。

（三）弟所提供的这点愚见（但上暂时只能粗支［枝］大叶），您看中共可能有什么看法，什么态度？未得到比较可靠的答复前，我在此无法进行。

（四）如兄认为弟提的路线（由即救即建的乡建入手，而后工业，而后政治的合作）中共可以商量的话，我可进一步的同至好（陶格罗斯，前天曾与谈）商谈具体办法（陶极赞同弟之路线），如有必要，他可 secretly be authorized by the President as representative 到中国进行合作商谈。兹事体大，万望我兄百忙中抽出时间为此事用精力洒心血，慎密的敏速的进行，给弟一个具体答复。事关吾民族前途、世界和平，谅兄必应我所求。陶兄要我代为致意。阅后附火，至要！

弟初手上，三，廿七，于纽约

七、晏阳初致卢作孚（1950 年 3 月 30 日）

作孚吾兄：三月廿二号手示奉到。

兄在那百忙的苦撑生涯下给我写那样周详的两封信，真使弟感激万分。

（一）SCA 之两笔款（三万和七万美金）弟望能运用来维持院和区工作。（在目前美国反共空气下，为中国捐款是难于上青天！）七万元之款菊农有电来，谓首批二万五已收到。至于叁万元（染料）之款之汇渝办法，可遵照兄之意见（及菊农之请求）分期汇渝。如渝方一时不需款，可暂存港民生亦妥，总之请兄斟酌港渝间情形作主可也。

（二）为国仪办入学准许证，不算困难（因地成绩优良），（杨民革或许证已办妥），现在康乃尔是请其研究院奖学金的问题；如仅办准许证，早就办好了。弟的计划是先办准许证，提前来美，然后再请奖学金不迟，否则耽延时间过久，VISA 更难。国仪的成绩书（正书只一份）现在康乃尔大学不便去要（因还有得奖学金的希望），但为争取时间，最好是请兄速函金大当局寄一份，航快寄来，以便在另一大学办入学证，同时仍可等待康乃尔的消息。（弟为此已有英文信致兄，谅已收到）国仪读书，兄只备来美旅费，以后读书用费，弟绝对负责去办，祈释念。

（三）关于兄所提技术人才问题以及国际协助问题，弟于三日前（廿七号）上兄函内虽提供有关此两问题之意见，如弟所提有可能性的话，这两问题，都可有办法。但弟意见究能否实行，望兄拨冗赐教，至要至感。

弟初手上
三、卅

八、卢作孚致晏阳初（1950 年 4 月 14 日）

　　阳初兄：国仪就学得鼎助，据函，康乃尔已准其自费入学，至感幸。国懿[①]有函来，谓有同学 E. C. HO 很踏实稳重负责任，为教授所称许，可能订婚。但国懿欲于订婚之前明了其家庭情形，弟正托人调查，复函请其就近商承吾兄，为考察其本人，兄如时间容许，请为考察，并考虑之。匆祝健康。

弟 孚
四、十四

九、卢作孚致晏阳初（1950 年 4 月 19 日）

　　阳初兄：密笺悉。兄先后所提意见，在目前国际局势之下能否洽得结果，不可知。弟在港亦无从接洽。亚洲问题诚不可听任战祸蔓延，诚当全力阻止战争发展，但基本拯救之道，仍在建设与改造，尤在农村建设与社会改造。中国如可在军事上告一段落，必能开始致全力于建设，必感觉需要国际之协助，届时必较易洽谈。目前或尚有困难，可否先试致力于国外若干建设性质及技术上之人才，促其回国，不愿尚可短期用于国外，请兄再与陶先生商之。如弟有机会建议于新政府，仍当建议也。

　　匆祝

　　健康

弟作孚，四、十九

---

　　① 国懿系卢作孚之长女。

十、晏阳初致卢作孚（1950 年 5 月 11 日）

密阅后附火（原信为 U 框定）

作孚吾兄：

（一）我兄重视经济及农村建设方式来补助东亚民族，弟十二分同意。弟在纽约、华府、支加哥等地之有力朋友亦同意此种看法。下月初陶兄在华府要为我举行一个（非正式的）重要谈话会（不公布的）在他家里，大概各界有力分子通在被邀之列。弟要给他们讲，"建设强于枪炮，服务高于宣传"。但我能把握的问题是：假使我能说服他们朝野接受如农建的办法，我要知道（美国朋友也要问）中共可否可以合作，可以接受？吾兄是否可以用点功夫，给弟一个切实的答复，愈速愈佳，愈确愈佳，至要。

（二）但如您认为中共无接受之可能，那弟又何苦呢？此事关于中国前途，世界前途，切望吾兄特别注意及之。

弟初，五、十一

十一、晏阳初致卢作孚（1950 年 5 月 11 日）

作孚吾兄：昨日从 M 归来。

此次代表兄赴坎拿大，一切顺利，曾拜看财政部诸公及外交部朋友，他们对于民生（尤其对兄）非常尊重爱护，真难得也。Clark 说，"希望此种彼此的好感和信用能继续不断下去，并望卢先生能解决他的各种困难。"我说：If any one can do it, Mr. Lu can do it. Mackay 为人相当诚恳，对于民生极为爱护，人亦能干。Thomas Wang 在公司同人中亦算一把好手，不可多得。

弟初，五、十一

十二、卢作孚致晏阳初（1950 年 5 月 15 日）

阳初吾兄：

（一）数日前奉一函，内有致菊农函，为谨慎起见，托友带到内地付邮转去，因此或须迟数日乃能到达。最好兄写信时即加注意，非必要事不提，究系两个世界，容易引起误会，为学院增加困难也。

（二）此间经手平教会款，经查明账目，函复菊农，抄上一份，请兄查阅。前此弟凭记忆函兄，不如此详明也。结束款第三期已洽取，明日或又明日即可汇出。

（三）菊农有一函附上。

（四）国仪签证终感困难，已将一切证撤回，中止美国之行矣。

匆祝

健康

弟作孚 五、十五

十三、晏阳初致卢作孚（1950 年 8 月 17 日）

作孚吾兄：

一、弟至好 Donglas（Justice of the U.S.Super Court）到近东远东（India，Pakistan & Persia 等国）诸国家考察，约于九月廿日可抵香港（仅住一日），如可能，亟盼兄能在港和他长谈。他的政治关系之重要，兄是深知的，如兄能为此特别返港一趟，是千值万值的。这对于中美以及美国和东亚今后的关系和影响是极大的。我已将兄在港之电报挂号给他，他在离开印度的前一日必给您电报。中美关系长此恶化下去，非我国之福，非美国之福，非世界之福。对于中美关系的改善以及农、工、建设的合作，弟和各方友好无日不在积极努力中。天下无难事，天下无易事，只在吾辈如何努力耳！

二、国懿后天在纽约中国使馆结婚，弟已嘱平会驻美办事处帮同办理一切，弟今晚赶赴纽约（因群英养病，弟夫妇近日住在乡间，距纽约约十二个多钟头的铁路），代兄主持并照拂一切。婚礼举行后再当向兄报告。祈释念。

三、最近台北农复会赋值来电促弟赴台商谈农建计划，彼等既不能在大陆实施农建，而只限于台北一隅，弟认为没有去台的价值。同时弟颇思同兄一晤，因此前日电成质兄问兄何时返港，彼复恐在九月中旬左右，兄月内九月初既不在港，更无弟赴台的必要。吾兄久未通信，切望您抽暇见示一二。

匆祝健康。弟初，八月十七日

十四、晏阳初致卢作孚（1951 年 1 月 10 日）

作孚吾兄：

不通音讯将近半年矣！国懿结婚，弟代表吾兄在简朴而隆重的空气下主婚，一切皆顺利地快乐地完成。尔俊笃实，是一个好青年，祈释念。

国内一切尚希不吝赐教，至感。即祝

健康

弟 初手上

1951.1.10

卢作孚与胡先骕

卢晓蓉　　胡晓江

　　卢作孚，四川合川人，生于1893年4月14日，逝于1952年2月8日。卢作孚自幼家贫，小学毕业即辍学，靠自学成才，是卓越的实业家、教育家、现代化乡村建设先驱和社会改革家，终身致力于"将整个中国现代化"①。

　　胡先骕，江西新建人，生于1894年5月24日，逝于1968年7月16日。胡先骕自幼聪慧，人称神童。美国哈佛大学博士，是具有世界影响的植物学家、中国植物学奠基人，同时也是一位著名文学评论家、教育家和古体诗人。

　　两位先贤出生于一西一东，事业根基一南一北，除了都与科学和教育有缘外，既不同界又不同业，学历更是大相径庭，却在时代浪潮打破千年帝制，叩开民主科学大门的刹那，联手谱写了国家现代化史上一段科学与实业相助相携的友情佳话。

一

　　卢作孚的家乡四川是植物学家梦想中的植物天堂。早从18世纪开始，就有外国传教士进入四川寻找奇花异草，百多年间涌现出多位著

---

①　卢作孚（1934）：《从四个运动做到中国统一》，载凌耀伦、熊甫编《卢作孚文集（增订本）》第229页，北京大学出版社2023年4月，下同。

名的植物猎人。最为国人所知的是亨利（Augustine Henry）和"中国威尔逊"（Ernest Henry Wilson，1876—1930）。威尔逊的成名作《一个博物学家在华西》于1913年出版，不久胡先骕就将书中有关中国西部植物群落的章节译成了中文。[①]从1918年进入南京高等师范学校（**后来的国立东南大学**）任教之初，胡先骕就计划去四川采集植物。虽然初试啼声的地点最终改在了西方植物学家较少涉足的浙江、江西和福建（1920—1921），但去中国西部一直是胡先骕的梦想。1923—1925年胡先骕在哈佛大学攻读博士学位期间，结识了威尔逊，遍览威尔逊从四川等地采集的植物标本。在威尔逊送给胡先骕的幻灯片上，中国西部森林的"山势之雄矗，树木之高大，令人神往"。[②]回国后，胡先骕再次从哈佛大学筹措到了资金，准备带队于1927年入川。此时的四川匪患严重，威胁着胡先骕的采集计划。也正是在1927年，民生公司总经理卢作孚被地方政府任命为"江（北）巴（县）璧（山）合（川）四县特组峡防团练局"（**简称峡防局**）的局长，职责正是剿匪和维持治安。两人的生命轨迹得以交汇。

卢作孚不是一个寻常的峡防局长。他有着社会学家的直觉，认为匪患不是一个单独的现象，而是峡区社会经济问题和人的精神面貌的综合反映。卢作孚利用峡防局的平台，主持了以重庆北碚为中心的嘉陵江三峡地区现代乡村建设试验。他要将这个土匪出没、民不聊生之地，变成现代化乡村建设的样板。卢作孚上任后颁布的第一个文告不是关于如何剿匪，而是《建修嘉陵江温泉峡温泉公园募捐启》。他要把北碚"经营成一个灿烂美妙的乐土，影响到四周的地方，逐渐都经营起来，都成为灿烂美妙的乐土"[③]。

在卢作孚心目中，建成"灿烂美妙的乐土"的必由之路就是现代

---

① 胡先骕将威尔逊著作的第二卷第一章译为中文，以《中国西部植物志》为题，发表于《科学》第3卷第10期，第1079–1092页，1917年。收入《胡先骕全集》第13卷，江西人民出版社2023年。

② 《南京农业教育界之同乐会》，载《时事新报》1925年12月28日，第13–14版。

③ 《两年来的峡防局》，江巴璧合四县峡防团务局1929年刊，第2页。

科学。为了给峡防局培养人才，卢作孚一上任便组建了北碚学生队①。后来又仿效英国创办了少年义勇队②。少年义勇队定期两年毕业，在学习文化知识和技能操练之外的重要任务就是采集动植物和矿物标本，为开发当地资源打好基础。

在南京的胡先骕与在北碚的卢作孚一拍即合。1928年4月，胡先骕组织的中国科学社川康植物标本采集团终于成行了。他派了自己在东南大学的学生、中国科学社会员四川人方文培带队。方文培组织了3个植物标本采集团，卢作孚调派8名学生队员作为学习助理员。野外标本采集的条件十分艰苦，匪患更是威胁到采集团的安全，需要军队护卫才能行动，以至于方文培的采集记录里留下了大量"土匪"字样。卢作孚与胡先骕的初次合作，实现了中国科学家第一次有组织、有计划在西部地区进行的科学考察③，在西部地区科学发展史上留下了重要一笔。

1928年10月，胡先骕和动物学家秉志等酝酿了一年的生物调查机构在北平成立，并以民国教育家范源廉（字静生，1875—1927）的名字命名为"静生生物调查所"。几乎同时，卢作孚公布了在北碚建立"嘉陵江科学馆"的设想④，并开始了一系列准备工作。很快，"科学馆"的设想又升级成"中国西部科学院"的宏伟计划，其宗旨是"从事于科学之探讨，以开发宝藏，富裕民生"。⑤

1930年3月至8月，卢作孚率北碚峡防局和民生公司人员赴南京、上海、北平和东北等地考察了多个科学研究机构，会晤了科学界诸多新朋故旧，为创办西部科学院学习经验。卢作孚在7月18日的日记中记录道："午后参观静生生物研究所（调查所），搜集的动植物标本很富；于木材，于果树，于虾，于蟹，更有专人研究。"除了访问，卢

---

① 《陈鸿恩呈局长文》（1927年6月8日），重庆档案馆藏。
② 《两年来的峡防局》，江巴璧合四县峡防团务局1929年9月印发，第20页。
③ 黄伯易：《旧中国西部惨淡艰危的科学活动》，《文史资料选辑》第101辑（合订本第35卷），中国文史出版社2000年版，第109—110页。
④ 《嘉陵江上科学馆》，《嘉陵江》报，1928年11月11日。
⑤ 《科学院计划大纲》，《嘉陵江》报，1930年4月2日。

作孚一行人还采集和交换了西部地区见不到的动物的标本，如螃蟹、螺蛳、蚌壳等，还从山东崂山的捕鸟人手中买到了四只山鸡。卢作孚感叹道"（这些山鸡）由此竟有了万里游历之后远入四川的机会。倒是许多人们应该羡慕的"①。后来这些标本被陈列于中国西部科学院附属博物馆里。

几年之间，卢作孚的北碚学生队—少年义勇队前后六次参与了中国科学社、静生生物调查所、中央研究院等科学机构的大规模标本采集工作。少年义勇队员与科学家们一起进入雷（波）、马（边）、屏（山）、峨（边）和大小凉山等地区，采集了大量动植物标本，为西部科学院生物研究所打下了材料基础。现在公众还可以在重庆自然博物馆看到部分当时的标本。

二

中国西部虽然拥有无比丰富的自然资源，却存在一个严重的短板——人才匮乏。虽然西部科学院在1930年9月宣布成立②，但因缺少专业人才而无法开展真正的研究。西部科学院建立之初"无人、无钱、无事，凡百皆凭空手创造"③。与此形成鲜明对比的是，8年前的1922年，我国化学工业先驱范旭东（1883—1945，范源廉之弟）出资10余万银圆在天津创办了黄海化学工业研究社。这是中国企业家创办科学机构的先声。黄海工业社取得了辉煌的成就，重要原因是范旭东聘请到了美国哈佛大学化学博士孙学悟担任主理。但远在西部偏僻之地的卢作孚就无法凭"地利"带来"人和"。这时胡先骕和朋友们伸出了援助之手。

1931年静生生物调查所正式与中国西部科学院合作。1932年，年仅24岁的北京师范大学生物系毕业生俞德浚（1908—1986）被胡先骕派往西部科学院担任植物部主任，开展了大规模植物资源考察。在西

---

① 卢作孚（1930）：《东北游记》，载《卢作孚文集（增订本）》第98页。

② 《中国西部科学院之缘起经过及未来计划》，重庆档案馆藏。

③ 江巴璧合四县特组峡防团务局：《峡区事业纪要》，重庆新民印书馆，1935年。

部科学院的三年成了俞德浚一生辉煌的植物学事业的起点。

有了专业人员，工作就更有章法。峡防局1932年的北碚植树记录上写着："峡局以该地（*体育场之左侧山坡*）地势高敞，风景绝佳，于此培植森林，不但可以点缀风景，尤可布置公园，特于是处相度地势，审查土质，开辟道路，筑坛作室，以为园庭之准备。选造风景林，植有落叶松一千五百株及三角枫一千株。次于沿路及隙地，植法国梧桐，白杨，青杨，洋槐，合欢铁树，西湖柳，棕竹，龙爪柳，冬青杨柳，四季柑，桃，李，梅，杏，石榴，桂花，夹竹桃，紫薇，紫荆，海棠，玉兰，木笔，芙蓉等各就所宜，栽植各树，共计二万四千株。观叶观花观果，无不曲尽其妙。或红或紫或绿，举皆表显特别风趣，以成为今日之博物馆及平民公园之大观。"①

一个俞德浚当然不能满足西部植物大业的需求，胡先骕要继续为卢作孚找人，所以"年来为西部科学院组织植物采集队聘任植物部职员等事，已数数与其创办人卢作孚通函"。②从胡先骕1933年5月17日的信中可以看出，他之前曾向卢作孚推荐了一位"恽君"，未成之后，胡又联系了自己的另一名学生："……所谈恽君以妻病，不能来川，骕又询问前东大植物系毕业李君，不知彼肯担任此事否。李君本在金大林科肄业有年，后转东大，从骕习植物分类学，曾任江西庐山林场职，现任沈阳某中学校长，人极精干，学问卓有根底。彼有不愿留沈之意，如彼肯入川，必能为西部科学院一重要人物也。"③卢作孚高兴地将此信登在了5月24日的《嘉陵江日报》上。

川渝地区的经济远远落后于东部，中国西部科学院又是初创，生活及工作条件都极为艰苦。胡先骕既要为卢作孚寻找人才，又要为年轻学者的小家庭商议一个合适的待遇。1933年6月7日，胡先骕再次写信给卢作孚为李君商谈工资事宜："前得航空函，知荐李君办植物

---

① 刘重来：《卢作孚与民国乡村建设研究》第305页，人民出版社2007年11月第1版。

② 胡先骕：《蜀游杂感》，《独立评论》第70号，1933年10月1日，第14页。收入《胡先骕全集》第14卷。

③ 胡先骕致卢作孚信，1933年5月17日，《嘉陵江日报》1933年5月24日。收入《胡先骕全集》第17卷。

园事已蒙允可。兹接李君来函，亦允西上，惟彼须在七月一日以后方能离辽……彼之薪金暂与季川［俞德浚］相同，每月百元，惟彼有家室，与季川之单人者不同，万不可有拖欠，庶能安心作事也。"①

胡先骕在中间来回沟通，反复叮嘱，可谓其情殷殷。但这位年轻人最终还是退缩了。他没有去艰苦的四川，而是选择了条件更好的青岛大学。胡先骕就此事回复卢作孚的信没有保留下来，但在给另一位朋友的信中，胡先骕说道："李××前本允赴西部科学院任主持植物园事，四川已寄旅费，今乃就青大职，一面失却一难得之事业，一面致骕对卢作孚先生失约。过于计算，反至弄巧成拙，殊为不智也。"②在西部科学院招募人才的过程中，类似这样的挫折想必屡屡出现，毕竟并非所有人都具备卢作孚和胡先骕那种将偏僻的西部视作"难得之事业"的大眼光。

在胡先骕的视野中，中国西部科学院的定位早已超出了四川，甚至超出了整个中国。在胡先骕的联络下，美国《自然》杂志于1932年12月24日报道了中国西部科学院成立的消息，其中特别强调西部科学院的标本馆与植物园将参与国际植物标本和种子的交换与售卖。③这才是胡先骕的目标——中国的学者和中国的科学机构要成为国际科学舞台上的重要成员。

三

在几年的书信往来和事业合作之后，胡先骕与卢作孚于1933年8月9日在汉口的民生实业公司办公室里见面了。胡先骕到汉口是为了从此处乘船去重庆参加卢作孚作为"地主"的中国科学社第18次年会。诞生于美国的中国科学社自1919年回到中国举办第4次年会以来，一年一度的年会几乎全部在上海、南京、北京、广州等东部城市举行。虽然科学社的组织者早在1926年就试图将次年的年会带入中西

---

① 黄立人主编：《卢作孚书信集》第276页，四川人民出版社2003年11月。
② 胡先骕致刘咸信，1933年8月7日。《胡先骕全集》第17卷，第316页。
③ 《自然》第130卷第3295期，第957页，1932年12月24日。

部城市（成都或长沙），但1927年的年会还是无奈地回到了上海。唯一的例外是一年前的1932年，中国科学社在古都西安举办了第17次年会，但到会会员仅21人，宣读论文仅6篇，可谓最冷清的一次年会。①卢作孚要请科学社到更加偏远更加落后的四川重庆举办年会，面临的挑战肯定远远大于西安。

没人知道年会会长卢作孚花费了多少精力来筹备会议和协调各方资源。只知道在1933年8月4日，第一批科学社成员几十人从上海登上民生公司的"民贵"专轮，一天后船到南京接上南京和天津的社友，再行三天到汉口接上武汉和北平的30位社友，最终72位科学社社员同船共渡。随行的还有新闻记者和影片公司的摄影师。"民贵"轮继续沿长江逆流而上三日，"鼓勇入峡……重岩叠嶂，波涛汹涌……船行江上，疑无去路……"，船到重庆已是8月15日。"民贵"轮在军乐与爆竹声中到港，岸上观众数千人，到处洋溢着节日的气氛，重庆商政军学等各界代表数十人登船迎接。②重庆全市各大报纸用"印红报"的方式表示欢迎。③不仅所有参会者享受了民生公司的半价船票，而且卢作孚成功游说四川实际军事统治者——"四川善后督办"刘湘来承担参会者到重庆后的"一切饮食住所及舟车诸费"。④

年会开幕典礼于8月17日上午在重庆公立师范学校举行，下午在青年会、总商会、川东师范学校三处同时开分会，每处的听讲者都有五六百人。在重庆市总商会的学术演讲会上，胡先骕作了《四川农村经济复兴问题之讨论》的演讲。演讲最后胡先骕感慨地说："四川人太能干，太聪明了。贵省卢作孚先生，他作事负责任，有勇敢，多经验，我真佩服。他倡办西部科学院，我在静生生物调查所，相隔很远，但我特别尽力帮助他，希望列位也取法他的精神和毅力，四川才

---

① 张剑：中国科学社年会分析（1916—1936），《复旦大学学报（社会科学版）》1998年第6期，第128-135页。

② 《中国科学社第十八次年会纪事》，《科学》第18卷第1期，1934年1月，第127-128页。

③ 《中国科学社年会详志》，《申报》1933年8月27日，第18版。

④ 《中国科学社年会本届在四川北碚举行，一切用费由刘湘担任》，《大公报（天津）》1933年5月6日，第6版。

有办法。"①胡先骕说出了所有参会者的心声。

8月18日晨，卢作孚陪同科学社社员乘"民福"轮前往120里之外的年会主会场——北碚温泉公园。这里就是五年前（1927年）卢作孚上任峡防局局长之初"不务正业"建设的那个公园。此时的"北温泉"公园绿树成荫，繁花似锦，百鸟啾啾，泉水潺潺。平时名人雅士吟诗作画、流连忘返，如今成为中国科学社年会的理想会址。

不仅北温泉美若仙境，整个北碚都是一个大花园。8月19日上午，全体参会社员分20组分乘120架肩舆②游览缙云山。1932年前后，卢作孚曾带着缙云山寺院管理者隆恕等人上山考察，除了寺院，还考察了珍稀林木和黛湖等风景胜地。"（缙云）寺位温泉公园后山，森林参天，古木极多，……此地甚高，夏可纳凉，冬可赏雪。为游览极佳之地。"③自此卢作孚将缙云山与温泉公园连为一体。在游山过程中，胡先骕向西部科学院农场负责人刘雨若给出了在缙云山绍隆寺附近建立1000亩植物园的具体建议。④这个提议正中卢作孚的下怀，植物园很快建立起来，不过不是胡先骕提议的1000亩，而是整座缙云山！半个世纪之后的1982年，由卢作孚开创的缙云山风景区被列入全国第一批44个重点名胜风景区，并在2001年成为国家级自然保护区。

8月19日下午2时中国科学社在缙云寺大讲堂召开第二次社务会。卢作孚、任鸿隽、胡先骕等九人当选中国科学社社刊编辑。中国科学社向西部科学院赠送了科学社所属上海科学仪器馆制造的物理、化学等先进国产仪器40余种作为永久的纪念物⑤，胡先骕还带头捐了款⑥。

---

① 胡先骕：《四川农村复兴问题之探讨》，《科学》第18卷第4期，第461-467页，1934年。收入《胡先骕全集》第14卷。

② 肩舆，又名滑竿，四川的一种人力交通工具，两根竹杠中间绑着座椅，前后各一力夫用双肩抬起行走。

③ 黄子裳、刘选青：《嘉陵江三峡乡村十年来之经济建设》，《北碚月刊》第1卷第5期，1937年1月1日，第8页。

④ 《胡先骕谈高山植物园的计划》，《嘉陵江日报》1933年8月27日。

⑤ 《中国科学社第十八次年会纪事》，《科学》第18卷第1期，1934年1月，第129-130页；葛绥成：《四川之行》，《新中华》第1卷第22期，1933年11月25日，第73页。

⑥ 《本社第十八次年会纪略》，《社友》（中国科学社发行）第36期，1933年12月4日，第9页。

8月20日宣读学术论文。此次年会共计118位会员参会，宣读论文42篇。

　　学术会议结束之后，科学社成员又应刘湘的邀请进行了历时半个月的蜀地考察。科学社成员乘坐五辆大汽车沿着刚刚贯通的近千里的成渝公路奔赴成都。24日胡先骕、秉志等几位理事代表中国科学社拜访了刘湘和军阀军长杨森，双方"畅谈四川建设计划"。①25日访问四川大学时，这些外省客人还遭遇了一个极具蜀地特色的"欢迎仪式"——"正当宾主举杯酬酢之际，忽桌面摇动、梁瓦有声，盖地震也！同人俱起，急趋屋外……"②科学家们行程满满，在成都、新都、广汉、嘉定等各地参观交流演讲考察，直到9月8日全员搭乘"民宪"轮告别重庆返航上海。

　　中间还发生了一个小插曲。8月24日，《大公报》（天津）特派记者在成都用航空邮件寄出了关于年会的新闻稿，没想到稿子被成都的"戒严部"拦截检查，以至于延误十多天，9月5日才姗姗到达天津报馆。《大公报》收到稿子后也毫不客气，直接把延误原因照登了出来。③蜀地军阀割据造成的政治局势之错综复杂，可见一斑，由此也可推想卢作孚在其中运作的难度。

　　这场盛极一时的年会，在中国科学社的历史上留下了耀眼的一页。虽然之后也有人数更多和论文更多的年会，但重庆年会计划之复杂、活动之丰富、地域之广阔、时间之长、组织之高效都是无与伦比的。这是全国性的学术组织首次入川。正如卢作孚所期望的，中国科学社与四川的互动互惠对四川的现代化建设具有重大意义④。新闻报道称"川中人士，莫不热烈盼望用科学家之力量转移政治心理，俾趋于

---

　　①　《本社第十八次年会纪略》，《社友》（中国科学社发行）第36期，1933年12月4日，第1页。

　　②　《中国科学社第十八次年会纪事》，《科学》第18卷第1期，1934年1月，第133页。

　　③　《中国科学社组植物学会——由渝赴蓉途中之素描》，《大公报》（天津），1933年9月6日，第4版。

　　④　卢作孚（1934）：《中国科学社来四川开年会以后》，载《卢作孚文集（增订本）》第212页。

和平建设一途"。[①]年会通过的六项提案中有两项直接针对四川的现代化:《建议四川省政府组织四川富源调查利用委员会》(**胡先骕提案、十三人联署**)、《为提出成渝铁路计划书拟请由科学社建议四川省政采择修筑理由书》(**盛绍章提案、胡先骕等联署**)。科学社年会之后,其他学术组织相继入川:中国工程师学会的四川考察团于1934年4月入川,中国经济学会也计划将1935年的年会放在四川召开(**后于1938年实现**)。

将中国科学社年会成功带入四川是卢作孚的大手笔。从整个组织过程中,人们已可窥见五年后(1938年10—12月)卢作孚指挥那场惊心动魄的"宜昌大撤退"时的气魄和才干。年会结束后,胡先骕撰写长文《蜀游杂感》,连载于1933年10月1日和8日的《独立评论》上。其中1700多字的《四川杰出人物卢作孚及其所经营之事业》一节对卢作孚的理想抱负及业绩做了全面介绍。他感叹道:"(川)省执政者有若卢君者五人而四川治,中央执政者有若卢君者十人而中国治。"[②]

四

卢作孚组织的1933年重庆年会也助力了胡先骕的事业走向新的高峰。在重庆年会上,胡先骕发起了酝酿已久的中国植物学会,并于8月20日在西部科学院召开了成立大会。这标志着中国植物学终于有了自己专业领域的学术组织。(**以1933年重庆年会为起点,中国植物学会在2023年庆祝了90周年庆典。**)胡先骕同时宣布《中国植物学杂志》的创刊,更是提议次年的中国植物学会的首次年会要与中国科学社第十九次年会联合举办。胡先骕宏通的视野与合作的精神在此事上充分体现出来。在1934年6月的科学社理事会上,胡先骕再次阐明了自己的观点:"近数年来,各种专门学会渐次存立,彼此初无联络,本社(**中国科学社**)为国内最大之学社,保罗各科,实有联络各专门学会之

---

① 《中国科学社年会记》,《民报》1933年8月27日,第6版。

② 胡先骕:《蜀游杂感》,《独立评论》第70号,1933年10月1日。收入《胡先骕全集》第14卷。

地位。社员葛利普博士曾迭次提议仿照英美科学促进会之办法，于每年年会时轮流邀请其他一二专门学会同时开会，已资共同讨论特殊问题。本年中国植物学会，拟首先与本社年会联合开会，又中国动物学会、亦拟在本社年会中开成立大会……"①

在重庆年会上，照例要商议下一次年会的地点。正如卢作孚将1933年的年会拉到了重庆，胡先骕提出动议要把次年（1934年）的科学社年会与植物学年会一起放到江西庐山。但1934年是中国科学社成立20周年，很多人认为大庆之年的年会应该在科学社"大本营"南京和上海开。②胡先骕在会上说服了大家同意把庐山列为会址选项之一，为自己创造了继续为庐山选项增加分量的机会。

胡先骕对"庐山年会"势在必得，是因为此时他已有了一个宏伟的计划——在庐山建一个现代植物园。1933年1月胡先骕撰写的《复兴江西建议书》得到江西政府主席熊式辉的认可，③4月胡先骕回江西又当面推动熊式辉建立江西省农业院，而现代植物园自然是农业复兴的题中之意。④此时的胡先骕已试图创建植物园达7年之久。他从1926年就曾筹划在南京明孝陵附近建植物园，但因北伐军兴而不得不放弃；继而在1928年筹划在北京西山建植物园，但被他人认为计划过于庞大而没有得到支持。这次胡先骕把目光投向了他曾经担任过森林局副局长的庐山。今日的人们会想当然地认为庐山是因为植物多才被选来建植物园，实际上当时的庐山已经因长期过度砍伐而"童赤景象，触目皆然"。⑤胡先骕了解庐山的气候和土壤适合未来的植物繁育，更重要的是他看到庐山的历史文化积淀和政治地位将有利于一座大型现代植物园的生存和发展。

从重庆年会到庐山年会之间的时间里，胡先骕为落实植物园而四

① 《中国科学社本届年会决组论文演讲两委会，推胡先骕竺可桢为委员长》，《申报》1934年6月19日，第14版。

② 《中国科学社年会续志》，《申报》1933年8月31日，第16版。

③ 《复兴江西——胡先骕条陈熊式辉》，《中央日报》1933年1月20日，第2版。

④ 《庐山森林植物园静生生物所江西农学院合组》，《大公报》（天津）1934年6月30日，第9版。

⑤ 胡先骕：《庐山植物》，《庐山志》卷八，第2页，1933年。收入《胡先骕全集》第1卷。

面出击、八方联络。胡先骕用卢作孚在缙云山建植物园的例子公开喊话各方："（本人）有意在北平创一植物园，数载于兹，尚无眉目，而远于数千里外在作者指导之下之植物园在最短期内，即可实现，可见在适当领袖人物领导之下，百事皆易于成就也。"[1]最终，胡先骕以他的愿景、坚持和合作精神实现了江西省农业院与静生生物调查所的合作。各利益相关方出钱、出地、出人，"庐山森林植物园"的关键要素终得以在1934年3月落实。[2]4月初，中国科学社理事会将年会地址定在了庐山。[3]对胡先骕在这个过程中付出的心血，卢作孚一定心有戚戚。

1934年8月，庐山森林植物园成立典礼、中国植物学会首次年会和中国科学社第十九次年会三件大事同时在庐山举行。卢作孚来到庐山见证了胡先骕科学事业的高光时刻。

8月20日下午，胡先骕主持了庐山森林植物园的成立典礼。学界政界代表百余人参加，除了众多生物学、农学和林学领域的科学家之外，嘉宾中还有实业家范旭东、中基会干事长任鸿隽、清华大学校长梅贻琦、国立编译馆馆长辛树帜、合作方江西农业院的院长董时进和几位政府要员的代表，阵容"可谓极一时之盛"，卢作孚以西部科学院院长的身份发表了讲话。来宾无一不对庐山森林植物园表达了热切的期望。[4]

庐山森林植物园不负众望。植物园位于一个名为"三逸乡"的狭长山谷，"众山环拱，下瞰鄱湖，中贯以清溪一道，中年不涸；土质肥美异常"，占地近一万亩。因为选择好、面积大、科研起点高、国际网络广，植物园建成的第二年就与国内外植物机构进行了种子交

---

① 胡先骕：《蜀游杂感》，《独立评论》第70号，1933年10月1日，第15页。收入《胡先骕全集》第14卷。

② 详情可参考胡宗刚：《庐山植物园最初三十年》第1—22页第一章："胡先骕与庐山森林植物园之创办"，上海交通大学出版社，2009年。

③ 《中国科学社理事会议》，《时事新报（上海）》，1934年4月10日，第7版。

④ 《庐山森林植物园成立典礼纪盛》，《中国植物学杂志》第1卷第3期，第345页，1934年。

换，涉及国外18个国家。[①]以先有植物园而后有植物的模式，庐山从此得以迅速恢复植被并开展大规模的植物引种驯化。从建立到抗战爆发之前的短短几年内，庐山植物园取得了令人惊艳的科学成就，跻身于世界著名植物园之列。

庐山森林植物园成立典礼的次日，卢作孚继续参加中国科学社第19次年会。此次年会"到社员二百余人，论文竟达一百二十余篇，为年会之创举。"[②]被胡先骕派往北碚的俞德浚，此时作为中国西部科学院的代表参加了中国科学社年会。中国植物学会、中国动物学会、中国地理学会与中国科学社召开联合年会，为以后的"联合年会"模式开创了成功的先例。中国植物学会首次年会共提交学术论文33篇，占联合年会全部论文数量的四分之一强。中国植物学会宣布以后将以学会的名义派人参加世界植物大会。胡先骕则众望所归地被选为中国植物学会会长，并在会上正式号召全中国的植物学家合作编纂《中国植物志》。[③]

科学社等四团体的庐山联合年会是江西科学史上的一次盛会。不仅两百多位中国科学家济济一堂，还有多位政府要员参与交流，闭幕后举行的公开演讲更是吸引了普通公众逾万人。科学组织和科学活动为江西社会注入了巨大的现代化活力。

五

胡先骕与卢作孚一样，认为科学是全社会的责任。他在1934年8月的文章《论社会宜积极扶助科学研究事业》中写道："在今日而言兴办实业，亦非提倡科学研究不为功，而科学研究决不能仅恃政府，而必须社会以积极扶助。美国煤油大王洛克菲勒捐助千万元在中国创

---

①　《庐山森林植物园第三次年报》（1936年），见胡宗刚著《庐山植物园最初三十年》，第50页。

②　《中国科学社年会毕》，《申报》1934年9月5日，第17版。

③　胡先骕在中国植物学会第一次年会上的提案，《中国植物学杂志》第1卷第3期，第352页，1934年9月。收入《胡先骕全集》第14卷。

办协和医学校，其嘉利中国者极巨。吾谓社会领袖，急公好义初不后人，宁为继洛氏之后，积极扶助科学研究之人乎？吾且为国家与民众馨香祷祝之。"[1]卢作孚对胡先骕的呼吁深以为然，立即请《嘉陵江日报》转载胡的文章，"惟愿国人川人，都一注意读之。"[2]

在庐山年会期间，卢作孚还与陈立夫进行了从"礼义廉耻"到"国家现代化"的晤谈。之前陈立夫已经在很多场合宣讲过"礼义廉耻"，目的是弘扬中国儒家道德观。而卢作孚将"礼义廉耻"从个人准则外推到了国家建设，并认为只有通过科学技术才能实现现代国家：

陈立夫先对"礼义廉耻"的解释，打了一个比喻："有了两杯茶，多的一杯让给你吃，我吃少的一杯，此之谓礼；只有一杯茶，不够两人分配，但是你口渴了，我不吃，请你吃，此之谓义；有两杯茶，每人一杯，你吃你的，我吃我的，此之谓廉；我假设多吃了你那一杯，便算是耻。"

卢作孚笑答："陈先生这个解释很实际而又具体，在原则上我是极端赞同的。要是本这个意义，更进一步，把只注意对人的方面改变到对事的方面，把只运用在过去应酬上的礼义廉耻，也运用到现代的国家建设上来，岂不是更有意义而更好吗！……好比一桩经济事业赚得的钱，大多数拨归公有，继续作生产的用途，个人则只享受最低限度的生活费，此之谓礼；一桩公众的经营，今天没有钱办了，我们毁家纾难，枵腹从公，此之谓义；凡是公众的财富，我们绝不苟且一点，此之谓廉；同时做一桩公众的事情，假设我所做出来的成绩，不若别人的好，此之谓耻。但是只发扬中国的固有文化，我认为还不够，那只算是做到了一方面，可以说是消极的方面。我们还须得尽量运用现代世界上的科学技术，才能够完成一个现代国家的物质建设和社会组织。"[3]

---

[1]　胡先骕：《论社会宜积极扶助科学研究事业》，《科学画报》第 2 卷第 2 期，第 1-2 页，1934 年 8 月。收入《胡先骕全集》第 14 卷。

[2]　《嘉陵江日报》1934 年 9 月 11 日，第 3 版。

[3]　张守广：《卢作孚年谱长编》上册第 454 页，中国社会科学出版社 2014 年 3 月第 1 版。

对卢作孚字里行间流露出的深广的公义情怀，胡先骕并不陌生。当1933年胡先骕在汉口第一次见到卢作孚的时候，卢作孚刚满40岁，可已"貌若五旬"，且"须鬓苍白，短小瘦弱"。以至于胡先骕担心"卢君食少事繁，各种事业均未稳固，是否能永不崩坠？"但同样"短小瘦弱"的胡先骕准确地看见了瘦弱躯体之内真正的卢作孚——"其目光冥然而远，其声音清而尖锐，一望而知其为理想家，而非现实主义者。盖其办事之热忱，舍己耘人之精神，有大类宗教改革者。"①

虽然卢作孚与胡先骕在常人眼里有着巨大的差异，但二人却有着极为相似的精神内核。胡先骕是一位"具有事业家精神的科学家"，卢作孚是一位"具有科学家精神的事业家"。二人都是以理想为动力的创业型领袖，"在一张白纸上去着丹青"②，于是握手即成知交。

（原文曾发表于2024年3月6日《中华读书报》）

---

① 胡先骕：《蜀游杂感》，《独立评论》第70号，1933年10月1日，第14页。收入《胡先骕全集》第14卷。

② 卢作孚（1936）：《中国应该怎么办》，《卢作孚文集（增订本）》第359页。

四川杰出人物卢作孚及其所经营之事业 ①

胡先骕

　　此次入川，科学社社员皆乘民生实业公司所派之民贵专轮。作者年来为西部科学院组织采集队，聘任植物部职员等事，已数数（次）与其创办人卢作孚通函；至与卢君晤面，则初次尚在汉口民生实业公司办公室中。卢君为一貌若五旬，须鬓苍白，短小瘦弱之人，其目光冥然而远，其声音清而尖锐，一望而知其有（为）理想家，而非现实主义者。盖其办事之热忱，舍己耘人之精神，有大类宗教改革者，故其事业进步之速，亦出人意表也。

　　卢君昔日并未受何等专门教育，然其才智过人，久为杨军长森所识拔，在其部下任职有年；终鉴于在政府任职，受政潮之牵率，每每劳而无功，遂毅然从事社会事业。卢君有两大事业，一为民生实业公司，一为峡防局。先是嘉陵江小三峡一带，以其地位于数县交界之处，为盗匪之逋逃薮。卢君出任峡防局长后，乃办团防，首将盗匪肃清。继乃经营北碚镇市政，禁赌博，禁鸦片，办中小学，立医院，设民众俱乐部、图书馆等。近数年国内外学术机关入川省采集动植物标本研究地质学者接踵而至，卢君皆派练习生从之采集。后乃创办西部科学院，筹设农事试验场。计西部科学院中已成立者，有动物、植物、地质、化学数部，虽凡百草创，然已渐有规模。其经费概出于捐

---

　　①　胡先骕：《蜀游杂感》，见《独立评论》第70号，1933年10月1日，第14—16页。

募，捐募不足则不惜出于借贷。今科学院之二万金巨厦，即借款建筑者。其植物与昆虫采集队，已深入西昌、会理、川边、青海各处，成绩灿然可观。似此身非科学家，处竭蹶之经费状态之下，而提倡科学不遗余力者，吾国殆只卢君一人焉。其自治成绩之卓越，固不仅其辖制之区域内，无盗匪烟赌之踪迹，其所办之学校与通俗教育尤有朝气。其所创办之温泉公园，竟使盗匪庋藏肉票之魔窟，一变而为重庆附近最美丽之避暑区域。近且议在温泉附近之缙云山上创设植物园。作者有意在北平创一植物园，数载于兹，尚无眉目，而远于数千里外在作者指导之下之植物园在最短期内，即可实现，可见在适当领袖人物领导之下，百事皆易于成就也。

至其经营民生实业公司之成绩，尤为可惊。先是川江自通航轮以来，行驶川江之轮船，多为招商、太古、怡和、日清诸公司。川人自组航业公司者固亦有人，然以经营不善，亏累日巨，几于全体崩溃。卢君首创民生公司，始于合川，初于民国十四年募集资本以两万元为度而实收不过八千元，用购行驶合川重庆间小轮"民生"，复在合川设立电灯厂。"民生"轮营业有利，乃于十六年增收资本至五万元。嗣后又增购小轮，设立机械工厂。后乃与各轮船公司合并，至二十一年遂有轮船二十一艘，行驶渝涪渝合渝叙渝宜渝申五线。以管理之合理化，故虽在四川紊乱之政局、崩溃之经济状况之下，其他轮船公司经营日有亏累，民生公司航业尚日有欣欣向荣之状。通常各轮船之管理皆委托于商人阶级之买办，故上自买办下至茶役皆营私舞弊，无所不至；民生公司各轮之经理，乃多以中小学校长教员之类人物任之，故弊绝风清，气象迥异。某轮在昔日由宜昌航行至重庆，每次须煤一百六十吨，自归民生公司经营后，则耗煤之量减至每次六十吨。昔日茶役每月收入以千百金计，狎妓豪赌，有如富绅，今则此风绝迹。又该公司自创办以来，从无一轮遇险，而他公司之船，则时以触礁闻。凡此种切，皆可证明卢君一人之人格，与其苦心之擘画，有以使黑暗沉沉之四川社会中，逐渐发展方兴之曙光也。

卢君之办社会事业，并不忘情于四川政局之改革。二十一军刘军长（湘）曾屡邀其任航务处长，固辞不已，乃任斯职，而以何君北衡为之副。追何已得刘之信任，则辞职而荐何为继。现在何实为彼政界中之替身，而亦刘部下最有新头脑之人。此次"安川"军事告一段落之后，卢君即游说诸军阀巨头劝之息内争，以共趋建设之途；以彼在社会上地位，其言论殊为军人所重视。此次科学社在重庆开年会，即彼所主张；彼且说刘湘电邀中国工程学会于明年暑假、中国经济学会于后年暑假入蜀开会，冀有以一洗四川各界陈腐昏瞀之空气，而稍收脚踏实地之建设功效。吾尝谓川省执政者有若卢君者五人而四川治，中央执政者有若卢君十人而中国治。惟可虑者，四川之恶势力，是否为有心人如卢君者所能克服；而卢君食少事繁，各种事业均未稳固，是否能永不崩坠。王陵基师长曾与卢君戏言：汝之事业，余以一排兵可破坏之无余。四川政局之可危，尽在此一语之中也。

卢作孚与李劼人

卢晓蓉

卢作孚，1893年生于四川合川，民国时代的著名实业家、教育家、乡村建设先驱、社会改革家。李劼人，1891年生于四川成都，中国现代文学史上的著名作家。他们虽同属四川人，但表面上看不出在职场上会有什么交集，然而实际上他们却有过三次事业上的合作，其中一次还联手书写了一段民族传奇。

一、成都办报

卢作孚出身贫寒，小学毕业即辍学，15岁独自一人去成都的合川会馆免食宿费走上自学之路。18岁在成都参加"保路同志会"和"同盟会"，投身保路运动和辛亥革命，"热烈参加，宣传策动，为朋辈所推重"①。

1913至1914年间，四川都督胡文澜到处逮捕、杀害革命党人，卢作孚被迫离开成都。1914年秋，21岁的他借了20元钱，乘蜀通轮，去领风气之先的上海住了将近一年，靠微薄的稿费维持生活。有时间就去书店、图书馆看书，到教育、工业、交通等部门参观学习，从而获得了大量的新知识、新思想，初步确立了富民强国的远大理想和实

---

① 周开庆编：《卢作孚传记》，台北·川康渝文物馆1987年4月，第5页。

现理想的路径。1915年秋回到合川，给上海和四川的报纸写稿，以帮助父兄维持家人生活。1916年3月到合川县福音堂小学任教，教小学算术课程。他的兄长卢魁铨在该校担任国文教师，并兼任《四川群报》驻合川的特约通讯员。这年3月，卢魁铨投稿《四川群报》，报道了年初发生在合川县的一起命案，内容涉及合川县县长贪污受贿包庇罪犯。县长因此大怒，反诬卢魁铨、卢作孚通匪，把卢氏兄弟投入合川县监狱。在被关押期间，卢作孚写了一篇告全县各界人士的信函托人带出，得到县内各界人士同情并联名作保，卢氏兄弟才得以先后获释。

1916年5月，卢作孚经朋友介绍到成都《四川群报》任记者兼编辑，而此时群报的总编辑正是李劼人。在此之前，卢作孚已经给该报投稿，所以李劼人对卢作孚早有了解。是年9月，卢作孚在群报上发表《各省教育厅之设立》一文，对于教育总长范静生拟把各省教育厅直辖中央提出质疑，强调"教育必须有独立之精神"。1918年4月《四川群报》被查封。卢作孚应合川县立中学校长之邀，在该校任监学并兼任数学和国文教师。

1918年8月，以传播新文化、新思想，反对军阀统治为宗旨的《川报》在成都创办，李劼人任社长兼总编辑。1919年5月卢作孚应李劼人之邀，再度赴成都，到《川报》任记者。

1919年6月15日，少年中国学会成都分会率先在《川报》社开会成立。7月1日在北京正式成立，其宗旨为"本科学的精神，为社会的活动，以创造少年中国"。其信条是"（1）奋斗；（2）实践；（3）坚忍；（4）简朴"。[1]该学会是"五四"时期人数最多、影响最大、分布最广、时间最长的全国性青年社团，几乎聚集了全国各地各界的精英分子。为国人所熟悉的有李大钊、毛泽东、恽代英、邓中夏、张闻天、舒新城、朱自清、田汉、许德珩、李劼人、卢作孚等120余人。

1919年8月，李劼人参加勤工俭学赴法国，便将《川报》社务交给卢作孚[2]。卢作孚继任《川报》社长兼总编辑后，在《川报》开辟

---

① 《少年中国》第1卷第1期，1919年7月15日初版，封底页。

② 四川省新闻出版事业局史志编纂委员会编：《四川新闻出版史料》（1），四川人民出版社1992年版，第253页。

《省议会旁听录》专栏。在四川省议会开会时，卢作孚用记者身份采访，再以卢思的笔名在专栏中刊发。卢作孚还根据一位从拉萨经商返回成都的商人秦君安的口述，撰写了《西藏往事的谈话》，在《川报》上发表，引起社会各界对西藏边政问题的关注[1]。由此卢作孚在四川舆论界逐渐崭露头角。

在李劼人和卢作孚的先后主持下，《川报》成为传播"五四"新文化运动的喉舌和阵地，同时也是"当时成都唯一一家不畏反动政府恫吓，敢替学生说话的报纸"。

二、重庆办厂

为了实现自己"将整个中国现代化"的理想并率先作出示范，卢作孚一生做了三大现代集团生活小即社会改革试验，第一个是1924年在成都创办通俗教育馆，"寓教育于游乐，内容丰富多彩，日新月异，使整个成都社会均为之轰动，为之迷恋"[2]。第二个是1925年创办民生实业股份有限公司，厉以宁先生曾指出："民生公司的企业文化建设给社会所留下的精神财富，我想，随着时间的推移，将会越来越被学术界所认识到。"[3]第三个则是1927年以重庆北碚为中心的现代乡村建设，被陶行知先生誉为："可谓将来如何建设新中国的缩影。"[4]

民生公司的主业是航运。为了公司大小轮船的修造和生产机器设备销售省内外，卢作孚于1928年在重庆长江与嘉陵江汇合之处创办了民生机器厂。1933年卢作孚邀请留法归国的老友李劼人出任民生机器厂厂长，一出大戏就此拉开了序幕。

① 卢尔勤、卢子英：《早年的卢作孚和民生公司》，《文史资料选辑》（全国）第74辑，文史资料出版社1981年版，第115页。

② 葛向荣：《我所知道卢作孚先生的艰辛历程》，参见《卢作孚追思录》，周永林、凌耀伦主编，重庆出版社，2001年10月第1版，第77页。

③ 厉以宁：《卢作孚文集·序》，载凌耀伦、熊甫编《卢作孚文集（增订本）》第5页，北京大学出版社2023年4月版。

④ 陶行知：《在北碚实验区署纪念周大会上的讲演》，《陶行知全集》（三），湖南教育出版社1985年版，第311页。

李劼人的家安在民生机器厂所在地青草坝的一座小院里。据李劼人的女儿李眉回忆："小院外边右侧，有一道弯弯的山路通向山顶。半路上有一座庙。左侧，有一户农家小茅屋，屋前一大丛竹子，十几只鸡在竹丛中觅食。茅屋中住着一对姓钟的夫妇。"这对邻居夫妇中的妇人，便是李劼人名著《死水微澜》中"风风火火，爱帮干忙"的钟幺嫂，小说人物与生活原型同名同姓，是李劼人创作的一大特点。钟幺嫂先与庙里一个和尚相好，不料想和尚后来和山上一户殷实人家的大小姐混在一起，就把她丢开了。

李劼人一家刚搬到青草坝，钟幺嫂就常去串门。日子一久，她又和李家的雷厨师"勾扯"上了，天天到厨房帮雷厨师做事。因此，李眉对钟幺嫂印象特深："钟幺嫂就是这样一个人。我每每看到《死水微澜》中描写钟幺嫂为顾天成奔走、入教、办顾三奶奶丧事时，几十年前那个与我家比邻而居的钟幺嫂的影子又活灵活现地浮出来了，似乎我还闻得到她背上的汗酸味呢！"[1]

20世纪初叶，长江上游一带的航运业务几乎被外国轮船公司所垄断，触目可见外国国旗，倒不容易看见本国国旗。外国轮船在江上横行霸道，欺压、冲撞中国民船的事件时有发生。1926年8月29日，英国太古公司"万流"轮在四川云阳江面故意疾驶，浪沉四川省长、军阀杨森部载运军饷的木船3艘，淹死官兵56人，饷银8.5万元和枪支50余支沉入江底，激起万县军民强烈愤慨和抗议。8月30日杨森接受朱德、陈毅建议，派兵扣留当天抵达万县的英国太古公司商轮"万县"和"万通"轮。[2]9月4日，英国领事向杨森发出通牒，限24小时内将"万县""万通"两轮放行，杨森未予理睬。9月5日，英军舰"嘉禾""威警"和"柯克捷夫"三轮进迫万县江岸，强行劫夺被扣的轮船，并开枪打死守船的杨部士兵。杨森部按事先的预备给予回击。英舰竟开炮轰击万县人口稠密的繁华市区近3小时，发射炮弹和燃烧弹300余发，中国军民死伤千余人，2000余家店铺和民居被毁，这便

---

① 李眉：《〈死水微澜〉中几个人物的原型》，载于《李劼人研究》第88页，四川大学出版社1996年版。

② 中共中央文献研究室编：《朱德年谱》（上册），中央文献出版社2006年版，第71页。

是史上著名的"万县惨案"。

老天有眼。1932年5月,"万县惨案"的罪魁祸首"万流"轮,因触礁而沉没于四川长寿县境内柴盘子江段,船上还载有300多吨煤炭等物资。为了打捞这艘造价60万两白银的川江头号大船,太古公司煞费苦心请来多家中外专业打捞公司都无果而终。卢作孚派出民生公司的工程技术人员对沉船作了仔细考察后,用5000银圆低价买下这艘沉船,并用至今仍被人们视为"悬念"的绝技,于1933年5月19日将"万流"轮打捞出水,当天便由"民康"轮拖运到李劼人主政的民生机器厂。该轮全长206英尺,燃煤蒸汽机动力,主机2776匹马力,载重1197吨。在厂里大修时将船身加长到219英尺,到上海修葺一新后,卢作孚特地将它更名为"民权"。"民权"轮成为长江之川江段名副其实的巨擘,兵不血刃地报了英军舰艇炮轰万县之仇,大涨了民族的志气和威风。李劼人因此而在《自传》中写道:"这件事震动了船业界,尤其震惊了外国人。他们做梦也没有想到他们办不到的事,民生公司办到了。太古公司十分震怒;日本人也专门派人到民生机器厂刺探情况。谁也搞不清中国人怎么会有这么大的本领。"抗战爆发后,在卢作孚亲自组织指挥的名扬中外的"宜昌大撤退"中,"民权"轮发挥了不可替代的作用。

1935年,李劼人离开民生机器厂,着手创作《死水微澜》。

三、四川省建设厅办刊

1935年末,国民政府任命卢作孚为四川省政府委员、建设厅厅长①。当时正专注于民生公司和北碚乡村建设的卢作孚,"面向刘(湘)主席辞谢,整整说了十六个钟头,不得要领,不得已勉强承担了。"②

卢作孚上任后,循着一贯的做法,即在经营事业的同时,创办文

---

① 周开庆:《民国川事纪要》(1911—1936),台北四川文献研究社1974年版,第604页;周开庆:《民国刘甫澄先生湘年谱》,台北商务印书馆1981年,第134页。

② 卢作孚(1943):《一桩惨淡经营的事业——民生实业公司》,载《卢作孚文集(增订本)》第449页。

化刊物，以培育事业中人的现代精神和工作技能，在建设厅他也创办了《建设周讯》，并邀请李劼人主办这份刊物。

有李劼人在 1937 年 6 月 26 日写给时任中华书局编辑所所长舒新城的信为证[①]：

……卢作孚忽来找我，为办建设厅之《建设周讯》，凡我之不情条件（例如不穿中山服、不做纪念周、不受委任状、不画到画退、不受干预等）皆一一答应。月送薪 200 元。而每日只耽误我二小时，且有星期。我以其不妨碍我之写作，遂允诺之。

……

于此便说到实际了：（一）我今日生活，月有二百元，已不成问题。（二）建设厅每日只耽搁我二小时，且不必用脑。每日自正午以后，便是我时间。只要安心写作，日可写三千余言。……

据李劼人的亲属告知："《死水微澜》真正写作不足一个月，但有十几年的构思和积累。"《死水微澜》于 1936 年 7 月出版，接着李劼人又在 1936 年 12 月出版《暴风雨前》，1937 年出版《大波》，史称"大河三部曲"。"三部曲"恰到好处地把历史事件、历史人物和历史环境三大要素，与极高艺术水准的小说创作有机地融合在一起，为我们展现了一幅大气磅礴、真实生动、多姿多彩的人文历史画卷，以至于有学者认为，研究四川保路运动，不可不读"大河三部曲"，而正是四川的保路运动点燃了辛亥革命的导火索，从中更可知其重要的文学和历史价值。

卢作孚则以毕生精力完成了永载史册的三大试验，即成都通俗教育馆、民生公司和以北碚为中心的现代乡村建设，如先贤、学者所预言，至今还发挥着余热。

（原文曾发表于 2021 年 12 月 22 日《中华读书报》）

---

① 载于《李劼人研究》第 213 页，四川大学出版社 1996 年版。

报业史上的一段传世佳话

——记卢作孚与陈铭德、邓季惺的情谊

卢晓蓉

最近，中国社会科学院出版社出版了张守广的《卢作孚年谱长编》（下称《年谱长编》），在140万字的浩瀚史料中，出现了陈铭德和邓季惺的名字，这在过去的年谱中是从未有过的，不失为一个重要补遗。

陈铭德、邓季惺夫妻双双献身于报业，被誉为"报业大王"和"报界鸳鸯"，早就在中国甚至海外报业界名闻遐迩。1929年9月，陈铭德在南京创办《新民报》（即今上海《新民晚报》的前身），确立"吃自己的饭，出自己的汗，说自己的话"；"传达正确消息，造成健全舆论，促进社会文化，救济知识贫乏"的办报方针，在民营报业中独树一帜。他的夫人邓季惺于1937年6月加入报社，从此陈铭德主外，邓季惺主内，夫妻联袂携手，很快成立了股份有限公司，从家庭作坊式经营转为现代企业管理，使该报在激烈的竞争中迅速发展。报社在抗战爆发后迁往重庆，到抗战后期，仅重庆、成都两地的日刊和晚刊的发行量就超过10万份，当之无愧地成为后方报业之"翘楚"。抗战胜利后，南京《新民报》复刊，上海版、北平版相继开办，在短短一年时间内就形成了新民报系五社八刊的版图，即重庆、成都、南京三地的日刊、晚刊及北平的日刊和上海的晚刊，成为当时全国最大

的民营报纸。

《年谱长编》1937年7月1日项下有这么一段文字："新民报股份有限公司在南京成立，国民党中央通讯社社长萧同兹为董事长，常务董事有彭革陈、梁寒操、王漱芳，董事方治、卢作孚、李泮香、张廷休、陈铭德、邓季惺、罗承烈、赵纯继，总经理为陈铭德，经理为邓季惺，总主笔为罗承烈，总编辑为赵纯继等。后来邓季惺回忆：'铭德邀卢参加董事会，主要是借重他当时在国内的声望。'"①卢作孚当时是民生实业股份有限公司总经理，抗战中出任交通部常务次长、全国粮食管理局首任局长。他没有辜负陈铭德夫妇的期望，先后引荐了"四川众多的民族资本家如古耕虞、胡子昂、何北衡等人都对《新民报》有大大小小的投资"②。抗战爆发后，在南京陷落前7天，《新民报》果断决定从南京迁往重庆，经卢作孚关照，其机器设备、人员物资搭乘民生公司最后一班船撤退，该轮船长是陈铭德同乡、四川长寿人雷治策。

《新民报》也竭尽所能为社会各界，包括实业界的朋友做宣传推广，例如1935年《新民报》就接连发表了卢作孚的两篇文章《广西之行》和《和谐运动的具体意见》。向来贴近平民、注重社会新闻和副刊的《新民报》，能发表卢作孚这两篇思想理论性较强的文章是不容易的。综上所述可以看出，卢作孚与陈铭德、邓季惺及《新民报》的关系非同一般。杨雪梅所著《陈铭德、邓季惺与〈新民报〉》一书，因"卢作孚与陈铭德、邓季惺夫妇的关系非常好"，而用了两页多的篇幅对卢作孚作了特别介绍。

从陈铭德《纪念卢作孚先生诞辰九十五周年》一文得知，他与卢作孚相识于1924年，当时陈铭德在成都《新川报》工作，卢作孚则在创办和主持成都通俗教育馆，实施他为"将整个中国现代化"而做的示范，即三大现代集团生活试验的第一个试验（**第二个试验是民生公司，第三个试验是北碚现代化乡村建设**）。陈铭德心目中的卢作孚"为

---

① 陈德铭、邓季惺：《〈新民报〉二十年》，《文史资料选辑》第63辑（合订本第22卷），中国文史出版社2000年版，第97页。

② 引自杨雪梅：《陈铭德、邓季惺与〈新民报〉》第73页，中华书局2008年8月版。

人坦荡耿直，对朋友真诚，他是我的益友，也可以说是我的良师"。并把卢作孚对他说的"货真价实，童叟无欺"几个字，深深埋在心中，作为他"一生搞新闻工作的'座右铭'"。"不论在什么环境和政治压力之下，我总想方设法让所办的报纸尽可能忠实反映客观现实。"而邓季惺认识卢作孚似乎更早，她1921年在重庆的四川省立第二女子师范学校念书时，卢作孚、恽代英、萧楚女、张闻天都在那里任教。

卢作孚与陈铭德、邓季惺在事业上相互支持，与他自身的经历也有关。他年轻时做过记者，曾根据一位从拉萨经商返回成都的商人秦君安的口述，撰写了《西藏往事的谈话》，在《川报》上发表，引起了社会各界对西藏边政问题的关注[①]。"五四"运动时期他先后担任《川报》编辑、总编、社长，使《川报》成为宣传新文化的喉舌和旗帜。1925年他发起成立民生实业股份有限公司后，创办了《新世界》杂志（半月刊），在企业内外造成广泛影响。1927年出任四川江巴璧合四县特组峡防团务局局长，展开以北碚为中心的嘉陵江三峡地区现代化乡村建设时，他又创办了《嘉陵江日报》《北碚月刊》等报刊。1935至1937年担任四川省建设厅厅长期间，他主持出版了《建设周讯》。可以说，卢作孚的一生都很重视并亲自参与新闻媒体工作。

卢作孚和陈铭德、邓季惺不仅是事业上的合作者，更是精神上的知音和挚友。1939年12月1日，卢作孚应陈铭德之邀，在新民报社举行的国民月会上发表《新闻事业与社会运动》[②]的演讲，他说："新闻事业是随处可以影响社会的周围，换言之，即随处都可以创造事业，成为社会运动的中心，但中国有个坏的毛病，总以为主持者才是负责人，不是大家的事。我们应当个个人都是中心，每一个人有每一个人的工作，那每一个人每一个工作即须变成功一个事业的中心，这样，自能共同创造有力量的运动，希望《新民报》以小型报创造最大的力量，为社会上的中心力量。"卢作孚生前留下数以百万计的著述，但

---

① 卢尔勤、卢子英：《早年的卢作孚和民生公司》，《文史资料选辑》（全国）第74辑，文史资料出版社1981年版，第115页。

② 卢作孚（1939）：《新闻事业与社会运动》，《新民报》1939年12月2日第2版，已收入北大出版社2023年4月版《卢作孚文集（增订本）》第406页。

专门论及新闻的似乎只有这一篇。无独有偶，陈铭德将一生献给了新闻事业，为社会、为民众提供了海量的信息和文章，但自己留下的论述不多，1936年2月25日他应邀在南京的"冬令讲学会"上演讲《我国的新闻事业》，据说是唯一一次完整的演讲。其中说道："新闻事业的对象，原为极复杂的全社会，社会是什么呢：人与人和人与物之间所发生之诸种现象行为，都可以包括在内。新闻事业既以全社会为其对象，所以从事新闻事业者必须能眼光注射到全社会，乃能魇其欲望，而无愧于'为社会立言'之原则。"①可见他们有着极其相似的抱负和眼光。

卢作孚与陈铭德、邓季惺的深情厚谊还延续到他们的后代。卢作孚的长子卢国维有这么一段回忆：1937年他在上海中学读书时，"中间的寒假，父亲鼓励我旅行，提了南北两条线路给我选择。时因北平局势紧张，我选择了南线，即从上海经杭州、南昌、九江、南京回上海的一线。途经南京见到父亲老友、《新民报》创办人陈铭德先生时，陈说父亲曾建议他向我'抽税'，即要我交一篇旅游见闻稿。我回到上海写好后寄给陈老伯，约一周后陈将刊载我游记的报纸寄给了我，并在信上夸说我写得好，盼望以后继续投稿。"②巧的是，陈铭德创办《新民报》之前在《大中华日报》工作时，该报的负责人陈学池正是卢国维后来的岳父即卢作孚的亲家，可惜陈学池英年早逝，没有等到女儿陈训方结婚的那一天。陈学池对《新民报》也给予了很大支持，陈铭德和邓季惺晚年常在卢国维、陈训方面前提及。

1952年2月，卢作孚不幸去世，黄炎培在日记里写道，他一直与张澜、周孝怀、何遁仁、何北衡以及陈铭德、邓季惺等人频频往来，交流相关信息，大家都陷于悲痛之中③。卢作孚的死，"成为陈铭德与邓季惺心中永远挥不去的痛楚"，尽管他们倾注毕生心血创办的新民报系其后也遭遇停刊，夫妻双双又被打成右派，但"他们把卢家的孩

---

① 转引自杨雪梅：《陈铭德、邓季惺与〈新民报〉》第36页，中华书局2008年8月版。
② 卢国维：《父亲对子女的教育》，请见本书同名文章。
③ 参见黄方毅待刊稿《"君为一大事而死乎！君应为一大事而生"》。

子当成自己的孩子，给予了无微不至的关怀"。① 卢作孚的长女卢国懿1948年赴美留学后定居美国，1977年第一次回国探亲，就与母亲一起住在陈铭德、邓季惺位于前门的家中。陈铭德还将卢国懿回国的情况报告了统战部，时任全国政协的秘书长彭友今等领导特地到前门住处看望了卢作孚遗孀蒙淑仪和卢国懿。时任国务院副秘书长的罗青长也在人民大会堂宴请卢国懿，卢作孚的小女儿卢国仪作陪。

"四人帮"横行的时候，卢作孚的亲属在不同程度上受到不公正待遇，孙子辈有好几位被剥夺了升学权利。20世纪80年代初，卢国仪代表家属到北京反映情况，陈铭德和邓季惺予以热诚关怀，不仅邀请卢国仪住在他们家中，还亲自帮忙修改和报送申述材料。在胡耀邦的亲自关照下，四川省委统战部于1980年9月4日为卢作孚作了一个结论，称他"为人民做过许多好事，党和人民是不会忘记的"。与此同时，陈铭德还亲自写了一篇纪念卢作孚的文章，刊登在民革的《团结报》上。1982年，晏阳初在菲律宾写下《敬怀至友卢作孚兄》一文，也是陈铭德出面请《团结报》发表。晏阳初在文中写道："我一生奔走东西，相交者可谓不少；但惟有作孚兄是我最敬佩的至友。"

在陈铭德、邓季惺等卢作孚老友的促请下，中央统战部责成全国工商联，于1988年4月30日在全国政协礼堂举行了卢作孚先生诞辰95周年纪念会。多位党和政府领导人以及卢作孚的亲朋好友出席了会议，陈铭德和邓季惺也在其中。梁漱溟的书面发言表示："作孚先生是个杰出的实干家、事业家，是个精神志趣超旷不凡的人！我们应当永远向他学习。"卢作孚在身后36年能享此殊荣，与陈铭德、邓季惺的至真至诚、尽情尽义密不可分。而卢氏后人对他们的感激之情，也将世代相传，永不湮灭。

（原文曾发表于2014年9月3日《中华读书报》）

---

① 转引自杨雪梅：《陈铭德、邓季惺与〈新民报〉》第74页，中华书局2008年8月版。

情深义厚天有知

卢晓蓉

去岁①初冬的一天，在西部直辖市重庆的卫星城合川市郊，举行了一次别开生面的开工典礼。工地上锣鼓喧天，彩带、鲜花和大红灯笼争妍斗艳；成千上万的合川市民扶老携幼，冒着寒风，不请自来。这一天，是香港查氏集团和重庆轻纺控股集团共同投资组建的重庆中染纺织有限公司挥土奠基的日子。重庆市市长王鸿举、副市长吴家农，合川市的党政领导以及许多重要人士都亲自到场祝贺剪彩。而其中最引人注目的，要数以嘉宾身份莅临的查氏集团掌门人、九十二岁高龄的查济民先生和夫人刘璧如女士。早在六十多年前，浙江海宁人查济民就在这块土地上留下了艰苦创业的脚印和蜚声三江②流域的业绩。如今，正在迅速崛起的合川市以其丰富的自然资源，便利的水陆交通和廉价的土地，齐齐向他旗下的查氏集团敞开了欢迎的大门。合川的百姓也簇拥着夫妇二人问长问短，对两位耄耋老人斥巨资到这里办厂感激不尽；而查老先生却频频向前来朝贺的人们吐露肺腑之言："合川是卢作孚先生的故乡。卢先生是我一生最为敬佩的人。自己深受合川人卢作孚的教诲，这次能为合川人民做点事，是自己的光荣。"

查济民与卢作孚这段忘年交情谊已经绵延了半个多世纪。六十多

---

① 即 2005 年。
② 三江指的是嘉陵江、渠江、涪江，合川因三江环绕而得名。

年前，查济民还在现代纺织业的奠基人之一、常州"纺织大王"刘国钧的企业里担任工程师和部门负责人。刘国钧先生见其"品行端正、好学多思，不但工作出色，而且有领导能力"，不仅对他委以重任，还将长女许配给他。就在翁婿俩摩拳擦掌准备大展宏图的时候，蓄谋已久的日本侵略者一手制造"七七事变"发动了侵华战争。日寇的战机继"八一三"轰炸上海之后，又对江南古城常州进行了轮番轰炸。刘国钧呕心沥血二十余载创建起来的集纺纱、织布、印染于一体的大成企业，几乎被摧毁殆尽。幸得四川著名实业家、被誉为"中国船王"的卢作孚及时伸出援助之手，才为他解了燃眉之急。

刘国钧与卢作孚无论在家世出身、奋斗经历、人生理想、办企业理念以及经营谋略和管理方法上，都有颇多相似之处。刘国钧原名刘金生，后有志成为"对国家有用的人"，才改以"国家的国，千钧之器的钧"中的二字命名。卢作孚原名卢魁先，后改名"作孚"，也正是为了表明自己强国富民"作众孚"的心愿。因此尽管刘、卢二人在抗战前未有机会谋面，却已经黄炎培先生介绍相识，并相互倾慕引为知己，还积极筹划在重庆联合开办工厂。抗战的烽火促成了两位爱国实业家这段千里"姻缘"。1938年，临危受命担任交通部常务次长的卢作孚，负责组织指挥长江大撤退，民生公司的轮船也全力投入。在紧急抢运十多万吨军工器材到大后方的过程中，卢作孚主动替刘国钧排忧解难，利用民生公司的剩余运力，赶在日军大轰炸之前，将大成企业一部分从国外购进的纺织机械经镇江拆迁到武汉，后又撤运到重庆。如今查老还清楚地记得，当年他正是和卢作孚一道搭乘民生公司最后一班轮船"民本"号撤离镇江的。

为了重建民族纺织工业，在卢作孚的发起和主持下，撤迁到重庆的常州大成纺织印染公司、汉口隆昌染织公司与卢作孚在北碚兴办的三峡染织厂，于1939年2月在重庆北碚合组为大明染织公司。厂址便设在距离合川不到三十公里之遥的文星湾，即原三峡染织厂所在地。卢作孚自己出任公司董事长，刘国钧任公司经理，查济民任厂长。卢作孚出于对刘国钧的崇敬和信赖，将经营管理全权托付给大成企业的原班人马。公司奠定基础以后，刘国钧因忙于发展新的事业，便将经理职务也一并交由查济民担任。精明能干的查济民当时只有二十来岁，卢作孚亲昵地称他为"娃娃经理"。"娃娃经理"不负众望，冒着多次被敌机轰炸的危险，克服现代人无法想象的困难，终于使大明染织公司迅速发展成为大后方纺织染齐全的著名企业，为抗战胜利和日后新中国纺织工业的发展作出了重要贡献。

深得刘国钧、卢作孚真传的查济民先生，如今已在纺织行业奋斗了七十多个春秋，足迹踏遍亚、欧、美、非几大洲，集团业务也已扩展到酒店、房地产和高科技行业，并跻身于世界五百强之中；而他报效国家社稷，惠及黎民百姓的善举更是从未间断。前些年，笔者参加北京市一个高科技会议，中午吃饭恰与当时的市科委主任同桌。席间，他讲起北京市有一种创新产品中药"青蒿素"，有治疗疟疾的特效，市科委有意协助生产企业到疟疾逞凶的非洲推广，便到中国驻非洲某国大使馆求助。大使馆官员对他们说，如果你们能请查济民先生出山，帮忙给非洲国家的政府说句话，打开非洲市场便不成问题。此话虽然未经考证却事出有因。原来早自20世纪60年代中期起，查先生就独具慧眼到非洲的尼日利亚、加纳、多哥等国投资开办工厂，从培训当地人民种植棉花开始，建立了多个纺织企业，也带动了当地经济的发展，所以深受当地政府的信任和人民的爱戴。查先生得知北京市科委这一愿望后，一方面很谦虚地表示自己没有那么大的影响力，另一方面立即委派在非洲工作的两位同事，为北京市科委出谋划策。后来，查先生还将他在大陆设立、专门支持科技创新事业发展的"求是科技基金"中的"集体成就奖"颁发给了"青蒿素"项目。

抗战胜利以后，为拓展和提升家族事业，查济民先生带着刘国钧的嘱托于1947年来到香港，从此便在这里扎根。香港得天独厚的地利优势为查氏企业的发展提供了无限商机，查氏家族也为这颗明珠增添了亮丽光彩。无论是历半个世纪而不衰的"中国染厂""新界纱厂"，还是带领休闲社区新潮流的愉景湾，彩绘玻璃通顶的现代商场愉景新城……港岛无处不见查氏集团的招牌和查济民先生报效这块土地的拳拳之心。70年代中期，有一位王姓商人，到新加坡的"莫斯科人民银行"贷款，在香港大屿山买了大幅土地，准备开设养牛场。后因生意失败，计划搁浅，作为抵押的这块土地就要被该银行收回。港英当局当然极不欢迎这个社会主义阵营的"老大哥"涉足。当时正与苏联交恶的中国政府也不愿意看到这一幕，于是便委派《大公报》社长费彝民先生与香港朋友，也包括查先生商量对策。查先生当时人在尼日利亚，听到这一消息后，二话没说，便吩咐夫人刘璧如女士，拿出3000万港元抢在该银行收地之前买下了那块地。这就是现在美丽而舒适的愉景湾所在地；如今闻名世界的香港国际机场就与它毗邻。然而在当时，那里却是一块荒芜而罕有人迹的土地。

查先生为宝岛香港泼洒的心血还远不止此。早在香港回归问题提上议事日程之后，查济民先生就高度关注这一重大历史事件的进程。他在与笔者父亲见面或通信时，也不断商讨如何保障香港前途和顺利实现回归的问题。其中甚至还谈到回归以后，工会组织的活动最好能与企业的经营管理互相配合、协调发展；谈到驻港的陆海军规模不必太大，在象征国家主权的同时，也尽量减轻香港纳税人的负担，等等。后来，他将这些深思熟虑的看法和其他香港友人的建议综合起来，给中央政府写了一份报告，委托笔者父亲连同他们往来的信件一起交给了中央统战部。查济民这些具有真知灼见的建议和主张，受到有关部门的高度重视。在"九七"回归之时，查先生夫妇还邀约其他一些基本法起草委员，撰写和出版了《香草诗词》，以表达他们的喜悦心情和坚定信念。特区政府没有忘记查济民先生多年来为香港所作的贡献，将首届大紫荆勋章颁发给了他。

大陆的改革开放使查济民这位见证了中国现代实业艰辛发展历程的老一辈实业家深感欣慰；同时，他也高瞻远瞩地洞察到，香港企业只有加强和内地的合作才会有更广阔的发展天地。从1993年起，查氏企业便相继在广东中山、浙江杭州、江苏常州及上海等地合资办厂，不仅为他的老牌"纺织王国"增添了新的动力，而且促使当地传统纺织业走向现代化。在重庆合川开办的中染纺织有限公司，已经是他们在大陆开办的第四家纺织企业。这个投资3亿元人民币的项目建成后，印染布每年生产量将达4400万米，纺织能力将达每年16000吨，可以解决5000人的就业问题。谁都知道，在美、欧以"纺织品限额"相威胁，与中国大打贸易战的今天，纺织行业的利润已经被压到很低的程度，亏损企业也不在少数，查济民为什么还乐此不疲？原来他是为了在大陆"倡导一点企业精神，提高一点管理水平"，再则是因为纺织业是劳动密集型产业，"虽然不赚钱，却能为社会解决一些就业问题"。在1996年10月北京大学授予他顾问教授的仪式上，查先生就"企业盈利是否最重要"这个问题，进一步阐明了自己的理念："在私人小企业只为糊口时，无利润即被淘汰，当然利润是最重要的；但是到了有适当规模时，对事业成败的责任感和如何使事业健康发展，才是最重要的；而到了企业有更大发展时，事业对国家社会有贡献才是更重要的。"所以他"把赚钱只作为一个成绩的指标，不是为了投资的回报或盈利。即使有分得的利润，也不是用来过奢侈的生活，而只希望做一点对国家、民族、后代有益的事，尤其是提倡教育和科技等最根本的大事"。为了促进教育和科技事业的发展，查氏集团于1994年出资2亿元设立了"求是科技基金"，专门奖励著名科学家、青年学者以及科研集体，后来还增设了研究生奖。

在举行开工典礼的当天下午，合川市政府在涪江环绕的卢作孚广场主持了祭奠仪式。查老面对卢作孚塑像，满怀感念之情，诵读着心中的祭词：

前辈作孚，思想进步，矢志报国，入同盟，兴教育，播文明，倡民主；孜孜以求创实业，毕生心血办航运，国运维艰御外辱，寰宇廓清兴共和；声名传四海，精神扬五洲，身显近代四大家，伟业彪炳垂青史。先生慷慨，友朋天下，查氏济民，感恩仰德，联袂轻纺，共建中染。时届吉日，邀朋携友，先生故里，培土筑基，精诚合作，共济民生。掬诚告拜，伏祈灵鉴！

如果卢作孚先生九泉之下有知，定会倍感欣慰。

一生艰苦奋斗、靠自学成才，从社会取之甚少却为社会贡献良多的查济民先生，以92岁高龄，不顾寒冷，来到卢作孚的家乡，了却他报答卢作孚和这方百姓的心愿，感动了所有在场的人，也感动了天地日月。那天早晨，嘉陵江畔一直浓雾缭绕，能见度不到百米。正当查氏家族车队驶近开工典礼会场的刹那，浓雾却突然消失，冬日难得一见的阳光照亮了整个会场；开工典礼结束，浓雾又重新笼罩在合川上空。下午，祭奠仪式刚开始举行，太阳又一次从云层中探出头来，将金色的光芒洒向了清澈逶迤的涪江，洒向了挤满观众的卢作孚广场，历史的镜头再一次对准了卢作孚和查济民。在场的人们无不感叹称奇，争相传诵着这两次可谓"天人感应"的自然景观。

永远的北碚

卢晓蓉

　　儿时每逢放长假，父母都会带上我们姐弟去北碚游玩。尽管那时重庆市区到北碚之间的交通，只有一条拥挤的土路和破旧的客车，加上我们还要过河乘船，单程都需要两个多小时，我们却乐此不疲，因为北碚在我们心目中的地位，就好比迪士尼之于现代儿童。我们在北碚蜿蜒洁净的街道上漫步，在法国梧桐浓郁的绿荫下纳凉，在西南师范学院（**现名西南大学**）美丽的校园里嬉戏，在北碚公园看动物，在兼善餐厅吃地道的卤水豆花……北碚公园里的火焰山道路旁，有一座两层楼的亭阁，雕梁画栋，精巧别致。亭阁的由来有个小故事：1935年我的曾祖母满60岁，北碚民众捐款在那里修建了一座亭阁为她祝寿，并请川籍著名书法家赵熙题写了"慈寿阁"的匾额。祖父知道后，建议将慈寿阁改名为清凉亭。后国民政府主席林森到北碚游览，祖父请他题写了"清凉亭"三字作为牌匾。抗战时，陶行知先生曾在亭内居住、写作。有一次，我父亲奉命前往清凉亭，邀请陶行知先生到北碚兼善中学参加一个大型活动，巧遇早先到达那里并与陶行知先生相谈正欢的林伯渠和董必武先生。林、董二老还饶有兴味地和我父亲寒暄了一阵。现在这个亭子还在，重新仿旧做的牌匾刚刚挂出。

　　我们最心仪的去处当然是温泉公园，即人们昵称的北温泉。它就像一个巧夺天工的大盆景，矗立在嘉陵江边的百丈悬崖上。那些掩映在花草树木中的亭台楼阁，融合了东西方的建筑风格，却都有一个富于诗意的中国名字，如度假别墅有：数帆楼、琴庐、竹楼、柏林楼、花好楼、益寿楼、四桂堂、霞光楼、夏观楼、松林别墅、吞日庐、磬室……亭阁有：听泉亭、菱亭、白鸟亭、畅晓亭、夕照亭、孔雀亭、碑亭、望江亭、飞来阁、天凤阁、涛声阁……石雕有：观音像、芭蕉麒麟图、飞龙图、阿弥陀佛像、摩崖罗汉像、双将图、盘龙香炉……石刻有：矗翠连云、顿洗客尘、功德碑、诗碑……泉池有：飞泉、戏鱼池、半月池、荷花池、观鱼池、古温塘、千顷波、五潭映月、桃花流水……寺殿有：关帝殿、接引殿、大佛殿、观音殿……还有古香园、兰草园、石刻园、乳花洞、舍利塔、盘龙塔等。园中林木葱茏，繁花似锦，百鸟啾啾，泉水潺潺，曾引来无数名人雅士吟诗作画、流连忘返。连同隆恕和尚主持的那大小寺庙里传出的缕缕香火，真是步步有景，处处显灵，令我次次都陶醉其中：莫非真有人"把天国移到人间，亦可以把凡人渡到天上"？ [1]

　　北温泉自对外营业开始，就面向普通民众。公园有的入口只收一点象征性的门票，有的入口则分文不收。我的三叔告诉我，他念中学时，常与同学结伴去北温泉游玩，都是从嘉陵江边的入口进的，因为那里从来不收费。1929年6月《嘉陵江日报》所载北温泉的收费标准为："凡园中一切设备，于同时同地，为众人所共享者，均不征费，故不售门票，任人观览"，还有"不取费之浴池数处"。北温泉低收费的惯例一直保持到21世纪初，仍然是普通人休闲养生的好去处。直到前些年被某地产商承包，改装成豪华高档消费场所，仅门票就卖到几百元，引起北碚市内外民众的强烈愤慨，至今未平。

　　有一次，我父母又带我们三姐弟去北温泉游玩，在北碚城里的公交车站候车时，眼前驶过两辆小车，前面一辆是伏尔加，后面一辆是吉普。我随口说："那是四爷爷的车就好了。"进了温泉公园不远，真的巧遇了四祖父，原来他正陪同国家林业部一位领导到北温泉和缙云山视察。当时四祖父的职务是重庆市农林水利局副局长。我和两个弟

　　① 卢作孚（1930）：《四川人的大梦其醒》，载凌耀伦、熊甫编《卢作孚文集（增订本）》第74页，北京大学出版社2023年4月版。

弟高兴极了，一呼隆就跑了过去。四祖父身材魁梧却慈眉善目，见到我们就立刻弯下腰，伸出两只长长的手臂，把我们姐弟仁来了个大合围。接着他又走去和那位北京来的领导耳语了几句，然后转回来对我们说："那位爷爷说啦，你们三个小鬼很可爱，他要带你们一起上缙云山！"我估摸这一定是四祖父出的主意。

缙云山就在温泉公园附近，也是祖父当年主持开发的。父亲曾给我回忆：大约在1932年，缙云山经营者隆恕和尚准备筹资搞两个旅游点，那里有绍隆寺、福兴寺、石华寺，山顶狮子峰有个缙云寺等，都有几百年的历史，但没经营好。还有黛湖、杉树林等自然风光也相当不错。当时父亲正好小学快毕业，曾陪同祖父和隆恕和尚三人各乘一台滑竿上山考察。后来祖父主持开发了缙云山为旅游区，并与温泉公园连为一体。温泉公园的温泉寺也是隆恕和尚经营的。缙云山有着悠久的佛教传统。1930年11月中旬，著名佛学家太虚法师到访缙云山，并由祖父陪同参观北碚。1932年8月20日太虚法师的世界佛学苑汉藏教理院在缙云山开学。

缙云山上古树参天，植物品种繁多，风景迤逦。听到这个好消息，我们立刻欢呼雀跃，因为这意味着不仅可以去游览那座著名的珍稀植物园——那次我印象最深的是，见到了做保温瓶软木塞的软木树（它没有树皮，树干上的"肉"可以用手指头抠下来）——而且还可以乘他们的小轿车去。要知道，在20世纪50年代的重庆，能坐上小轿车的人可是凤毛麟角，四祖父却让我们几个小字辈开了一次"洋荤"。不过我们"沾"四祖父的"光"，"揩"公家的"油"，这也是仅有的一次。最近听说，缙云山已被定为国家森林公园，正在有计划地采用"赎买"的办法，把山上的农家乐等休闲娱乐设施搬走。相信祖父的在天之灵一定会深感欣慰。

四祖父是黄埔军校第四期学生，在校时他经恽代英介绍，加入了中国国民党，新中国成立后他一直是国民党革命委员会重庆市副主任委员。离开黄埔军校后，四祖父到上海护送刚造好的民生公司第一艘船民生轮回到家乡，适逢我祖父倾其心血所主持的嘉陵江三峡乡村模范建设刚刚起步。清剿和改造土匪、维持社会治安、扫除封建迷信、普及科学知识，是整治和建设北碚的起点和重心。四祖父在黄埔军校学得的军事和科学文化知识，正好有了用武之地。他被祖父任命为峡防局学生队和少年义勇队队长，后来又历任督练长、代理局长，嘉陵江三峡乡村建设实验区区长，北碚管理局局长，一直到解放。四祖父在北碚一住就是二十三年，把他的青春热血全都洒在了那片土地上。抗战中，四祖父曾想上前线杀敌报国，他的军中朋友对他说，按照他的资历和能力，他起码可以当个中将。但祖父却情真意切地对他说："中国现在有一两百个中将，但只有一个北碚管理局。"四祖父听从祖父的劝告留了下来，继续担当祖父的得力助手、北碚的管理者。

抗战爆发以后的北碚，成了安置和接待众多政府机关及科研文化机构和著名学者、文化人，包括共产党要人的重镇，北碚因此而在中国现当代史上占有不可替代的地位。长大以后，我慢慢知道了，喜欢北碚和温泉公园的还人有人在。

杜重远先生1931年到此一游，深有感慨："……北碚面积纵横一百二十里，昔称野蛮之地，今变文化之乡，以一人之力，不数年间而经营如此，孰谓中国事业之难办？党国诸公对此作何感想？"[1]

1934年中，随同中国银行总经理张公权到北碚游览、考察的经济学家张肖梅赞叹："与教育有极深切关系的三峡地方，实为川中之洞天福地，不啻世外桃园。……其地有精神饱满、武器改良之民团，以捍卫地方；有完善之教育机关，以启迪民智，其设备如仪器馆、图书室、医院、研究室、卫生馆、学校、工厂，以及改良茶馆，改良戏院等等，无一不备。道路之清洁，布置之整齐，为全国各地所无，上古盛治之世，道不拾遗，夜不闭户者，仿佛似之。"[2]

1936年前后，黄炎培先生游览北碚后著文："北碚两字名满天下，几乎说到四川，别的地名很少知道，就知道北碚。""卢先生不慌不忙，施展他的全身本领，联合他的同志……把地方所有文化、教育、经济、卫生各项事业，不上几年建设得应有尽有，有小学，有中学，

---

① 杜重远：《从上海到重庆》，《狱中杂感》，生活书店1937年版，第184—187页。
② 《张肖梅谈考察观感》（续），《商务日报》1934年6月21日，第6版。

有报社，有图书馆，有博物馆，有公共体育场，有平民公园，有地方医院，有民众会场，有农村银行，有科学院，名中国西部科学院，其中有地质研究所，有生物研究所，有理化研究所，有农林研究所。"[1]

田汉1940年夏到北碚演讲，与赵清阁女士等友人同游温泉公园和缙云山寺，似觉"唐代画家嘉陵三百里画卷重展眼帘"，即赋《登缙云山赠赵清阁》诗。

"九一八"事变致东三省失陷后，北碚用每一个沦陷城市的名字替换一条路名，让市民们"梦寐勿忘国家大难"。例如将原来的清合路改为辽宁路，西山路改为吉林路，歇马路改为黑龙江路。"七七"事变的消息传来，即将东山路改名为卢沟桥路。不久北平沦陷，又将文华路改成北平路。日寇占领了天津，便改人和路为天津路。上海失守，改金佛路为上海路。南京撤退即改均合路为南京路等。还有两条以抗日英雄命名的路，一条以台儿庄战役阵亡的川军师长王铭章命名，一条以抗战牺牲的首位军长郝梦麟命名。抗日名将张自忠将军在前线阵亡后，民生公司派民风轮将他的灵柩运到重庆，国民政府举行隆重葬礼将其安葬在北碚梅花山。每到将军殉国之日，国家军政要员与各界知名人士，都要亲临将军墓前，祭吊英灵，缅怀英雄，决心抗战到底。前些年我回重庆，也和朋友们一起到将军墓前祭拜，说到动情处我也泣不成声。

抗战爆发后，北碚被划为迁建区，先后安置了国民政府立法院、司法院、最高法院、最高法院检察署、行政法院、国民政府主计处统计局、财政部税务署、经济部日用品管理处、全国度量衡局、国防部最高委员会文卷管理处、军政部兵工署驻北碚办事处等政府机关；设立了中央研究院动物研究所、植物研究所、气象研究所、物理研究所、心理研究所，中国科学社生物研究所，中央工业实验所，经济部矿冶研究所、中央地质调查所，农业部中央农业实验所，中国地理研究所，军政部陆军制药研究所等科研机构；迎来了复旦大学、江苏医学院、国立国术体育师范专科学校、国立歌剧学校、国立戏剧专科学

---

[1] 黄炎培：《蜀道·蜀游百日记》，上海·开明书店 1936 年 8 月，第 114—119 页。

校、电化教育专科学校、立信会计专科学校、中国乡村建设学院等大专院校。在北碚落户的还有教育部教科用书编纂委员会、中华教育全书编纂处、国立编译馆、中国辞典馆、国立礼乐馆、中国史地图表编纂社、中华教育电影制片厂、中苏文化杂志社、文史杂志社、通俗文艺杂志社、《新华日报》发行站等各种文化教育传媒机构。一时间，北碚便有了"陪都中的陪都"之称。关乎中华文化命脉的人才和文物史料，在此得到尽可能安全的保护和存续。

许多名人包括美国副总统华莱士，国共两党要人蒋介石、宋美龄、林森、董必武、吴玉章、周恩来、邓颖超、叶剑英等，都曾到北碚和温泉公园游览或居住。更有数以千计的文化人、教育家在北碚为存亡继绝而教书育人、著书立说。

在灵秀静谧、祥和开放的气氛中，忧国忧民，向以天下为己任的文化人迸发出创作的灵感，一部部文学、艺术、文化精品应运而生。老舍在这里创作了长篇小说《火葬》《四世同堂》和话剧《张自忠》，并与他人合写了话剧《桃李春风》《王老虎》；路翎写下了《饥饿的郭素娥》《财主底儿女们》《在铁炼中》《蜗牛在荆棘上》；萧红创作有《旷野的呼喊》《朦胧的期待》及《回忆鲁迅先生》，并开始写《呼兰河传》；田汉、夏衍在北碚创作了四幕话剧《水乡吟》；赵清阁在北碚著有话剧《女杰》《生死恋》《潇湘淑女》《此恨绵绵》；姚雪垠在北碚完成长篇小说《春暖花开的时候》；洪深写就四幕话剧《包得行》，被誉为"抗战以来可喜的丰收"；胡风在北碚如鱼得水，继续编辑出版《七月》半月刊，并形成了"七月"诗派；梁实秋在北碚"雅舍"发表了多篇脍炙人口的小品；曹禺在北碚主持演出了《清宫外史》《春寒》《日出》《家》《蜕变》；杨宪益在北碚将《资治通鉴》和郭沫若的《屈原》、阳翰笙的《天国春秋》译成英文；梁漱溟在北碚写成了《中国文化要义》；翦伯赞在北碚撰写了《中国史纲》第一、二卷和《中国史论集》两辑；顾颉刚在北碚主持通俗读物编刊社，编辑出版了157种宣传抗战的通俗读物。冰心夫妇虽然没住在北碚，但也常常"搭上朋友的便车"，去北碚与老友欢聚，"虽在离乱之中，还能苦中作乐"。北碚随着他们的不朽文字而名垂青史。

著名辞典学家、《中华大辞典》主编杨家骆先生，到北碚考察后说："北碚是兄弟久萦梦寐的地方，此次身履其地，眼见一切苦心经营的设施，不胜叹服！而诸位蓬蓬勃勃的朝气，尤非他处所易见到，故称北碚为中国曙光所在之地，亦非过誉！"抗战期间，杨家骆也来到北碚安家落户。在此编辑出版了《世界百科全书》《国史编纂》《合川县志》《大足县志》《北泉丛刊》、汉藏教理院《院刊》以及陶行知的连环画册《武训传》、李宗吾的《厚黑学》、刘师亮的《对联集》《李清照词选》和《孙子兵法》英文版等许多书刊。他创办北泉图书馆，藏书三万多册，抗战胜利后转入了北碚图书馆。杨家骆还牵头编修了《北碚志》，定名《北碚九志》，1976年12月在台湾出版发行。

张瑞芳、金山、白杨、秦怡、陶金、项堃、王莹、戴爱莲等众多明星，都在北碚青山绿水的大舞台上留下了他们熠熠闪光的形象。张瑞芳在话剧《屈原》中饰演婵娟，郭沫若赠诗云："风雷叱罢月华生，人是婵娟倍有情。回首嘉陵江畔路，湘累一曲伴潮声。"《屈原》在重庆上演时受到阻扰，四祖父特地打电话邀请中华剧艺社到北碚公演《屈原》和《天国春秋》，结果好评如潮。据《新华日报》载："《屈原》在此连演五日，每日售票约七千元之谱……场场客满，卖票时摩肩接踵，拥挤之状一如重庆'国泰'门前。"

还有陈望道、周谷城、马寅初、潘序伦、张志让、童第周、顾毓琇、吕振羽、邓广铭、吴觉农、卢于道、梁宗岱、卫挺生、竺可桢、孙伏园、熊东明、陈亚三、吴宓、邓少琴、章靳以、任美锷、陈子展、马宗融、方令孺、樊弘、李蕃、张明养、潘震亚、韦悫、张光禹、李仲珩、钱崇澍、秉志、陈维稷、严家显、毛宗良、陈恩凤，等等，多个学科的泰斗都与北碚结下了不解之缘。在离乡背井的艰苦岁月里，他们安贫守道，教书育人，著书立说。

父亲告诉我，抗战爆发后，祖父为了国家民族的需要先后担任数个公职，异常繁忙，北碚的日常管理基本上交给了四祖父。但他常常在周末赶往北碚，一方面部署安排北碚的工作；另一方面邀请文化与教育界的著名人士餐聚，开怀畅谈国际国内大事。

北碚至今仍然是重庆市的风景名胜之地。一对外地夫妇慕名到北碚旅游，向当地人问路："这个公园的出口在哪里？"原来他们把北碚城区当成了一座大公园。不仅北碚城区像个大公园，城内还有精巧别致的北碚公园，城郊还有美丽如画的温泉公园、黛湖公园和缙云山珍稀植物园。让国人不仅有工作的技能，还有欣赏的乐趣和艺术的修养，正是祖父为国家现代化，为人民创造幸福生活和精神文明不可分割的部分。

祖父曾说："人生的快慰不在享受幸福，而在创造幸福；不在创造个人的幸福，供给个人享受，而在创造公众幸福，与公众一同享受。最快慰的是且创造，且欣赏，且看公众欣赏。这种滋味，不去经验，不能尝到。平常人都以为替自己培植一个花园或建筑一间房子，自己享受，是快乐；不知道替公众培植一个公园或建筑一间房子，看看公众很快乐地去享受，而自己亦在其中，更快乐。"①祖父如泉下有知，想必会为北碚人民，为到过北碚又热爱北碚的所有公众对北碚的欣赏和向往，感到由衷的快慰。

在北碚，我有许多肝胆相照、无话不说的挚友，他们都是北碚的发烧友，说起北碚来，犹如那儿时夜晚的茉莉香，又如那清澈暖心的温泉水，让我在这充满纷争和铜臭味的世界里有了一个永远的家园。

（原文曾发表于2009年11月19日《重庆晨报》）

---

① 卢作孚（1930）：《四川人的大梦其醒》，参见《卢作孚文集（增订本）》，凌耀伦、熊甫编，北京大学出版社 2012 年第 2 版，第 69 页。

第三辑

不废江河万古流

卢作孚研究的重大进展

——《卢作孚年谱》增订版序

严家炎　卢晓蓉

　　张守广博士编著的长达四十万字的《卢作孚年谱》增订版（以下简称《年谱》或新版《年谱》）即将由江苏古籍出版社出版。这部《年谱》是作者在三年前出版的同名年谱基础上，进行了大幅度的增补和订正而成的。增订后的《年谱》无论在史料的占有和鉴别，或是在内容的扩充上都有了很大的提升。这不仅是卢作孚研究进程中的一件大事，相信也将引起史学界及出版界的关注。我们有幸作为它最早的读者，愿意在这里说一些读后的感想。

一

　　"竭泽而渔"从字面上讲，是一件很愚蠢的事，付诸实施，可能使许多鱼种趋于灭绝。但在人文科学中，如果有导师用这句话来指导学生，规定他们写论文前必须充分掌握所有与自己论题相关的各项资料，则应该说是一项严格而又合理，甚至是值得钦佩的要求。我们读《年谱》后的第一个感想，就是钦佩作者占有相关史料的充分和详尽，让我们几乎又想到了"竭泽而渔"这句古来的成语。

　　据不完全统计，《年谱》对第一版所作的订正、补充达五百多处，字数则增加了将近一倍，而且还选录了13篇卢作孚先生的佚文。从《年谱》正文几占五分之一篇幅的大量注释便可看出，它几乎涉及了所有与卢作孚及卢作孚研究有关的重要书籍、文章、传记、回忆录及档案资料等。不仅有官方的各种史志，也有大学和研究机关的各种文集；有朋友、同人的回忆录，也有亲属的"口述史"；有大陆档案馆的历史文献，也有台湾、香港地区及其他有关国家的文史资料；有学者的完整著述，也有报纸、杂志的零星报道。近年来出版的新书，如《卢作孚研究文集》《卢作孚追思录》所涉及的若干资料，也为作者所关注和采用。而卢作孚本人留下的大量文字，包括专著、时评、讲话、演说、电文、会议发言、来往书信等，在《年谱》中更是多有引述。

尤其值得肯定的是，作者没有满足于现有的研究成果和第二手资料，而是付出极大的努力，尽量发掘和整理第一手原始资料。由四川大学经济系和长江航运管理局长江航运史办公室编撰出版的《民生公司史》，应该是当前研究卢作孚与民生公司比较权威的著作。《年谱》作者采用了其中的部分内容，但并没有完全依赖于它。有关卢作孚创建和经营民生公司的大量素材，包括公司历次朝会、周会、董事会等内容，不少书信、电报、文件，公司内部刊物摘要及各项重大活动经过等，都是作者到各地图书馆、档案馆去发掘出来的。《年谱》中收录了一份附件，即1950年8月10日卢作孚代表民生公司与当时的交通部长章伯钧签署的《民生实业公司公私合营协议书》，就是作者在重庆市档案馆发现的。这一份协议原件比《民生公司史》刊载的同名文件内容更为详细和完整。

《年谱》增订版还披露了一些过去未曾公开或未被注意的史实。例如，从台湾档案馆抄录的几封蒋介石写给卢作孚的亲笔信件，其中一封就抗战爆发前夕卢作孚组团访问欧洲绕道苏联一事作了周密的布置（*此次行程后因抗战爆发而取消*）。又如，抗战爆发后的1937年8月15日，国民政府的不公开机构大本营在南京的富贵山成立，蒋介石为最高统帅，内设六部，卢作孚为第二部（*掌军政*）副部长，参与了南京国民政府抗战总动员计划草案的制订。抗战中，卢作孚除了组织指挥被誉为"中国敦刻尔克"的"宜昌大撤退"立下不朽功勋以外，还于1940年8月临危受命担任全国粮食局第一任局长，为紧急征调军粮、民食，消除抗战初期的粮食恐慌，作出了极为重要的贡献。过去关于这方面的研究不多，初版《年谱》曾引述过台湾学者简笙簧的有关论文。在新版《年谱》中，作者对此又查阅了更多的原始资料并作了重要补充，使卢作孚先生在这一领域的卓越功勋得以从历史的尘埃中凸显出来。

重视第一手资料原本是从事历史研究的学者所必须遵循的原则，但对于编修《卢作孚年谱》而言，要做到这一点实属不易。一来，在"极左"路线横行时期，卢作孚被列为"批判对象"，有关资料不是被销毁，就是长期封存，无人整理；二来，卢作孚一生经历甚丰，仅就他的两大主要事业，即民生实业公司和北碚三峡试验区的创建历程而言，所需要查找的资料就以千万字计。除此之外，卢作孚还亲自参与创建并主持过大大小小七十多个岸上企业和附属设施，涉及发电、自来水、造船、铁路、煤炭、建材、出版、钢铁、机械、纺织、贸易、银行、保险、教育、科研、文化等多个领域，与之相关的史料更是不计其数。同时，在国家、人民需要的时候，他还多次出任政府官职，担任过多个社会职务，与之相关的人物与事件，又可以引出无数的史料和故事。张守广博士作为一个中青年教师，平时还要担任教学任务，他所面临的困难，就更非常人所能想象了。为了搜集第一手资料，作者曾到访过西南师范大学图书馆，北碚图书馆，重庆图书馆及档案馆，成都图书馆，四川图书馆和档案馆等地，查阅了大量文献、档案，在"故纸堆"里度过了一个又一个山城的酷暑和寒冬。有时为了核对一个口述材料，他要反复向分住在各地的相关人物打长途电话或发电子邮件。他这样做，为的就是"梳理、研究卢作孚的家世、生平、思想、事业、著作、交往以及相关的重要史实，提供一套可靠的线索资料"（作者自述）。

二

在资料的整理和取舍方面，《年谱》始终坚持了客观公正的原则。

读者从《年谱》的前言及正文的字里行间，不难看出作者对卢作孚先生的敬仰与爱戴之情，但是这并没有妨碍他坚持科学客观的学术立场。由于卢作孚的特殊社会历史背景，《年谱》所涉及的有名有姓有往来事项者的各类人物不下数百人。从国民党到共产党的重要领导，从地方军阀到政、军两界的高层官员，从名流商贾到土豪乡绅，从科学、技术、文化领域的知名人士到帮会头目，从公司董事会成员到普通员工……作者都注意突破"唯阶级论"学说遗留下来的种种偏见，实事求是地还原历史的本来面目。四大家族，特别是孔祥熙、宋子文等人企图控制和吞并民生公司的事实，《年谱》如实作了记载；国民政府在民生公司遇到困难的时候，多次给予资金和政策的支持，《年谱》也没有忽略。对于卢作孚为国家富强、民族兴盛、人民幸福所创建的丰功伟绩，《年谱》通过大量史料给予了高度评价；对卢作孚在事业上遭遇的困难和挫折，《年谱》也没有讳言。民生公司在经历了创业期的朝气蓬勃、抗战前的繁荣昌盛、抗战中的英勇牺牲之后，面对抗战胜利却出现了令人扼腕的周折，甚至还有人假公济私、贪污腐败，《年谱》对此都如实作了记述。

《年谱》还收录了1946年初卢作孚请求辞职的材料。内战爆发前后，民生公司遭遇了有史以来最大的困难：抗战中人员、船只及其他财产蒙受重大损失；原本与民生公司合资、合营的内迁工厂战后返乡，抽走大量人才和资金；战后物资奇缺、物价高企，运费低迷；政府因大规模"复员"继而打内战拉了不少"官差"却拖欠运费等，使卢作孚四面受掣肘。为挽救公司于危难之中，1946年2月和3月他两次向董事会提出辞呈，表明自己"为公司前途之幸"决意让贤。公司董事会收到他的辞呈后，立即召开紧急会议，决定挽留，并给卢先生发了一份"慰留公函"，函中写道：

……本公司在抗战期间，对于国家社会，报效实多，关系极大，纵所损失一时无法弥补，而其功绩决不容如此埋没。目前困难虽益加重，但若共谋解决，究不至陷于绝境……台端艰苦卓绝，久为众股东之所信赖，各职工之所尊崇，凡属上开各事项，尤赖大力推动，方易收成果，使事业渡过难关，臻于发扬光大。当经一致决议，"慰留并请照常任职。一面再由本会分别签请政府及民意机关，予以救助，以减轻公司困难"等语，纪录在卷，相应函复，即希鉴察，照常办公，并盼善自珍卫为幸。

同时还由公司各处室负责人联名向国民政府发出《与死挣扎，急待救济的民生公司》呼吁，强烈要求政府尊重民意、调整政策、挽救凋敝的经济。呼吁中说：

民生公司"是一个私人企业，尽管私人没有什么好处，自抗战以来股东没有红利，甚至没有股息，董事监察和经理人员没有红酬。就在战前，股东分红亦不过等于市场很低的利息；而即此少数红利，多数股东亦未领去，仍被劝转为股份并再加股份。职工分红，向为上下一律，董事监察和经理人员绝未特殊提酬。除二三银行股份外，没有任何大股东。董事监察一部分代表事业，另一部分代表一群朋友，没有一个是代表自己资本的。自创办以迄于今的总经理，亦至今是一个穷汉，没有置得任何私产，商场没有他任何私人的生意，银行没有他私人的任何存款或往来。他现在就是为了亏折得太厉害，没有方法可为弥扑，环境的困难太大，没有方法可以克服，被迫得辞职了。如果终于无法挽留，让他离开了这个事业之后，便立刻显示出他只是一个净人。这正可代表了这个事业，对国家社会服务的一种牺牲精神。"

作者在重庆档案馆和成银行的档案里发现并首次披露了这段史实，不仅没有损毁卢作孚坚韧不拔、公而忘私的高大形象，反而使卢作孚这个历史人物更贴近现实，更有亲和力。

三

《卢作孚年谱》着重交代卢作孚的社会、时代背景，揭示它们与卢作孚之间的关系，从而拓宽了对卢作孚研究的视野，提升了对卢作孚研究重要性的认识。

《年谱》作者是研究近代中国区域经济史的博士，因此天然地具有为卢作孚修谱的许多优势。早已娴熟在胸的经济理论、社会背景、人物事件史料等丰富知识，都为他撰写《卢作孚年谱》作了很好的铺垫，使之能够做到高屋建瓴地把握全局，将卢作孚一生的传奇经历与他所处的时代——中国由积贫积弱的封建社会向现代社会转化的特殊历史时期——有机地结合在一起，一方面体现了卢作孚先生的远见卓识和杰出贡献，另一方面也揭示了人才的成长及其作用的发挥所需要的实践空间及社会氛围。

《年谱》在1931年6月2日项下记述了作为平民的卢作孚联合重庆各界人士，促使刘湘、杨森、刘文辉在重庆举行三军长联合会议的史实。这次会议的宗旨是"结束四川内战，实现川政统一"，卢作孚为会议准备的"小册子"《四川底问题》，"内容全面触及四川的政治、军事、教育、经济、财政、交通、边务、地方自治等八个方面"，不但对全川情势作了中肯分析，并且提出了解决这些问题的办法和步骤。在此条目之前，《年谱》已对当时四川的政治经济状况、军阀割据的起因及演变以及卢作孚与主要军阀（如杨森、刘湘等人）之间的往来关系等，作过多次介绍；对这次会议及卢作孚本人为结束这种纷乱的政治局面所作的努力，也做了许多报道；从而揭示出在中国这样的特殊国情条件下，实现现代化的步伐何其艰难。而卢作孚能因势利导，"化腐朽为神奇"，也显示了他的足智多谋和协调能力。

对重庆北碚三峡试验区的规划、开发、建设，是卢作孚一生三大社会改革试验之一，《年谱》为此作了许多介绍。而1933年8月在北碚温泉公园召开的中国科学社年会，便是其中一个重头戏，《年谱》不仅介绍了卢作孚为争取这次会议在北碚召开所作的大量工作以及会议的筹备、进展等情况，同时还披露了卢作孚以此次会议为契机，动员国内一流人才为四川经济建设献计献策的良苦用心。在8月18-22日项下有这样一段文字：

　　中国科学社这次四川之行，参观了四川许多地方，他们既看到了四川山川秀丽、名胜众多、物产丰富、城市繁盛，也看到民国以来四川军阀混战、田粮预征、捐税繁重状况下，社会失序、土匪横行、农村经济破产、鸦片盛行、哀鸿遍野、民气消沉的社会惨状。在四川社会的惨状中，社员们又透过北碚，看到了四川的希望，并希望"像卢作孚这样的人多产几个"。其间，卢作孚还曾与部分代表在重庆召开会议，一致主张代表们回到上海后，组织一个委员会，帮助四川做4项工作：1.帮助派人调查地上和地下的各种物产，2.帮助计划一切，3.帮助介绍事业上需要的专门人才，4.帮助对外接头。本次年会之后，卢作孚和四川实业界又开始积极动员工程学会、经济学会来四川开会、考察，以便解决四川发展中的各种问题。

《年谱》还援引了8月27日的《嘉陵江日报》刊载的中国科学社总干事关于北碚印象的谈话："峡区各项事业，经作孚先生之苦心经营，迄今可谓成功。江苏有南通，四川有北碚。南通之建设固是完备，如同北碚之精神上之建设，视之南通更为完备，且精神之建设较之物质之建设尤为长久。"从而显示出卢作孚一生致力于北碚建设的深谋远虑，不仅是为一个北碚，一个四川，而是为整个国家的文明富庶、长治久安起到示范作用。

四

《卢作孚年谱》以史学研究的眼光修谱，以史带论，论从史出，从而为多层次、全方位地探索卢作孚的精神和生命价值，为卢作孚研究向深度和广度拓展，起到了促进和启迪作用。

法国学者雷蒙·阿隆曾经说过："历史知识考虑的事件是同价值有关的事件，而这种价值是由历史的角色或目击者——观众所确认了的。"《卢作孚年谱》的作者没有停留于一般年谱简单罗列资料素材的层面，而是以自身的研究实力，用时代公认的价值观去分析、筛选和整理历史资料，使《卢作孚年谱》具有思辨的灵性，给卢作孚研究留下了许多开拓新领域、设立新课题的思维空间。《年谱》长达四千余字的前言本身就是作者对浩繁的史料进行缜密思考和深入钻研的精华所在。《前言》开宗明义，引梁启超先生的著名论断"盖为一小国之宰相易，为一大公司之总理难，非过言也"，精辟地概括和论述了卢作孚先生一生的美德与业绩，从而雄辩地说明卢作孚先生无论是在实践层面，还是精神层面，都无愧于梁启超先生所谓"各国之巍然为工商界重镇者，皆其国中第一流人物也"。

《前言》的论述便是《年谱》正文的主题和主线，作者据此对浩若烟海的历史资料进行了"去粗取精、去伪存真"的筛选和梳理。就大的结构而言，《年谱》以时间为纵轴，以人物、事件为横轴，介绍了卢作孚先生波澜壮阔的人生轨迹。就其中的每一个具体方面而言，《年谱》又尽可能完整地收录了有关卢作孚先生的重要思想和实践活动的来龙去脉，力求显示其逐渐成熟、完善的过程。例如，卢作孚对于"秩序"这个范畴的关注，在过去的研究中，似未引起足够的重视。然而，从重视秩序、建立秩序到维护秩序、遵守秩序，可以说是卢作孚终其一生所身体力行的重要原则之一。《年谱》的作者显然发现了这个特点，文中多处记录了卢作孚先生有关秩序的思想和实践，比较突出的有：

在1930年1月1日项下，《年谱》摘引了《建设月刊》第9期发表的卢作孚《四川人的大梦其醒》的文章，指出：卢作孚在把交通事业、经济事业、教育事业等，作为四川人的公共理想的同时，认为：秩序问题是一个更根本，更重要的问题，要这一个问题有办法解决，其余一切问题才可以迎刃而解，如果秩序建设不起来，任何事业也是建设不起来的。

在1934年7月16日项下，《年谱》摘录了《新世界》第50期刊载的卢作孚《麻雀牌的哲理》一文："搓麻雀是在一个社会组织当中作四个运动：用编制和选择的方法，合于秩序的录用，不合于秩序的掏（淘）汰。把一手七零八落漫无头绪的麻雀局面，建设成功一种秩序，是第一个运动。全社会的人总动员加入比赛，看谁先建设成功，看谁建设得最好，是第二个运动。到一个人先将秩序建设成功时，失败者全体奖励成功者，是第三个运动。去年偶同黄任之先生（即黄炎

227

培——笔者注）谈到此段哲理，他还补充了一点，就是：失败了不灰心，重整旗鼓再来，这是第四个运动。这样的哲理，实值得介绍与国人，移用到建设社会建设国家的秩序上去，也许可以吸引整个社会整个国家的人的兴趣于社会秩序和国家秩序的建设上去。"

在1945年2月15日项下，《年谱》再一次关注到卢作孚对"秩序"问题的重视：《新世界》以"卢作孚讲业务管理"为题，刊载卢作孚在中央训练团讲演有关管理问题的讲演稿，讲演稿系统全面地阐述了卢作孚的工商管理思想，后来该稿以《工商管理》为书名发行了单行本。卢作孚在文中强调：工商管理的方法，即是建设秩序的方法，秩序以成文来表现就是"法"。管理包含三件事：创造法，执行法，遵守法……他还指出："管理问题的核心全在建立秩序，在使每人行动有确定的秩序，全体行动有相互配合相互衔接的秩序，贤明的管理者即为此种秩序的建造者和执行者。"

由以上资料可以粗略地看出，卢作孚关于"秩序"之思想的演进变化，卢作孚研究或可据此开设一个新的课题。在《年谱》中还可以找出很多卢作孚在新闻、教育、经营管理、经济理论、发展战略、政治主张等方面的超前思维、重要论述、哲学理念以及与之相对应的社会实践活动的丰富史料，不仅可供卢作孚研究者参考和思索，而且对其他有关新闻史、教育史、工商管理史、经济思想史、地方史、抗战史、陪都史、科技与文化发展史、东西部交流史等方面的研究，都具有很好的参考和启迪作用。实际上初版《卢作孚年谱》已经有人拿来作为考证某些历史事实的依据，如中国社会科学院近代史研究所编辑的《近代史资料》总第108期（2004年），就有人用《年谱》中记述的事实，证明当时的生物科学家秉志的若干材料的时间等。

五

《卢作孚年谱》发掘并再现了卢作孚先生高尚美好的人格魅力和深沉博大的人文情怀，赋予了卢作孚研究历久弥新的生命力。

但凡熟识和了解卢作孚的人，无不为他的人格魅力所感动、所吸引。著名学者姜铎先生在一篇题为《论卢作孚先生的伟大人格》的文章中，曾经这样写道："卢先生既不是一般的民族资本家，一般的近代企业家，一般的爱国实业家；也不是一般的经济学家，一般的经济管理学家，一般的政论家或学者；而是中国近代史上英雄人物中一个具有伟大人格的革命实干家！"[1]一部厚重的《卢作孚年谱》无疑为姜铎先生这段评价提供了最好的证词。在《年谱》中，读者可以清楚地看到卢作孚作为一个近代企业家、爱国实业家、经济学家、政论家，甚至还有教育家、思想家的历史踪迹和精彩片断。卢作孚以其并不强健的身躯，要同时肩负起如此沉重的压力，干出如此非凡的业绩，没有姜铎先生所言的"伟大的人格"是无法想象的。

《年谱》从民生公司刊物《新世界》杂志上，摘引了卢作孚与陈立夫在参加中国科学社第19届年会期间的一次谈话，也许对我们了解卢作孚的人格魅力有所裨益：

陈立夫用比喻的方法解释新生活运动所提倡的"礼义廉耻"说："有了两杯茶，多的一杯让给你吃，我吃少的一杯，此之谓礼；只有一杯茶，不够两人分配，但是你口渴了，我不吃，请你吃，此之谓义；有两杯茶，每人一杯，你吃你的，我吃我的，此之为廉；我假设多吃了你那一杯，便算是耻。"卢作孚说："陈先生这个解释很实际而又具体，在原则上我们是极端赞同的。要是本这个意义，更进一步，把只注意对人的方面改变到对事的方面，把只运用在过去应酬上的礼义廉耻，也运用到现代的国家建设上来，岂不是更有意义而更好吗！此话怎么解释？也可以假设几个例子来说。我们所谓礼者，客气之谓也。好比一桩经济事业赚得的钱，大多数拨归公有，继续作生产的用途，个人则只享受最低限度的生活费，此之谓礼；一桩公众的经营，今天没有钱办了，我们毁家纾难，枵腹从公，此之谓义；凡是公众的财富，我们绝不苟且一点，此之谓廉；同时做一桩公众的事情，假设我所做出来的成绩，不若别人的好，此之谓耻。但是只发扬中国的固有文化，我认为还不够，那只算

是做到了一方面，可以说是消极的方面。我们还须得尽量运用现代世界上科学的技术，才能够完成一个现代国家的物质建设和社会组织。"

卢作孚的人格魅力不仅在公司内部形成了巨大的凝聚力，在社会上也引起很大反响。不少知名人士和著名学者，如李劼人、黄炎培、恽代英、萧楚女、蔡元培、邹韬奋、杜重远、晏阳初、梁漱溟、陶行知、陈独秀、马寅初、李公朴、冯玉祥等，都与卢作孚相识相交，有的与之共事，有的结为知己，他们中大多数都曾到过民生公司演讲，仅杜重远先生就演讲过三次，并称卢作孚是他一生的两个挚友之一（另一个系邹韬奋）。当时的中央大学校长罗家伦在民生公司的演讲中，提到几年前邀请卢作孚先生去中央大学演讲时，卢曾诙谐地说："我怎么能在大学演讲。我仅仅是个被人称为小学博士的人！"然而，仅仅只有小学文化程度的卢作孚却赢得了中国知识界的广泛尊重，1933年在重庆北碚举行的中国科学社第18届年会就推举他为会长。相信通过卢作孚研究成果的不断传播，他也将会赢得越来越多的今人和学者的敬重。

卢作孚先生的人格魅力来自他对国家、对民族、对人民的爱，也来自他对亲人、对朋友、对师长的爱。这方面《年谱》也作了许多记载，使读者感受到一个有血有肉、有情有义的卢作孚。

从过去的历史资料得知，卢作孚唯一一次去欧洲考察的计划是因承担抗战使命而中断的。但《年谱》披露还有一个原因：1937年7月25日，卢作孚的母亲在北碚家中因脑溢血病逝。当时已到上海准备出国的卢作孚，在得知母亲病逝的消息后，"即由上海乘飞机返川回北碚治丧，加之华北风声紧急，遂决定暂不出国"。并致电南京行政院政务处长何廉："弟敬到沪，有晚接电，家慈病竟不起，奔救未得，疚心曷极！寝飞渝，即星奔回里，治理丧葬。国家亦方有事，出国时间迫促或不及参加，拟请转陈院长可否特准缓行。"卢作孚的拳拳赤子之心，由此可见一斑。

卢作孚的兄弟情谊，特别是他们共同献身实业救国、携手开发建设北碚的感人事迹，《年谱》也有诸多反映。其中记载了一件过去从未听闻的事，即1941年11月卢作孚与其胞弟卢尔勤、卢子英、卢魁杰等在北碚筹备成立了"嘉陵文化基金会"，由卢尔勤、卢魁杰捐出其振华、振隆两煤矿全部资产，交基金会经营，作为基金，卢尔勤、卢魁杰等人为董事，卢作孚为董事长。基金会"以发展地方文化事业及奖励科学研究、资助清贫学子与有志上进青年为宗旨"。卢作孚还专门为基金会拟写了《文化基金会设立理由书》及《章程》等。由此亦可知，卢作孚与其兄弟不仅在生活上手足情深，在事业上、思想上也志同道合。

在《年谱》中还时时可以感受到卢作孚对师长、对朋友、对同事、对员工、对旅客、对人民大众的敬重与关爱，浸透着人文精神的感人事例比比皆是：

黄炎培先生可以说是卢作孚走上教育救国道路的引路人，《年谱》从介绍1914年卢作孚到上海考察，经黄炎培指点，"萌发了从事教育以启迪民智的想法"开始，一直追踪记载了这段感人肺腑的"长达数十年"的忘年之交。

1935年7月31日　卢作孚写信给杜重远的夫人侯御之，对于杜重远由宣传抗日获罪的冤狱表示深切的慰问和同情。1936年7月17日卢作孚为杜重远案致信张群请其帮助设法，信中说："重远来函道谢意，并为言最高法院因重远提起上诉，已准将地方法院原判撤消，但如无新判，则原判刑期满时即欲释放亦无从遵循，为之适以害之，应非最高法院之初意。拟请先生更与商一办法，感谢不仅重远个人已也。"

1938年11月18-20日　著名作家胡风去重庆避难，搭乘民生公司的轮船，事后撰文："床上铺着雪白的床单和枕头，小桌上放了茶壶茶杯，井井有条，非常整洁，的确和别处的官舱不同……在这里只要不出房门，不走下去，就仍和太平年月的出门旅行差不多。"著名学者陈衡哲回忆她1935年12月从汉口乘坐民生公司的民权轮到宜昌转重庆，"我们坐在里面，都感到一种自尊的舒适。"

抗战爆发后，民生公司在抢运人员、物资到后方，运送将士出川抗战的同时，还要将大批前线伤病员运回后方治疗。为此，民生公司立即进行了相关部署……在运送过程中，伤兵中有一些人情绪不稳定，在船上借故甚至无故寻衅滋事，民生公司特别发出通函要求各轮船容忍退让，要用和蔼的态度对待这些对国家和民族有功的人员。（1938年6月21日）

抗战胜利后，政府大量拖欠民生公司"复员"差运费，使之难以为继。但1948年5月19日张群为其担任校董的上海私立中华工商专科学校向卢作孚致函募捐，卢作孚立即决定捐助该校三亿元。

1947年7月25日　民生公司发起人之一彭瑞成病逝，卢作孚致函公司董事会，高度赞扬他为公司创建的功绩，并提议给其家属追加抚恤金。

......

正是这种至真至诚的爱，使卢作孚少小立志而终生不改；正是这种尽职尽责的爱，使卢作孚在世人还昏昏欲睡的时候，就清醒地看到日本军国主义蚕食我国领土的狼子野心，更在抗战爆发后担当起常人难以想象的救国重任；正是这种无怨无悔的爱，使他在时局发生巨变的时候，能尽最大的力量为人民、为新中国建设保存了重要的资产和人才。

作为一个读者，我们感谢《年谱》的作者为我国图书宝库奉献了一部难得的精品；作为一个文史研究者，我们感谢《年谱》的作者为史学研究树立了值得效法的榜样；作为卢作孚先生的后人，我们感谢《年谱》的作者做到了我们没有做到的事情。

谨此祝贺《卢作孚年谱》增订版出版！

（原文曾发表于《博览群书》2005年第2期）

《紫雾》：一部颇具震撼力的文学传记 ①

严家炎

由作家出版社隆重推出的《紫雾》，是一部近年来难得一见的文学传记，也是一部读了一遍还不够，还需要反复咀嚼、体味的人生教科书。

《紫雾》的传主卢作孚先生，是毛泽东所称道的中国实业史上"四个不能忘记的人"之一。这个评价自20世纪80年代初始公诸于世，从而推动了对卢作孚的追思和研究。中国作协的作家雨时、如月，在接触了有关卢作孚的材料之后，即被他那传奇的身世和非凡的业绩所吸引，便开始了发掘和再现卢作孚的艰苦跋涉。

卢作孚生于1893年4月，逝于1952年2月。要为卢作孚这样一位人物立传确非易事。为了展现传主波澜壮阔的一生，作者梳理和提炼了上百万字的史料：卢作孚经历过晚清、民国及中华人民共和国三大政体更迭，经历过军阀混战、十四年抗战和国共战争；他出身贫苦，靠自学成才；他参加过"同盟会"和"少年中国学会"，投身过"辛亥革命"、"五四"运动；他做过报社记者、主编、社长；编过中学教材、当过中学教师；他在创办民生实业公司并担任总经理期间，还担任过多家企、事业的要职。与此同时，为了国家民族利益，他还兼任过从县教育科长、省建设厅长到国民政府交通部次长等数种

---

① 本文系传记文学作品《紫雾》之序，作家出版社2003年2月出版。

政府职务。新中国成立后，他任第一届全国政协委员。卢作孚生前所开创、主持并卓有成效的事业，从传媒、文教、乡村建设、科技推广到航运、造船、铁路、水利、纺织、煤炭等多项实业以及政府组织管理等，跨越了诸多知识和技能领域。而其中每一个职务，他都绝不苟且；每一桩事业，民众都有口皆碑。作者经过考证指出，由卢作孚亲自指挥的、被誉为"中国式的敦刻尔克"的"宜昌撤退"，实际上"比丘吉尔首相制定的代号为'发电机计划'的敦刻尔克大撤退方案，时间上整整早了一年半。"卢作孚先生不仅将自己的理想切实地付诸实施，而且还有许多理论著述流传后世。北京大学出版的《卢作孚文集》收录了卢作孚先生的110篇文稿。这些文稿"犹如110座大小不等的岛屿，散布于蔚蓝色的人文大海中，形成了一个色彩十分丰富的哲学的，也是情感的群岛。"

不仅卢作孚本人难以用笔墨概括，与卢作孚有关的人物也难以尽数。即使是与他比较亲近的师友、同事或社会关系，也有许多值得大书特书。仅《紫雾》中所列这类有名有姓有建树有宏论的中外人士就不下百人。在《紫雾》第二章中讲了一个打捞沉船的真实故事。曾经制造了"万县惨案"、造成我千余同胞死伤的英国太古轮船公司的"万流"轮在重庆水域触礁沉没，并被专家认定为"无法打捞"。卢作孚经过考察后用低价买来沉船，组织民生公司的工程师和潜水员，以"四两拨千斤"的智慧和敢于向极限挑战的精神，捞起了这个庞然大物；尔后又由李劼人担任厂长的民生机器厂，对其进行了彻底改造。卢作孚将"新船"命名为"民权"，以纪念爱国主义和科学精神的共同胜利。《紫雾》的作者何尝不是以这种爱国激情和挑战极限的精神，不辞辛劳地潜入到"蔚蓝色的人文大海"之中，将纷繁复杂的人物、事件，放到时间、空间和价值标准的"三维"坐标系中进行鉴别、比较、取舍、体验和再创造，从而"打捞"出一部沉甸甸的《紫雾》。有关"万流"轮事件，在过去的史料中，常被作为"爱国主义教材"来宣传，却忽略了它的科学内涵。作者对此作了必要的订正。作者在《紫雾》"自述"中写道："在认知卢作孚先生的过程中，我们的灵魂得到了一遍又一遍的淘洗。和打捞、评价另一种寂寞的政治文明的责任相比，对我们个人创作的毁誉几乎不算什么。""这种对我们灵魂和道德的洗礼，自自然然就转化成了一种潜心的思考，和倾诉这种思考的欲望。"庆幸两位作者有了这样不甘寂寞的潜心思考和水到渠成的真情倾诉，才使我们不仅更加清晰地看到了作为爱国实业家的卢作孚，也看到了作为教育家和思想家的深邃高远的卢作孚。

为了还原一个真实、有血有肉、有风骨有魅力的卢作孚，在主要人物和重大事件基本属实的前提下，作者在创作上作了一些成功的尝试，使这部传记作品不但具有醇厚的知识性，也具有浓郁的趣味性，从而增强了可读性。在作品的结构上，作者借鉴小说的写法，打破传记作品以时间为叙述顺序的局限，有机地切割和组织材料，避免了索然、枯燥之嫌。在创作手法上，作者的文笔时而似论文般严谨，时而似散文般潇洒；时而如报告文学贴近生活却不乏艺术想象，时而如梦幻世界超越现实却又在情理之中。当我们读到作者在"三星堆"文化遗址前与卢作孚的对话，当我们走进由吴小莉主持的"卢作孚经济思想"的大学生研讨会现场，是无论如何也不会产生"荒诞"的感觉的。各种写作技巧交相辉映，使作品有了一种如诗如歌的节奏与韵律；而作者贯彻始终的激情，则为作品注入了磅礴而高昂的气势。"紫雾"散去，一部中国特色的《英雄交响乐》便在作者和读者的心中共鸣。

开发"共生矿"的丰硕成果

——《教育开发西南——卢作孚的事业与思想》序①

严家炎　卢晓蓉

　　著名作家陈祖芬曾在一篇题为《富翁》的文章中写道："卢作孚这三个字，一如川西的共生矿，丰富得令人惊喜，令人感动，令人感极而泣！"摆在我们面前的这部数十万字的《教育开发西南——卢作孚的事业与思想》(以下简称《教育开发西南》)，正是开发这座"共生矿"所取得的一个丰硕成果，同样令人惊喜，令人感动，令人钦佩！

　　本书的主要作者吴洪成先生，于20世纪90年代自浙江大学教育学院毕业后，来到位于重庆北碚的西南大学工作，长达十四年之久。徜徉在这座由卢作孚先生亲手设计和创建的、有着浓郁乡村气息，又不乏现代文明特色的小城里，吴先生对这位一生都在探索和开拓中国现代化之路的先辈充满了敬仰之情。同时，他又以江南人特有的细腻、敏锐和教育史博士生导师的专业眼光，发现了这座"共生矿"尚未开发却又亟待开发的一个资源，那就是卢作孚在教育事业方面的宝贵遗产。"共生矿"是丰富、厚重而多元错综的，开发它的工程也是相当艰巨的。卢作孚作为一代爱国实业家的地位已毋庸置疑，但作为

---

① 吴洪成等:《教育开发西南——卢作孚的事业与思想》，重庆出版社2006年12月第1版。文中引言除附有说明或注释外，皆引自本书。

一代教育家的地位，此前并没有得到科学的论证。虽然已有不少学者对于他在教育方面的思想理论和实践经验进行了很有价值的研究，但是卢作孚"作为教育家的角色如何把握，怎样定位，已有的成果看来因其零碎、局部及片断而远未能解决这样的困惑"。可喜的是，吴先生没有在这样的"困惑"面前止步，而是勇敢地开始了"着力挖掘、刻意探求"的艰难学术历程。尽管后来又转到河北大学任教，吴先生仍然"情之所至，任之所托"，带领南北两地的学生，"未敢稍微懈怠，总是在构思卢作孚教育思想及实践的相关问题"，历尽十载艰辛，终于"完成昔日重庆的诺言及愿望"。

《教育开发西南》在体例和结构上的一大特色是集人物传记、历史撰述和学术论著于一体。传主卢作孚先生，虽然在这个世上只活了59岁，却跨越了"革命救国""教育救国""实业救国"三大领域，生涯中充满艰辛、风险和挑战，并且在几个方面都各有成就，对任何一位想为他立传的作者来说，都是一个不小的考验。当年郭沫若曾向卢作孚毛遂自荐，要写他的传记，卢作孚婉言谢绝说："我的传记只能由我自己来写。"大抵也是缘于此项工程的浩大与复杂。而《教育开发西南》不仅要为他立传，还要以科学的态度确认他在中国近代教育史上的地位，任务就更加繁重。为此，《教育开发西南》集思广益，举重若轻，不是以时间顺序叙事，而是以论题内容谋篇，走出了自己的新径。《教育开发西南》首先以"奋斗人生"一章的篇幅，精练扼要地再现了卢作孚的传奇生涯。然后以其余五章分别探究了卢作孚的文化哲学观；梳理出他在教育实践、教育思想和教育理论三个不同层面诸多领先于时代的建树；彰显了这位现代教育先驱"好而不恃，为而不有"，"一生官高位尊权重事业有成，却始终谦逊廉洁简朴无私奉献"的崇高道德风范。六个部分之间既相对独立又紧密联系，构成了传记和论著相互交融、相得益彰的有机整体。

在过去的有关研究中，学者们都倾向于将卢作孚1925年创办的旨在"服务社会，便宜人群，开发产业、富强国家"的民生实业股份有限公司和1927年开创以北碚为中心的嘉陵江三峡地区的乡村现代化建设，作为他从"教育救国"转向"实业救国"的分界线。其理由是：

在此之前，卢作孚主要的精力都用在教育上，如任职中小学教师、当过主管教育的行政官员、创办过民众通俗教育馆等，在教育实践和教育思想理论方面，进行了不少探索研究，积累了许多成功经验。而在此之后，他便将大量的精力和时间用在了兴办实业和发展经济上。《教育开发西南》却通过对卢作孚在上述多个侧面史料的搜集、整理和分析，并借鉴刘重来、周鸣鸣、张瑾等卢作孚研究专家的研究成果，认为卢作孚"在办实业的同时，对教育的兴趣未衰，并投入了大量的时间和精力，他所进行的教育活动范围更广，内容更丰富，对理论的探讨更加深入"。且"在中国现代化的进程中，不断地思考、转变，逐渐从各种思潮的追随者的角色中独立出来，建立起具有自己特色的乡村建设思想和具有现代企业文化意味的职业教育思想。他对乡村教育建设和企业学校化的创造性实践，丰富了中国教育现代化的内容，奠定了卢作孚作为教育改革家、区域教育现代化的杰出代表以及职业教育家的重要地位"。这样的结论，改写了卢作孚生平研究中有关"阶段论"的认识，同时也为卢作孚所言："自己现在是办实业的，但实际上是一个办教育的，几乎前半生的时间都花在教育上，而现在所办的实业也等于是在办教育……"①找到了充足的依据。

《教育开发西南》另一个值得注意的特点，是将卢作孚的人生经历、教育理念与传统文化、西方进步思潮以及同代教育先驱的思想、实践，进行横向和纵向的比较研究。通过这样的多重比较，读者便能更好地理解："汇通百家，博采众长而又独树一帜是卢作孚教育思想的重要特征"，也可以更好地了解卢作孚从一个因家贫而只受过小学教育的平民子弟，成长为著名社会改革家、实业家和教育家，除了他自己的天赋和不懈努力外，还有诸多社会、历史和文化的元素参与其中。《教育开发西南》很看重卢作孚与中国现代教育先驱张骞、黄炎培、蔡元培、陶行知、梁漱溟、晏阳初等爱国志士之间的共同志向和真挚友谊。黄炎培先生和卢作孚之间长达数十年的师友情谊；蔡元培

---

① 卢作孚（1948）：《如何改革小学教育》，载凌耀伦、熊甫主编《卢作孚文集》第506页，北京大学出版社2023年4月版，下同。

为支持卢作孚在北碚创办中国西部科学院，亲自给他推荐人才，亲自为他的科考队外出考察给各地写介绍信；抗战中，卢作孚不遗余力妥善接待、安置陶行知、晏阳初、梁漱溟等教育家在北碚生活、办学，并共同携手将北碚教育试验的范围，扩大到以北碚为中心含五个乡镇在内的区域，使民众的启蒙教育得以继续发展。"在其他教育实验被日本帝国主义粗暴践踏、肆意毁坏，荡然无存时，他主持的北碚教育实验却由于得天独厚的地理优势以及他的理念品格竟奇迹般地生存下来，甚至更丰满了。"这些弥足珍贵的情谊，至今读来也让人感到温馨和亲切。《教育开发西南》还以"卢作孚与其他教育家的分析"为题，专门用一节的篇幅比较了卢作孚与同为实业家的张謇和同为乡村教育家的梁漱溟、晏阳初之间，在教育观念和教育实践方面的异同之处。从中既可以看出，卢作孚关于乡村现代化建设的探索和尝试不是孤立的，同时也烘托出卢作孚"用教育开发西南"独有的特色和历史功绩。

《教育开发西南》以相当专业的笔触，介绍了卢作孚在学校教育、职业教育、民众教育、师资教育、乡村教育、环境教育、区域教育和廉政教育等方面的诸多理论思考及丰富实践经验。它们涉及了当代教育改革所关注的教育观念、教育目标、教育制度、教育内容、教育方法和教育行政管理的方方面面，既具有较强的理论性和开拓性，又具有较强的现实性和可操作性。这或许是《教育开发西南》的第三个特色。卢作孚是"五四"新文化运动的参与者，又是推波助澜者。他深受以"科学、民主"思想和人文精神为特色的"五四"新文化的熏陶和影响。他关于中国封建家族制度衍生出的各种社会弊病的深刻批判；关于改造封建家族制度，实现中国现代化的超前思考；关于在实现国家现代化的进程中，教育为国家的根本大计的重要思想等，《教育开发西南》都作了系统而详尽的介绍，让我们对卢作孚反复强调的"教育为救国不二之法门""将教育独立于政治之外""第一重要的建设事业是教育""中国的根本问题是人的训练""人人皆有天赋之本能，即人人皆应有受教育之机会""教育的普及是要科学和艺术的教育普及，是要运用科学方法的技术和管理的教育普及，是要了解现代和了解国家整个建设办法的教育普及""学校之培育人才，不是培养他个人成功，而是培养他做社会运动，使社会成功"，教师应该是"须知教育精义，而有其志趣者"等振聋发聩的观点和他关于大力普及小学教育，根据社会对毕业生的需求规范中学数量，停止低水平的初级师范，以提高程度为前提合并高素质大学、关闭不合格大学等具有前瞻性的构想，有了切肤之感；对他真诚信奉"人生的快慰不是享受幸福，而是创造幸福，不在创造个人的幸福，供给个人欣赏，而在创造公众幸福，与公众一同享受"的理念和言行一致的自我垂范，更添崇敬之情。

卢作孚在教育实践方面诸多领先于时代的建树，《教育开发西南》也没有吝惜笔墨。无论是卢作孚早年担任中小学教师时，指导学生"用自学的办法学数学""自主命题写作文"等别具一格改革旧教材、旧教法的奇招，还是担任合川瑞山小学董事长期间，"亲自带领学生们到温泉公园、重庆市区、火柴厂和桃花园等处参观、学习、游览"，并让他们动手操作，参与游戏，指导他们在"有兴趣的现实生活中，去寻求知识，去建设秩序，达到寓教于乐"的创意；无论是卢作孚在担任泸州教育科长期间，邀请恽代英、王德熙等爱国志士，共同发起、推动"新川南、新教育、新风尚"的民众运动，还是受到华西大学创办人、美籍教士约瑟夫·毕启博士赞誉，并"使整个成都社会均为之轰动，为之迷恋"的成都通俗教育馆的民众教育实验；无论是以"民生精神"为核心的职工教育和企业文化建设，还是"将嘉陵江三峡布置成为一个生产的区域，文化的区域，游览的区域"的大规模区域教育实验和经济文化建设的实践范例，都给人带来"以史为镜"的反思和启迪。

卢作孚是继孙中山提出"现代化"的概念之后，明确提出实现"国家现代化"的目标、内容和途径的第一人。以现代人文精神为特色的爱国主义和国家现代化的理想，是激励他一生的精神力量和奋斗目标，这也成为贯穿《教育开发西南》全书的主题思想和显著特色。纵观《教育开发西南》全书，字里行间随处可见两代教育工作者对于教育事业的真诚热爱，对于普及文化科学知识、提高国民素质、实现我国教育现代化的执着追求和强烈共鸣，让我们读来感触良多，激动的心情难以平复。《教育开发西南》在介绍"民生公司学校化"的章节中有一份长长的演讲目录，记录了抗战时期卢作孚邀请社会知名人士到公司作报告的情况，如请著名经济学家马寅初讲《日本必败》及《战后中国经济之前途》，杜重远讲《由小问题到大问题》，冯玉祥讲《怎样将倭寇赶出中国去》，《大公报》总编辑王芸生讲《时事》，出席旧金山联合国会议代表李幼椿讲《从美国看世界和平与中国和平》，陈独秀讲《人类进化程序及国人应有之努力》，沈雁冰讲《如何读小说》，郭沫若讲《中国文艺发展史略》，戏剧家陈锃教授讲《中国戏剧与中国舞台》，等等。上述事例，我们过去也知道一些，但像这样比较完整的记录，还是第一次读到。从这份演讲目录，亦可见卢作孚高瞻远瞩施行职工教育和企业文化建设之一斑。对于以爱国主义为核心理念的民生人在抗战中作出的巨大牺牲和卓越贡献，《教育开发西南》也予以了热情赞颂和充分肯定。

为了实现现代化的目标，卢作孚一向主张大教育观，重视环境和教育的关系，认为："教育应造成环境，无论是学习环境或社会环境。"[①]北碚正是他改善学校环境和社会环境，以实施全民教育理念的一个成功实验。他为北碚的乡村现代化建设，从经济发展到市容市貌，从科学文化到区域教育，从规划设计到付诸实施，可以说是殚精竭虑，鞠躬尽瘁。卢作孚亲自带兵剿匪，并"化匪为民"，建立良好社会秩序；身先士卒挖刨疏浚臭水沟，带领民众打扫卫生；在平民俱乐部为民众放映"学知识、讲文明"的幻灯片，并亲临现场担任解说的身影……都栩栩如生地展现在我们面前。从《教育开发西南》的记述，我们第一次得知，是卢作孚创办的中国西部科学院的科考队，首先发现了熊猫这种珍稀动物品种和攀枝花地区丰富的地下资源"共生矿"；也是第一次知道，20世纪后半期囚禁政治犯的西山坪农场，当年曾是试验和推广农作物新品种的所在地。卢作孚为了解决兼善中学

---

① 卢作孚（1948）：《如何改革小学教育》，凌耀伦、熊甫主编《卢作孚文集（增订本）》第506页。

的教学经费，还把这个赚钱的农场划归到该校附属事业总管理处。而卢作孚亲自拟写的《建修嘉陵江温泉峡温泉公园募捐启》，竟是他在1927年上任嘉陵江地区四县特组峡防局局长时发布的第一个文告。我们以前听说，为了顺利进行乡村建设实验，卢作孚主持创办了北碚文化基金会。卢氏昆仲为此还捐出了自己的家产。但这笔基金后来的情况怎样？发挥了哪些作用？我们作为卢作孚的后人，曾多方打听仍不得其果，没想到却在《教育开发西南》中找到了答案，得知它不仅促进了北碚地区的科教文化发展，"为北碚地方创造了大量的财富"，而且还资助了一些著名文化人士，如科普作家高士其从延安途经北碚转香港治病和郭沫若赴苏考察，都得到了文化基金会的赞助。《教育开发西南》的调查结果使我们甚感欣慰。

从《教育开发西南》可知，卢作孚致力于建成一个"文化的北碚"的理想很快便得到实现。1945年北碚的儿童入学率已达80%，1949年更是达到89%。"这么高的普及率在当时全国范围内也是很高了。"由峡防局民众教育办事处主持的各种类型的民众教育也比比皆是，"……每晚都有许多男女青年朋友在读书，北碚市中学校园道上，体育场间，一到晚上八点以后，随处碰到手里拿着书本的人，不是民众学校夜学出来的学生们，就是在图书馆研究东北问题的峡局职员。从来峡局文化事业莫有见过如此的兴盛现象，尤其是晚间。"①1933年8月，中国科学社年会接受卢作孚邀请，在北温泉召开。近代学术团体在四川召开年会尚属首次。1934年中，到北碚考察的经济学家张肖梅赞叹："与教育有极深切关系的三峡地方，实为川中之洞天福地，不啻世外桃源……道路之清洁，布置之齐整，为全国各地所无；上古盛治之世，道不拾遗，夜不闭户者，仿佛似之。"②《教育开发西南》还引述了原北碚区区长陈秉超先生为《北碚老照片》一书所作的序，他盛赞卢作孚所主持的具有浓厚科学文化特色的乡村建设，并认为："北碚开早期西部开发的先河，决不夸张。"

①　《北碚晚上踊跃着读书的人们》，《嘉陵江日报》1931年11月22日。
②　《张肖梅谈考察观感》（续），《商务日报》1934年6月21日。

著名教育家陶行知先生曾说过："北碚的建设……可谓将来如何建设新中国的缩影。"[①]这正是卢作孚进行嘉陵江三峡乡村建设的初衷。1947年12月联合国教科文组织派代表到北碚考察，并于1948年2月将北碚定为"基本教育实验区"，或许是对以上看法的一个诠释。《教育开发西南》多次提到，卢作孚不是坐而论道者，而是一个善于实现自己理想的实干家。"他以国家为高度，以乡村教育建设为起点，进行国家现代化建设的实验。希图通过以教育开路，以经济为后盾的途径，刷新政治，实现区域性乡村建设都市化和区域性乡村的现代化，进而实现振兴祖国的理想。"从而"走出了一条穷国办大教育的可行之路"。因此，《教育开发西南》认为："卢作孚的实践及理论的价值不应限于此，而应有普遍性的意义，他不仅是属于中国的，也是属于世界的！"

我们相信，《教育开发西南》作为开发卢作孚这座川西"共生矿"的丰硕成果，同样不仅属于中国，也将属于世界。

---

① 陶行知：《在北碚实验区署纪念周大会上的讲演》，《陶行知全集》（三），湖南教育出版社1985年版，第311页。

卢作孚与《少年中国学会研究》

卢晓蓉

这些日子以来，我的案头始终摆放着一本刚刚出版的新书①。凝神注目之间，似乎还能嗅到它散发出来的油墨的清香。书的封面设计素净而别致，两张老照片明暗相间地套叠在一起，书中人物仿佛呼之欲出。书的排版和印刷也相当考究，连平日出版物中常见的错别字亦很少见到。看来，出版商和责任编辑是下了一番功夫的。书是上海三联书店出的，作者为中国青年政治学院的副教授吴小龙。我等候这本书足足已有五个年头，现在终于盼到了它。可惜书到作者手上的时候，他已身患晚期癌症处于弥留之中。

大约在七八年前，我在职业生涯接近尾声时，有了一些时间来搜集我祖父卢作孚的资料并开始了对他的研究。在此过程中，我第一次接触到"少年中国学会"这个名词，进而对"五四"时期这个名噪一时的进步青年组织有了些许了解。这个偶然发现，就像一道电光激活了我的大脑细胞，使我在与祖父有关的庞杂浩繁的生平资料中，找到一条首尾相接的线索，发现了在他传奇人生的背后蕴藏着的驱动力。"本科学的精神，为社会的运动，以创造'少年中国'"，这个极具"五四"特色的"少中"宗旨，不正是祖父一生所恪守的行动纲领吗？而"少中"的八字信条"奋斗、实践、坚忍、俭朴"，则更是渗透到了他的骨髓之中。于是我在一篇忆述祖父早期生涯的文章《奋飞

---

① 指吴小龙著《少年中国学会研究》，上海三联书店 2006 年 8 月版。

的起点》中，以"吸纳进步思想，参加少年中国学会，选定奋飞的道路"为题，单辟一节，试图探讨少年中国学会与爱国实业家、教育家、现代化先驱卢作孚之间的关系。原本我还想沿着这条线索，继续深入研究下去，找出更多具有说服力的论据，并追索"少中"其他成员的踪迹，可是却苦于资料缺乏，无师可从，只好半途停顿。

又过了两年，大约在2001年夏秋时分，我偶然从一本杂志上读到了署名为吴小龙的作者写的一篇文章《毛泽东与少年中国学会》，顿时兴味盎然地一口气读完。尽管其中仅在一段文字的末尾，出现过我祖父的名字，却仍然让我激动不已。这段文字，或许可以揭示吴小龙甘冒"一厢情愿"的风险，勇"向兴亡事里寻"，醉心于"少中"研究十余年而不悔的原始动因：

这个学会是"五四"时期一个人数最多、影响最大、分布最广、时间最长的全国性青年社团，几乎积聚了全国各地、各青年社团的精英分子。它筹组于"五四"前一年，成立于"五四"后一个多月，发起人是王光祈、曾琦、李大钊、周太玄、陈淯、张梦九、雷宝菁七人。在它的会员中，为国人所熟悉的，还有后来成为共产党人的恽代英、邓中夏、杨贤江、沈泽民、高君宇、刘仁静、赵世炎、张闻天、黄日葵；成为青年党的有左舜生、李璜（这两人与曾琦并称青年党的曾、左、李）、余家菊、陈启天；先为中共，后为国民党的有周佛海；科学、教育、文化界的更多，著名的有：杨钟健、舒新城、朱自清、宗白华、田汉、张申府、许德珩、易君左、郑伯奇、李初梨、李劫人、方东美、周炳林、康白情、恽震等人，甚至还有四十年代的中国船王卢作孚。光是看到这样一些人，曾经聚在同一个学会里，就足以叫我们惊奇了，再想想他们后来在中国历史上的作用和地位，就更令人惊叹……以至于四十年代时就有一种说法：当今中国，已成"少年中国学会"的天下了。我在翻阅当时的书刊时见到这句话，不禁大吃一惊：这一段辉煌，后来可是给抹得干干净净、遮得严严实实的啊。

因为有了这样的"惊奇"、这样的"惊叹"、这样的"大吃一惊"，就促使他义无反顾地选择了一条要把"少中"从历史的尘埃中发掘出来，还原其"全貌"的不归路，我不由对这位作者肃然起敬。也正是在这篇文章的开头，我得知吴小龙在2001年5月15日，积其九年的研究成果，写完了《少年中国学会研究》。"少中"在沉寂七十多年后，竟然还有学者在研究，并且还写出了专著。我就像一位在沙漠中迷失了方向的独行者，突然得知前边不远处有一位热情的向导在等着我似的惊喜万分，于是便开始急切地寻觅这本书和这本书的作者吴小龙。但是，在我寻遍了北京、上海的大小书店以后，却陷入了深深的失望。偌大的书海，不仅找不到吴小龙的《少年中国学会研究》，甚至与"少年中国学会"这个关键词有关的任何书籍都没有！

2002年初，作家出版社推出了上海作家金雨时、朱如月合著的卢作孚评传《紫雾》。该书的责任编辑潘婧，邀请几位专家学者为《紫雾》撰写评论义章，其中一位名叫吴小龙。当我弄清了此吴小龙即彼吴小龙之后，真切地体验到了"踏破铁鞋无觅处，得来全不费功夫"的快慰。从那以后，我们便因"少中"而建立了联系，也曾在京城聚会过几次。小龙的工作很忙，身体也不十分好，以至于我每次向他发出邀请，都有些犹豫不决。但他只要没课，都一定会赶来参加。2003年4月，我祖父的家乡重庆合川和他当年从事乡村建设试验的北碚，为纪念他110周年诞辰举行系列活动。小龙得知后，主动要求自费前往，并且一个不落地参加了所有的活动。会后，东道主安排参观游览，他却去了图书馆、档案馆；我们一行人离渝回京，他则只身去成都收集资料，一待就是好几天。他曾对我感叹："没想到'少中'成员中有这么多四川人，几乎占了四分之一。""在'少中'的七位创始人中，四川人就有六个！"莫非"爱屋及乌"，出生在东海之滨的他，也迷恋上了西南一隅的四川？小龙平时说话不多，言行举止谦和低调。可是，说起"少中"来却滔滔不绝。还是那次去重庆，有一天大家一起吃饭，小龙有点不好意思地征求我的意见，想挨着我的父亲坐，为的是"好向老人家请教一些问题"。席间，老少两代无拘无束相谈甚欢。直到现在，我将近米寿的父亲还记得这位颇有谦谦君子风度的青年学者。听闻他的死讯，老人家忍不住心中的悲痛红了眼圈。

在那次纪念活动期间，我们一起参加了西南师范大学（现改名为西南大学）"卢作孚研究中心"举办的"卢作孚社会改革实践与中国现代化研究"研讨会。吴小龙在会上侃侃而谈："卢作孚先生对于中国的救国的根本道路，有着他独特的思考，他认为'政治问题不是可以大刀阔斧解决的。因为政治上主要的是建设问题，是建设秩序问题。国家虽大，其建设秩序的工作细致，乃与个人生活秩序是一样细致的。分析起来，都是一点一滴的问题，不是大刀阔斧的问题。合无数一点一滴以成一桩事业的系统，合无数事业以成一个地方的系统，最后乃成一个国家的系统。'所以他反对'用强迫手段急剧地改革社会某方面的问题'，主张以踏踏实实的建设工作来积累物质和文化资源，达到改造社会的目的。"他还指出："卢作孚在城乡关系、教育、卫生、经济发展等方面都有一些相当超前的见解和实践，值得我们学习借鉴。"吴小龙对卢作孚思想和实践的独特解读，得到了与会人士的普遍认同。后来他将这篇发言稿补充整理成一篇文章《卢作孚的思想遗产》，并把它作为"少中"会员的唯一个案，附在了《少年中国学会研究》的书后。

其实，活跃在吴小龙脑子里的"少中"人物又何止卢作孚一个。他曾经满怀信心地对我说，他有一个宏大的写作计划，打算为一批有代表性的"少中"人物谋篇立传，书名暂定为《魂系少年中国——少年中国学会人物群像》。他为此而开列了一份长长的目录，其中有囊括了"少中"七位创始人的《魂系中国，情寄音诗——少中学会的发起人王光祈》《深思沉着、稳如泰山——少中学会的精神领袖李大钊》《热忱的实干家——陈愚生》《终生献身科学的周无》《终生献身教育的张尚龄》《东渡扶桑，赍志而没的雷宝菁》和《书生办党，回天无力——曾琦》；也有后来成为共产党领袖的《青年运动的先驱——恽代英》《雄才大略的"普通会员"毛泽东》《从文学青年到党的"总书记"——张闻天》《从塞纳河到黄浦江——第三次上海工人起义的领导者赵世炎》和后来成为青年党领袖的《问学问政的"学钝室"——李璜》《万竹楼上的史家——左舜生》；还有在教育、科学、文学、经济等不同领域作出卓越贡献的《从五四青年到考试院长——杨亮功》

《历史风雨中的"三叶草"——宗白华、田汉、郭沫若》《从土木工程学生到"首都市长"——沈怡》《文章师表，气节楷模——朱自清》《波澜壮阔的"大波"——文学家李劼人》以及《实业救国，力拯民生——中国"船王"卢作孚》等。这是一串何等耀眼的明珠，又是一部何等器宇轩昂、壮阔跌宕的命运交响乐！可惜的是，被教学和各种重负占据了大部分时间的吴小龙，还来不及实现他的写作计划，就被病魔夺去了生命。他去世的时候才51岁，正当干事业的好年华。

我第一次见到吴小龙，就迫不及待地向他打听，在哪里可以买到他的《少年中国学会研究》？他无可奈何地笑笑说"还没有出版呢"，却没有告诉我个中的原因。今年初，我先生严家炎为了搞清楚"少中"会员、诗人康白情的卒年，向吴小龙请教。他很快就打来电话告知了正确年份。我接过电话向他表示感谢，他用比往常更为开心的语调笑答："不用谢，我还要感谢你们呢。我的书快要出版了，到时候会送给你们的。"听了他的话，我也为这本待产五年、梦寐以求的书即将面世而感到格外高兴。可万万没有想到的是，小龙这句话竟成了他留给我的"绝音"。当我得到他病重的消息，赶往医院看望时，他已昏迷不醒。出版社刚送到的新书《少年中国学会研究》，就放在距他咫尺之遥的床头柜上，他却再也无法睁开眼睛，欣赏这部心血之作了。直到最近读了他为这本书写的《跋》之后，我才知道该书迟迟未能出版，原来是受到出版经费的困扰和一位"南方先生"剽窃成果的双重牵制。在小龙的追悼会上，我忍不住问他的弟弟吴小山，小龙当初出书遇到经费困难，为什么不告诉我们，让大家一起想想办法？小山哽咽着说："我哥就是那样的人，不愿给朋友添麻烦。"而对于那位忘恩负义的"南方先生"，小龙既没诉诸法律，也没庭下索赔，而是选择了宽容："大家混口饭也都不容易，委屈一日三餐要吃饭的人，莫如委屈一下学术吧。这么一想，我也释然，大可不必愤世嫉俗了。"如果经费问题早一点解决，如果那位"南方先生"良心未泯，小龙是可以亲眼看见这部书的啊，现在一切都晚了！

然而，永远也不晚的是小龙那颗与"少中"先贤们一样的闪亮的心，是那份执著于把"抹得干干净净、遮得严严实实"的"少中"历史昭示于天下的真挚的情。追悼会上，送别小龙的队伍有数百人之多，在他的灵堂前排起了长龙。中国青年政治学院的师生们含着眼泪说，吴老师讲课很有吸引力，大家都很怀念他，他们学校正掀起"远学孟二冬，近学吴小龙"的热潮。已在学术上独树一帜、声名不菲的吴小龙，生前住的房子还是学校分配给他的过渡房，"形单影只"地与他钟爱的书籍和资料共处一室。长年坚守冷门研究的他，收入不算宽裕，可是对于弟弟小山的生活学习，对于亲戚朋友的经济困难，他总是慷慨解囊有求必应。小龙病重住院四个月期间，小山朝夕相伴陪在他身旁，以弥补自己平时照顾哥哥不够的歉意。在小龙陷入昏迷的两个月里，小山也不离左右，为的是每天都能看见亲爱的哥哥。小龙的女友告诉我："小龙研究'少中'，自己也学习'少中'，时时处处以'少中'为榜样，仿佛都变成了'少中'人。"生前来不及留下一句遗嘱的吴小龙，在《少年中国学会研究》的结尾处留下了他在人间最后的心愿：

把这本书印出来，就算是我对"少中"朋友们的一个交代，也是对自己的一个交代吧。或许，我得离开这个题目一段时间了。此时此刻，不禁想起少年中国学会的发起人王光祈《去国辞》里的几句：

"山之崖，海之湄，与我少年中国短别离；短别离，常相忆！……"

也许，这个课题有它的局限性，"少年中国学会"有它的局限性，但，我对它倾注过感情，我对此永远不会忘记。

2005年7月6日凌晨三点
于京西万寿寺

小龙，现在你可以坦坦荡荡地带着你的书，带着你的深情和厚谊，去和你的"少中"朋友们相会了。他们都在天堂的门口迎接你呢，其中一定也有我的祖父。

（原文曾发表于《博览群书》2007年第1期，标题为《愿你在天国与"少中"诸公相会》）

"以建设的力量作破坏的前锋"

——试析卢作孚的建设观

卢晓蓉

1925年10月，少年中国学会印发了一张"学会改组委员会调查表"，其中有一栏提出的问题是："对于目前内忧外患交迫的中国究抱何种主义。""少中"会员毛泽东如是回答："本人信仰共产主义，主张无产阶级的社会革命。惟目前的内外压迫，非一阶级之力所能推翻，主张用无产阶级、小资产阶级及中产阶级左翼合作的国民革命，实行中国国民党之三民主义，以打倒帝国主义、打倒军阀、打倒买办地主阶级（即与帝国主义、军阀有密切关系之中国大资产阶级及中产阶级右翼），实现无产阶级、小资产阶级及中产阶级左翼的联合统治，即革命民众的统治。"

而同为"少中"会员的卢作孚则是这样填写的："1. 彻底的改革教育，以'青年的行为'为教育中心。2. 以教育方法训练民众，为种种组织、种种经营，以改革政治，绝不利用已成之一部分势力推倒他一部分势力，但谋所以全融化之或全消灭之。3. 以政治手腕逐渐限制资本之赢利及产业之继承，并提高工作之待遇，减少其时间，增加工作之人，直到凡人皆必工作而后已。"①

---

① 张允侯等：《五四时期的社团》，三联出版社1979年4月第1版，第522页。

革命与建设："微生物的力量才特别大"

卢作孚出身贫寒，没有任何财产可以继承，也没有任何特权可以凭依，却以59岁的一生，在革命救国、教育救国、实业救国三大领域都取得了不朽业绩。究其原因，一个不可忽视的因素便是他从很年轻的时候就选定了奋斗目标和道路，即团结全国人民，以世界上最先进的水准为标杆，用组织开展"生产运动""交通运动""文化运动"和"国防运动"的方式，"将整个中国现代化"。换句话说，就是"以建设的力量作破坏的前锋"，用渐进的办法来达到改造社会、强国富民的目的。

纵观卢作孚的一生，无论在实践操作层面还是思想理论层面，无论在经济建设领域还是精神文化领域，他都始终坚持以这个原则为自己的行动指南，从不偏离，从不放弃，鞠躬尽瘁，死而后已。我把卢作孚的这一理念概括为他的"建设观"。这个"建设观"要求人们在对待困难和问题的时候，首先应持建设和改良的态度，不遗余力地助长新生力量，以此来遏制和消解旧的、落后的，甚至反动力量的滋生和蔓延，而不要轻易动用"破坏一切"的手段。

为了实现他在少年中国学会时亲手绘制的蓝图，他竭尽全力训练建设的人才，示范建设的榜样，组织建设的队伍，身体力行地主持教育建设、实业建设、乡村建设、环境建设、文化建设和廉政建设，成就斐然，有目共睹。

卢作孚的这些想法和做法，与其所处的那个时代热衷于用武力、用战争来解决国际争端或党派纷争有明显的不同。他在一篇题为《这才是伟大的力量》的文章中指出："有人认为社会的改变，是要先毁坏，后建设。如果国际允许中国，中国允许我们，就把现在毁坏，重新建设起来。但是事实上很困难，所以只好采用改良社会的方法。改良也许阻力很大，但要设法去消灭它。"他认为，"炸弹力量小，不足以完全毁灭对方，你应当是微生物，微生物的力量才特别大，才使人无法抵抗"。

卢作孚并不盲目地反对革命，他18岁就参加四川的保路运动。"五四"运动时期，卢作孚在著名作家李劼人主持的《川报》做记者和编辑。1919年8月李劼人赴法国勤工俭学之后，卢作孚继任了该报的社长和总编。他俩共同努力将《川报》办成了传播"五四"精神的喉舌和阵地，使它成为"当时成都唯一一家不畏反动政府恫吓，敢替学生说话的报纸"。他与著名共产党员恽代英、萧楚女等不仅先后共过事，还是终身好友。在卢作孚的心目中，"革命与建设是相辅相成、殊途同归的"。他曾以辛亥革命虽然推翻了"满清"，却又遭致北洋军阀的独裁统治为例，对其三弟卢尔勤说："以暴易暴，其结果祸国殃民，更有甚焉。"因此，"干革命就不宜单一地为革命而革命，必须要多方面努力创造条件，以资协作。所以还要做造福人民，使他们看得清、受得着、深信不疑的实际好事，首先转变其社会的不良倾向，才能将伟大的革命事业贯彻到底。"①

面对多次革命成果付诸东流的历史教训，卢作孚作了认真严肃的思考。1930年1月，他怀着切肤之痛，在《四川人的大梦其醒》中写了一段发人深省的文字："人都以为革命问题是先破坏后建设；亦就把它截成两个时期：一个是破坏期，一个是建设期。在破坏期中只努力破坏，只训练人怎样去破坏。因为破坏有了若干回训练之后，这一段工程亦或许终于成功了，但绝不是革命成功了。革命还有一段重要的工作是建设，到这时才开始，而且每每没有法开始——因为向来只在破坏，没有经过建设的训练，于是失败紧跟于成功之后。革命人物循此错路，每不觉悟。"他总结历史教训和自己的感悟说："如果认为革命是一桩完整的事业，便不能把破坏与建设截成两段，必需且建设且破坏；而且必需以建设的力量作破坏的前锋，建设到何处，才破坏到何处。再进一步说：先要有好的建设，然后有快的破坏。河下有一只好的轮船，坏的木船便揽不着客货；乡下有一个好的学校，坏的私塾便招不起学生，这便是显然的例子。"卢作孚强调："破坏的实力是建设，绝不是枪炮，亦不是军队。不要搪塞着说：预备枪炮，扩充军

---

① 摘自卢尔勤的回忆，卢国模抄正。

队，目的是为了破坏。就令目的为了破坏，手段亦当采自建设方面。建设应从心理起，从建设公共理想起。"[1]

卢作孚是幸运的，四川的各路军阀不仅没有因他敢于进谏而刁难和排斥他，反而都各尽所能助他一臂之力。1935年10月，时任四川省主席的刘湘还延聘卢作孚担任省政府委员、省建设厅厅长，直到抗战爆发之前，国民政府调卢作孚到南京主持经济行政工作为止。在此期间，四川终于结束了军阀混战的局面，实现了军政统一。据史料介绍，刘湘关于四川"军队国家化，政治统一化"的办法便是请卢作孚等人面呈蒋介石的。到抗战快要结束的时候，卢作孚又以《中国中心的伟大基地》为题，再次阐述了他对四川经济建设的信心、构想和期望。他认为："四川的人民属于一个非常保守的农民社会。但是接受新的思想时，他们却远不是保守的。稻、麦、棉、甘蔗的新品种已以非凡的速度普及推广。蚕丝业也已以难以置信的速度由纯粹手工业发展成为机械化工业。"而这些农作物新品种的引进与推广以及农副产品的产业化与商品化，正是卢作孚在建设厅长任期内主持实施的。前些年，一位新中国成立前夕随父入川的领导同志对我说："我们到四川的时候，发现那里的人民生活很富裕，每个人的脸上都洋溢着灿烂的笑容。"九泉之下的卢作孚如能听见他这番真诚的忆述，相信也会洋溢出灿烂的笑容。

"教育为救国不二之法门"

卢作孚主张先建设后破坏，并非将理想主义的大厦建立在流沙和垃圾之上。他深谙长达数千年的封建专制对中国走上现代化道路的严重羁绊。他一针见血地指出：造成中国政治、经济、文化落后的弊端在于"中国人只有两重社会生活——第一重是家庭，第二重是亲戚邻

---

[1] 卢作孚（1930）：《四川人的大梦其醒》，载凌耀伦、熊甫主编《卢作孚文集（增订本）》第71页，北京大学2023年4月版，下同。

里朋友。"①中国人"为了家庭，可以披星戴月，可以手胼足胝，可以蝇营狗苟，可以贪赃枉法，可以鼠窃狗偷，可以杀人越货。为了家庭可以牺牲了家庭以外的一切，亦可以牺牲了你自己。"②从而造成"苟营家私，门阀攀比"，"麻木不仁，但求苟安"和"裙带关系，社会腐败"等问题，使中国社会长期停滞不前，处于贫穷落后、被动挨打的地步。

在卢作孚看来，要铲除封建的根基，不是靠打倒一切、破坏一切和消灭人的肉体就能成功的。他认为"中国的根本问题是人的训练"，要从对人的教化和改良做起，这比消灭人的肉体更为深广有效。故而他早在1916年即23岁的时候就撰文开宗明义地指出："教育为救国不二之法门。"后来又提出"乡村第一重要的建设事业是教育"等一系列重视教育的思想和主张。卢作孚在55岁时曾感慨地说："自己现在是办实业的，但实际上是一个办教育的，几乎前半生的时间都花在教育上，而现在所办的实业，也等于是在办教育，是想把事业当中全部工作人员，培养起来，提高他们的技术和管理能力。"③他一直期望通过教育和创建新的"现代集团生活"来取代封建家族制度。"我们必须打破这以家庭为中心的集团生活，扩大为以国家、民族为中心的集团生活，然后中国才有办法。"④

为了建设员工理想的企业，农民理想的乡村，公众理想的社会，"把天国移到人间，亦可以把凡人渡到天上"，卢作孚殚精竭虑地付出了毕生心血。无论是四川泸州的学校教育改革，还是四川成都通俗教育馆的民众教育实验；无论是以长江巨擘民生实业股份有限公司为核心的实业建设，还是以重庆北碚为中心的嘉陵江三峡地区现代乡村建设；他都"以建设的力量作破坏的前锋"，亲身垂范，形成摧枯拉朽的力量去改天换地。

---

① 卢作孚（1934）：《建设中国的困难及其必循的道路》，载《卢作孚文集（增订本）》第267页。

② 同上，第268页。

③ 卢作孚（1948）：《如何改革小学教育》，载《卢作孚文集（增订本）》第506页。

④ 卢作孚（1935）：《社会的动力与青年的出路》，载《卢作孚文集（增订本）》第312页。

1924年，卢作孚在当时掌握了四川军政大权的杨森的大力支持下到成都创办了"通俗教育馆"，这是他的第一个"现代集团生活"试验。在他和所有工作人员的艰苦努力下，一个具有全国一流设备、结构美观、内容丰富的民众通俗教育馆很快建成。各式各样的展览会，运动会，电影、戏剧、中西乐演奏等轮番上场，让人眼界大开。这些文化、体育、艺术、卫生等活动均"寓教育于游乐"之中，把不同文化层次、不同年龄的市民都吸引进来。卢作孚后来回忆那时的情景说："我们随时随地在活动，而我们的活动都在我们所负的使命上。不但专一于所负的使命，而且包围着所负的使命；不但有恒，且有不断的前进；不但有时间都活动，而且有活动都紧张；不但使人惊服于我们活动的成绩，尤其是我们活动有精神，因而有深刻的感应，将这静的社会变成动的社会。从我们的活动上，不但要看出一手一足之劳，尤其要看出一点一滴的思想以使人欣赏。"[①]这就达到了他在成就一桩事业的同时，成就一批又一批现代化建设人才的目的。

此后，无论是在其第二个集团生活试验——创办民生公司，还是第三个集团生活试验——嘉陵江三峡地区的乡村建设中，卢作孚都用同样的方法，亲自带头示范，动员民众参与，用各种人们喜闻乐见的形式来教育人、改造人，以逐步清除封建势力和旧思想残余。为了提高轮船的服务质量，他亲自上船当茶房；为了把北碚建成一个美丽的大花园，他身先士卒挖刨疏浚臭水沟，带领民众打扫卫生；为了引导民众"学知识、讲文明"，在平民俱乐部放映幻灯片时，他亲临现场、手握话筒担任解说；为了给农民扫盲，他亲自部署："凡替不识字的人们解释一切事物，都指着文字替他们解释。为他们叹息不识字是大憾事……凡有一切参观的机会，无论动物园和博物馆，无论电影或戏剧，往往是让识字的先进去，或需要收费的让他们免费进去。多方面布置一种环境去包围那不识字的人们，促成他们识字。"[②]

---

① 卢作孚（1933）：《我们的要求和训练》，载《卢作孚文集（增订本）》第223页。
② 卢作孚（1934）：《四川嘉陵江三峡的乡村运动》，载《卢作孚文集（增订本）》第291页。

关于建设："你不能抵御这新的世界"

卢作孚的建设观不仅有丰富的实践基础，也有系统的理性思考；他所总结和提炼出的许多经济建设和企业管理的理论著述，至今还富有鲜活的时代气息；虽然数量不算太多，却因其拥有易于操作的实践性而独具特色。

卢作孚用浅显易懂的文字，系统阐述了企业建设、乡村建设、地方建设和国家建设的目标、内容、方法及途径，内中有许多超前的创造和经验。比如在内河与远洋航运的开拓方面，在中国股份制企业的创办和企业文化建设、乡村建设及国家现代化建设方面，卢作孚的见解和论述都处于领先位置。早在1932年他就预言，一个类似今人所谓的"全球化"的时代终将到来："须知这新的世界是一个趋势，正向着整个的社会乃至整个地球推进。它不能停顿，你也不能抵御，你可以打倒帝国主义，但是你不能抵御这新的世界。这新的世界不久便会降临到你的面前。岂止你不能抵御，也没有地方逃避——虽然你拿着了苟得的便宜。"[1]1934年，他又指出："中国的根本办法是建国不是救亡，是需要建设成功一个现代的国家，使自己有不亡的保障。是要从国防上建设现代的海陆空军；从交通上建设现代的铁路、汽车路、轮船、飞机、电报、电话；从产业上建设现代的矿山、工厂、农场；从文化上建设现代的科学研究机关、社会教育机关和学校。这些建设事业都是国家的根本……"[2]卢作孚提到的这四个方面的现代化，与我们现在的四个现代化有异曲同工之处。

1944年，卢作孚在赴纽约出席国际通商会议前夕，发表了《战后中国究应如何建设》(后改名为《论中国战后建设》)一文。他指出："在抗战结束以后，即当开始建设，抗战结束以前，自即日起，即当开始准备。"他认为，中国战后应进行三方面的建设："政治方面，要

---

① 卢作孚（1932）：《为什么发行这小小的半月刊》，载《卢作孚文集（增订本）》第183页。
② 卢作孚（1934）：《建设中国的困难及其必循的道路》，载《卢作孚文集（增订本）》第282页。

求成功一个完全独立自主的民主国家，以实现民族主义和民权主义；经济方面，要求工业化，人民的生活水准提高，以实现民生主义；文化方面，要求教育普及，人民的文化水准提高，能使完全实现三民主义。""这三个方面的建设诚当并重，但更当以经济建设为中心，更当集中一切力量于经济建设。"他同时建议，国家对经济建设不应放任自流，而要采用计划经济的方法实行宏观管理："使一切经济事业——生产事业、交通事业、贸易事业、金融事业——在国家的整个秩序上发展，在国家预定的计划上发展，这是经济建设最进步的方法，经济建设而有预定计划，应叫作做计划的经济建设，或简称'计划经济'。"

卢作孚建议实行的"计划经济"是建立在市场经济和私有制基础之上的，与新中国自五十年代起实行的"计划经济"有着本质的区别。在《论中国战后建设》这篇文章中，他以苏联为例作过深入分析："苏联先没收了人民的私有财产，故只鼓励人民贡献其手脑，我们仍保持人民的私有财产，即不能不于鼓励人民贡献其手脑以外，并贡献其私有财产。苏联系一社会主义国家，私人所得一切物质上的分配，只能做消费用，不能再作生产用。中国还在私有财产制度下，财产应奖励作生产用。虽一般生活水准应提高，但富有者浪费应减少，应集中其财力在生产上。其如何支配，仍由人民自由选择，但全为国家整个计划所要求。"为此，他在建议实行计划管理的同时，特别强调了国家在计划经济中应注意的问题："国家不必划开政府投资与人民投资的领域，而应以政府的资金与人民的资金配合。政府应以整个计划的要求和管理机构的地位控制产业全部，控制产业全部的相互配合；不宜以投资地位控制一部分产业，负责产业本身的盈亏成败。……政府既已全力管理所计划的全部事业，不宜同时又直接投资经营一部分产业，因为这中间有矛盾的问题，如其希望直接投资的事业获有成绩，即不能同时希望所管理的同类事业与之竞争，获有更好的成绩。两种性质的事业，在业务上、在所得主管机关的帮助上，或难获得平等机会，徒使政府与人民立于竞争地位。即令一切平等，但国家究竟是最后权利者，亦容易使人民感觉恐惧忧虑，失却政府笼罩全体人民，管理机构笼罩全体被管理者的意义。……在计划经济原则下，政府所必须直接投资经营的事业，只限于人民不能经营的事业，此外则皆投资于人民所经营的事业，而让人民管理其盈亏成败。政府只站在全盘产业的管理地位上，管理其相互关系，管理其相互配合的关系，而奖励指导帮助每一桩事业，但不直接管理每一桩事业。"①

卢作孚关于"公私合营"的构想，便是植根于这些理性思考之中的。这也许是他在有生之年建树"建设"理论的最后一次重要创新。1950年春，卢作孚主动向当时的政务院总理周恩来提出将民生公司"公私合营"的建议，得到党和政府首肯。1950年8月10日，卢作孚代表民生公司，与当时的交通部长章伯钧先生签订了《民生公司公私合营协议书》。从民生公司的档案材料可知，卢作孚在生命的最后日子里，一直在尽心尽力履行这份协议。但是，卢作孚所构想的公私合营和后来席卷全国的对民族工商业的社会主义改造是不一样的。他不赞成用阶级斗争的办法消灭私有制——尽管他自己并没有私有财产，他所主张的是"以政治手腕逐渐限制资本之赢利及产业之继承，并提高工作之待遇，减少其时间，增加工作之人，直到凡人皆必工作而后已"（见前述"少中调查表"），以尽量缩小贫富差别、城乡差别、体脑差别，达到全民共同富裕的目的。在他看来，人民政府对一部分关系到国计民生的重要企业，采取公私合营的办法，应该是实现这个愿景的途径之一。曾任中南军政委员会交通部副部长、长江区航务管理局局长、公私合营民生公司汉口总公司公方代表的刘惠农先生回忆说："最初，卢先生提出的公私合营和党的公私合营并不是同一概念。卢先生是希望政府作为公股，投资民生公司以使之渡过难关。公股代表只是参加董事会，并不直接参加公司的行政工作。我们党同意公私合营的目的，是要将民生公司这艘资本主义企业的轮船引入社会主义航道。因此公方代表不仅参加董事会，而且要起领导作用，彻底改革民生公司。"②

---

① 卢作孚（1946）：《论中国战后建设》，载《卢作孚文集（增订本）》第492页。

② 刘惠农：《回忆民生轮船公司的公私合营》，载凌耀伦、周永林主编《卢作孚追思录》第325页，重庆出版社2001年10月第1版，下同。

自三十年前发端的改革开放，已取得令世人瞩目的成就。而卢作孚在半个多世纪之前的许多思考和创见，经过几十年风雨的鉴证，已成为上下的共识并付诸实践。

"有欲之君者，其问诸水滨"

在卢作孚就建设问题留下的文字中，还包含着不少哲学思考。他在1934年写了一篇五百字的短文《麻雀牌的哲理》①，借打麻将这种很普及的娱乐活动，讲社会建设的道理，其中写道："搓麻雀是在一个社会组织当中作四个运动：用编制和选择的方法，合于秩序的录用，不合于秩序的淘汰。把一手七零八落漫无头绪的麻雀局面，建设成功一种秩序，是第一个运动。全社会的人总动员加入比赛，看谁先建设成功，看谁建设得最好，是第二个运动。到一个人先将秩序建设成功时，失败者全体奖励成功者，是第三个运动。去年偶同黄任之先生（即黄炎培——笔者注）谈到此段哲理，他还补充了一点，就是：失败了不灰心，重整旗鼓再来，这是第四个运动。这样的哲理，实值得介绍给国人，移用到建设社会、建设国家的秩序上去，也许一样可以吸引整个社会、整个国家的人的兴趣于社会秩序和国家秩序的建设上去。"当代著名经济学家、哲学家于光远先生，于1999年专门写了一篇短文介绍卢作孚这篇文章，他说："我见到过不少讲打麻将牌的文章，还没有见过有别人这么写的。他把打麻将比着社会建设的四个运动。"于光远感慨地说："卢作孚把这样的哲学介绍给国人，我也就在六十七年后帮他一把，写这几百个字向读者介绍。"②

其实，卢作孚对于"秩序"这个哲学范畴的关注还不止于此，可以说，他一生都在混乱的时局和事务中不断地建立秩序、遵行秩序、维护秩序、创新秩序。在《四川人的大梦其醒》一文中，卢作孚在把交通事业、经济事业、教育事业等作为四川人的公共理想的同时认

---

① 卢作孚（1934）：《麻雀牌的哲理》，载《卢作孚文集（增订本）》第263页。
② 《开卷》2001年第2卷第6期。

为：秩序问题是一个更根本，更重要的问题，"要这一个问题有法解决，其余一切问题才可以迎刃解决。……如果秩序建设不起来，任何事业也是建设不起来的。"在他看来，"战争是破坏秩序的利器，绝不是建设秩序的工具。"①1945年2月15日民生公司的《新世界》杂志以"卢作孚讲业务管理"为题，刊载卢作孚在中央训练团有关工商企业管理问题的讲演稿。讲演稿系统全面地阐述了卢作孚的管理思想，后来以《工商管理》为书名发行了单行本。卢作孚在文中强调："工商管理的方法，即系建设秩序的方法，建设每一工作人员活动的秩序，建设一群工作人员相互配合活动的秩序。秩序面以成文表现之，即系'法'。任何管理皆有必不可少的三事：1，创造'法'；2，执行'法'；3，遵守'法'。""管理问题的核心全在建立秩序。在使每人行动有确定的秩序，全体行动有相互配合相互衔接的秩序，贤明的管理者即为此种秩序的建造者与执行者。"②他的这些关于管理的超前思考和实践，与当代企业中的ISO质量管理体系的要旨极为相似。

俗话说："破坏容易建设难。"无论何种建设，它所需要的参与者的知识才能和创新思维远比不顾一切地破坏来得多得多。卢作孚的"建设观"和他超人的胆识相结合，便使他的生命力得以发挥到极致。了解了他的建设观，便可以解读他一生的传奇经历：为什么他总是善于协调各种复杂的人际关系，灵活地周旋于不同政党、军阀、派别之间，利用一切可以利用的力量来实现自己的既定目标；为什么他经常在山穷水尽、危难当头的时候，能变不利为有利，变无序为有序，化腐朽为神奇；为什么他做一件事便成功一件事，身后留下的"民生公司、北碚实验区、《卢作孚文集》，其中任一项都足以改变历史"③；为什么他不愿当官却又当过不少的官，而且又都是在完成使命之后辞官等。

卢作孚在改良和建设一个现代化社会的同时，也改良和建设着自身的品性情操、道德风范，形成了他独具特色的人格魅力。著名学者

---

① 卢作孚（1930）：《四川人的大梦其醒》，载《卢作孚文集（增订本）》第74页。

② 卢作孚（1945）：《工商管理》，载《卢作孚文集（增订本）》第464页。

③ 2003年重庆市评选出的十大著名历史人物评语。

姜铎先生在《论卢作孚先生的伟大人格》[①]一文中对此做了精辟的概括："卢先生既不是一般的民族资本家，一般的近代企业家，一般的爱国实业家；也不是一般的经济学家，一般的经济管理学家，一般的政论家或学者；而是中国近代史上英雄人物中一个具有伟大人格的革命实干家！卢先生的伟大人格，既来源于他爱国家、爱社会、爱人民的拳拳赤诚；又来源于中华民族五千年来的优秀传统和世界现代文明的精华。卢先生的伟大人格，具有巨大魅力、凝聚力和吸引力，所到之处，金石为开，成为卢先生事业赖以成功的基石。"同为乡村建设楷模的晏阳初先生在《敬怀至友卢作孚兄》[②]中说："我一生奔走东西，相交者可谓不少；但惟有作孚兄是我最敬佩的至友。他是位完人，长处太多了……"梁漱溟先生赞道："作孚先生胸怀高旷，公而忘私，为而不有，庶几乎可比于古之贤哲焉。"[③]而黄炎培先生在卢作孚去世后写的悼词[④]中所预言的"几十百年后，有欲之君者，其问诸水滨"已被近年来各大媒体包括互联网上的卢作孚热所证实。

（原文曾发表于《文化纵横》创刊号2008年9月）

---

① 载凌耀伦、熊甫编《卢作孚研究文集》32页，北京大学出版社2000年9月第1版。
② 《卢作孚追思录》第45页。
③ 《敬仰故交卢作孚先生献词》，《卢作孚追思录》第47页。
④ 《卢氏作孚先生哀词》，《卢作孚追思录》第42页。

开发宝藏的先行者

——读《小陪都传奇——抗战北碚的文化大气象》有感

卢晓蓉

数年前，笔者在一本旅游杂志上读到一篇短文，文章说欧洲某国有个小镇，因为二战时接纳了五位文化名人在那里避难而成为旅游胜地，连那间名人常去的咖啡馆，也吸引游客络绎不绝。读后笔者不禁唏嘘感叹。也是二战时期，也是一个小镇，在那里聚集的各界名人何止五位，而是数以千计，那一个个不朽的姓名，至今也如雷贯耳。然而，这个小镇却没有欧洲那个小镇幸运，除了几栋被装修一新的“故居”寂寞地隐没在现代高厦身后外，众多科学家、教育家、文化人当年的活动场所和足迹几乎都难以寻觅；甚至连记述他们所代表的这段人类文明浴火重生经历的文字，也未见载入现代科教文化史的正册。这个小镇，如今仍被视为旅游区，但游客多是奔它的自然风景名胜去的，却不知这青山绿水中掩映着多少傲然风骨，镌刻着多少存亡继绝的动人故事。

这个小镇就是位于中国西南一隅、重庆北郊的北碚。

今人知道“红岩”者众，知道“陪都”者寥，知道“小陪都”者更是少之又少。所幸，年近八十的北碚地方志专家李萱华先生，倾其心智和体力，捧出了这部三十多万字的《小陪都传奇——抗战北碚的文化大气象》，为读者展现了一幅精英荟萃、星光璀璨的历史画卷，开启了全面系统地发掘这座珍稀文化宝藏的先河。

本书开卷，作者引用了两段文字，确凿地交代了重庆之成为陪都的由来。一段选自1940年9月6日国民政府的决定：

四川古称天府，山川雄伟，民物丰殷，而重庆缩毂西南，控扼江汉，尤为国家重镇。

政府于抗战之始，首定大计，移驻办公。风雨绸缪，瞬经三载。川省人民，同仇敌忾，竭诚纾难，矢志不移，树抗战之基局，赞建国之大业。

今行都形势，益臻巩固。战时蔚成政治经济之枢纽，此后更为西南建设之中心。恢宏建置，民意佥同。

兹特明定重庆为陪都，着由行政院督饬主管机关，参酌西京之体制，妥筹久远之规模，借慰舆情，而彰懋典。

一段选自1946年4月30日国民政府颁布的《还都令》：

国民政府为持久抗战，于二十六年十一月移驻重庆。八年以来，幸赖我忠勇将士，前仆后继，坚韧奋斗。与夫同盟各国，海空齐进，比肩作战，卒使敌寇降伏，厥功克奏。兹者，国土重光，金瓯无缺，抗战之任虽竟，建国之责加重，政府定于本年五月五日凯旋南京，以慰众望。……

回念在此八年中，敌寇深入，损失重大，若非依恃我西部广大之民众与凭借其丰沃之地力，何以能奠今日胜利之弘基？而四川古称天府，尤为国力之根源；重庆襟带双江，控驭南北，占战略之形势，故能安度艰危，获致胜利。其对国家贡献之伟大，自将永光史册，弈叶不磨灭。当兹还都伊始，钟陵在望，缅维南京收复之艰难，更觉巴蜀关系之重要。政府前于二十九年九月明令定重庆为陪都，近更以四川为全国建设实验区，应即采其体制，崇其名实，着由行政院督同各省市政府妥为规划，积极进行，使全川永为国家之重心，而树全国建设之楷模，有望厚焉。此令。

这一去一来八九年时间，三千多个国仇家难刻骨铭心的日日夜夜，恐怕是无法一笔勾销的。

还原历史的真相，需要有"不入虎穴焉得虎子"的勇气，也需要把"冷板凳"坐穿的毅力。李萱华先生系地方志专家，潜心研究北碚的历史沿革，数十年如一日，其间的艰辛和寂寞非常人所能体会。然而，通过本书形象而生动的文字，读者所感受到的却是扑面而来的北碚抗战文化的鲜活气息和繁荣景象，作者旺盛的生命力和不倦的追求也随之跃然纸上。

北碚地处嘉陵江三峡之中心，距重庆市区50公里。1936年春，经四川省政府批准，原北碚峡防局升格为嘉陵江三峡乡村建设实验区。"七七"事变后，国民政府西迁重庆，北碚划为迁建区。两百多个单位先后涌进了这个花园般的现代城镇。这些单位中有政府机关，如国民政府司法院、立法院、监察院、最高法院、行政法院、最高法院检察署、财政部税务署、国民大会代表选举总事务所，行政院战时服务团；有文化机构，如中华全国文艺界抗敌协会、中山文化教育馆、国立编译馆、国立礼乐馆、中国辞典馆、中华教育电影制片厂、正中书局总管理处、中苏文化杂志社、文史杂志社、通俗文艺杂志社、中国史地图书编纂社、通俗读物编刊社；有学校，如国立复旦大学、国立江苏医学院、国立歌剧学校、国立戏剧专科学校、国立国术体育专科学校、中央陆军测量学校、军政部军需学校、私立立信会计学校；还有科研院所，如中央研究院动物研究所、植物研究所、物理研究所、心理研究所、气象研究所、中国地理研究所、中国哲学研究所、经济部矿冶研究所和地质调查所、农林部中央农业实验所、中央工业实验所、中国科学社生物研究所、军政部陆军制药研究所；等等。真可谓"麻雀虽小，五脏俱全"。由此，各界专家、学者、作家、科学家共计3000多人，先后落户北碚。北碚的管理者和民众敞开胸怀，克服万难，腾出住房和办公室，热情接纳了一批又一批特殊的"难民"，不仅让他们能够安居，还让他们得以乐业。

在灵秀静谧、祥和开放的气氛中，忧国忧民，向以天下为己任的文化人迸发出创作的灵感，一部部文学、艺术、文化精品应运而生。老舍在这里创作了长篇小说《火葬》《四世同堂》、话剧《张自忠》并与他人合写了话剧《桃李春风》《王老虎》；路翎写下了《饥饿的郭素娥》《财主底儿女们》《在铁炼中》《蜗牛在荆棘上》；萧红创作了《旷野的呼喊》《朦胧的期待》及《回忆鲁迅先生》并开始写《呼兰河传》；夏衍在北温泉创作了四幕话剧《水乡吟》；赵清阁在北碚著有话剧《女杰》《生死恋》《潇湘淑女》《此恨绵绵》；姚雪垠在北碚完成长篇小说《春暖花开的时候》；洪深写就四幕话剧《包得行》；胡风在北碚如鱼得水，继续编辑出版《七月》半月刊，并形成了"七月"诗派；曹禺在北碚主持演出了《清宫外史》《春寒》《日出》《家》《蜕变》；杨宪益将《资治通鉴》和郭沫若的《屈原》、阳翰笙的《天国春秋》译成英文；梁漱溟写成了《中国文化要义》；翦伯赞撰写了《中国史纲》第一、二卷和《中国史论集》两辑；顾颉刚在北碚主持通俗读物编刊社，编辑出版了157种宣传抗战的通俗读物。

还有陈望道、周谷城、马寅初、潘序伦、张志让、童第周、吕振羽、邓广铭、吴觉农、卢于道、梁宗岱、卫挺生、竺可桢、孙伏园、熊东明、陈亚三、吴宓、邓少琴、章靳以、任美锷、陈子展、马宗融、方令孺、樊弘、李蕃、张明养、潘震亚、韦悫、张光禹、李仲珩、钱崇澍、秉志、陈维稷、严家显、毛宗良、陈恩凤等，多个学科的泰斗都与北碚结下了不解之缘。在离乡背井的艰苦岁月里，他们安贫守道，教书育人，著书立说。如果能沿着《小陪都传奇》揭示的线索，整理一部以复旦大学为代表的北碚抗战教育史，想必是可以和西南联大媲美的。

一粒粒珍珠，一块块宝石，被作者发掘出来，拭去历史的尘埃，重现昔日的风采。其规模之大、成就之巨，创二战之最，可能也是人类文明史之最！

因为与陪都毗邻，又因为是"小陪都"，北碚也成为国共两党要人必到之地。董必武、吴玉章、周恩来、叶剑英、蒋介石、林森、戴季陶、孙科、孔祥熙、居正、于右任都在这里留下了他们的足迹和业绩。

作者披露了北碚当年一个独特的惯例，即每逢沦陷一座城市，北碚便以这个城市的名字替换一条原有的街道名，诸如辽宁路、吉林路、黑龙江路、卢沟桥路、天津路、北平路、南京路等；还有两条以抗日英雄命名的路，一条以台儿庄战役阵亡的川军师长王铭章命名，一条以抗战牺牲的首位军长郝梦麟命名。这样做无疑是为了提醒北碚市民"梦寐勿忘国家大难"。抗日名将张自忠将军在前线阵亡后，国民政府也将他的灵枢运到北碚，落葬梅花山。每到将军殉国之日，国家军政要员与各界知名人士都要亲临将军墓前，祭吊英灵，缅怀民族英雄，决心抗战到底。1939年5月13日，北碚实验区举办150桌宴请400多名青年志愿兵及其家属的盛大公宴，1200人入席站立而食。运动场四周挂满各方馈赠的锦旗、横幅，上面书有国民表率、蜀民前驱、忠勇可风、维护正义、精忠报国、歼灭敌寇、还我河山、收复山河等标语口号。陶行知先生即兴朗诵的祝酒词"一杯酒，各位志愿军动手；二杯酒，日本鬼子出丑；三杯酒，中华民族天长地久"，与民众欢送战士出行时的歌声"牺牲到最后关头……"，"大刀向鬼子们的头上砍去……"此起彼伏，气壮山河，犹然萦绕于耳。

北碚人，也包括全国各地到这里避难的所有中国人，当之无愧地承继了中华民族"富贵不能淫，贫贱不能移，威武不能屈"的血脉和人格精神。

远离战场的北碚城，也未能幸免于日军的炮火。日机曾四次疯狂轰炸北碚，近600户民房被炸毁，伤亡400多人。但"北碚人民并未被吓倒，敌机一走，民众便踊向灾区抢救，轻则一天半日，重则两三天，都能修好恢复正常生活"。在1940年6月24日的第二次轰炸中，敌机27架轮番两次俯冲、投弹与扫射。"小小的北碚，满街遭炸，72股火头，熊熊燃烧，火光冲天，顿时陷入弹雨火海之中，受灾居民多达330多户。"居民群众奋不顾身投入抢救人员物资之中。诗人海戈目睹这样的场面，激动地题诗云：

抵碚才二日，便遭大轰炸；
抬头数敌机，炸弹嘘嘘下。

洋房倒几间，可怜鹅石坝！

但问北碚人，都云并不怕。

……

实验区当即选调了训练有素的骨干，组织民众救火抢险，并从中央工业实验所的火海中，抢救出了清华大学的数十箱绝版图书。

有当年那些奋不顾身从战火中抢救瑰宝的北碚人，就有今天像李萱华这样奋力抢救史料的地方志工作者。作者能将如此庞大的史料整理、加工，呈现于世人面前已属不易，更难得的是，出于对北碚抗战文化史和诸多前辈先贤的珍爱与敬重，他将自己置身其中，用当事人的视角，为今人讲述了一个个栩栩如生的人物和感人至深的故事。

长眠于北碚梅花山的张自忠生前曾是冯玉祥将军的下属，抗战中冯玉祥也迁来北碚。卖字鬻画，募捐抗日，抗战宣传，爱国演说，到处都留下他的身影；"'地不分南北，人不分老幼'……要想安居乐业，保家立身，就只有打倒侵略我们的敌人——日本帝国主义！"四处都回响着他的声音。北碚附近的缙云山有着悠久的佛教传统。著名佛学家太虚法师1930年接受刘湘邀请，在缙云山创办了世界佛学苑汉藏教理院，1932年3月正式对外招生。抗战中，这里成了文人们谈经论道的聚首之地。1940年重阳节，太虚法师同著名文化人陈铭枢共同发起了一次"庚辰重九登高诗会"，应邀参加的全是因抗战来川客居的外乡人。"这次诗会是一次激发抗日热情的聚会。应邀到会的28人，聚会于缙云寺，攀登狮子峰。与会者按王维《九月九日忆山东兄弟》'独在异乡为异客，每逢佳节倍思亲；遥知兄弟登高处，遍插茱萸少一人。'分韵，在狮子峰顶，每人拈得一字为韵作诗，当场朗诵。"这次活动不仅为后人留下了许多珍贵诗篇，也为《小陪都传奇》这部书涂上了浓墨重彩的一笔。

抗战时期的北碚，文人参与最多、对推动抗日影响最大的，当数1940年夏末秋初在此成立的中华全国文艺界抗敌协会北碚分会。作者对此作了细致的梳理和记述。分会会址设在林语堂先生的住所。刚从美国归来定居北碚的林语堂，奉命再度出国，临行前致函文协："贵协会自抗战以来，破除珍域，团结抗敌，尽我文艺界责任，至为钦佩，鄙人虽未得追随诸君之后，共纾国难，而文字宣传不分中外殊途而同归，兹愿以北碚蔡锷路二十四号本宅捐出，在抗战期间作为贵会会址。"为了工作和聚会方便，文协负责人老舍的家也安在这里。

　　将北碚从一个被"土匪盘锯，杀人越货，时有所闻"的蛮荒之地变成花园般现代城镇的，是著名爱国实业家、教育家、思想家和社会活动家卢作孚先生。作者对此作了充分肯定，并引述了诸多名人对北碚、对北碚缔造者卢作孚的高度评价。例如黄炎培先生1936年春入川考察，到北碚参观游览后说："……把地方所有文化、教育、经济、卫生各项事业，不上几年，建设得应有尽有。"又如著名辞典学家、《中华大辞典》主编杨家骆先生，到北碚考察后说："北碚是兄弟久萦梦寐的地方，此次身履其地，眼见一切苦心经营的设施，不胜叹服！而诸位蓬蓬勃勃的朝气，尤非他处所易见到，故称北碚为中国曙光所在之地，亦非过誉！"抗战期间，杨家骆也来到北碚安家落户。他的三部巨著，计划总数字在三亿言以上，仅出版了十分之一，因日本入侵而终止。尚待出版的两千多万字的书稿和七百多万张资料卡片，连同辞典馆的书籍、报纸、杂志，包装百余箱，卢作孚派专船接运来北碚，卢子英将其安排在北温泉公园，挂牌于观音殿。

　　卢子英是卢作孚的弟弟。北碚之成为抗战小陪都，还有一个不能忘记的人就是卢子英。这是被过去的有关研究忽略的，而在本书中作者给予了深情的追述和肯定。

　　卢作孚兄妹六个，靠父亲挑卖麻布维持生计，从小手足情深。卢作孚排行老二，子英排行老四，小卢作孚12岁。卢作孚读到小学毕业便辍学走上自学之路。卢子英8岁时，卢作孚便把他带在身边，教他读书学习、认识社会、掌握处世的本领。卢作孚的好友恽代英、萧楚女也成为子英的良师益友。1925年9月卢子英在上海投考黄埔军校四期，不久参加东征。在即将完成学业之前，不幸身染恶性疟疾，去上海就医。病愈后，时值1926年6月，卢作孚创办的民生公司在上海订造的第一艘"民生"轮竣工，他便奉卢作孚之命护卫"民生"轮驶回重庆，从此追随哥哥的事业，在北碚的开发建设中更成为得力助手。

1936年春，北碚峡防局升格为嘉陵江三峡乡村建设实验区后，卢子英出任副区长并主持区务。1938年区长唐瑞五逝世后，卢子英继任区长。因为有黄埔军校这段经历，抗战爆发后，卢子英的黄埔同学动员他重返军中，谓其可获颁中将军衔。但卢作孚对子英说："中国的中将很多，但北碚只有一个。"他就留了下来，一直到1949年政权和平交接为止。

抗战爆发后，卢作孚临危受命，担负了交通部常务次长、全国粮食局第一任局长等国家重任，将主要精力放在了组织指挥抗战运输和保障军粮民食的征运上。虽然只要有闲暇，他必去北碚督导各项事务，与各界人士聚会畅谈抗战救国大计，但日常工作、迎来送往的重任几乎都落在了卢子英肩上。当年抗战时在北碚居住过的外地人，几乎都见过卢子英"手牵白马，脚穿草鞋巡视在大街小巷，和老百姓亲切交谈"的身影，都忘不了这位"父母官"和"崇敬的偶像"。

这部北碚抗战文化史，见证了卢作孚当年殚精竭虑建设北碚的深谋远虑，也重现了卢子英尽心竭力让北碚成为"东方诺亚方舟"的赤子之心。作者饱含怀念和崇敬之情，记载了这段兄弟联袂共创辉煌的佳话。

还需提及的是，李萱华先生用以史代论，论从史出的春秋笔法，大量采用了档案材料、报刊资料、口头传说和众多文人墨客在北碚留下的美文诗词佳句，使读者在重温历史的阅读中，感受中华文化的博大精深和爱国主义的感人情怀。可以毫不夸张地说，《小陪都传奇》不仅为研究北碚史、陪都史、抗战史的学者提供了丰富的素材，也为研究中国文学史、教育史、科研史、文化史的学者，开启了又一座人类文明史宝库的大门。

张鲁与长篇小说《卢作孚》

卢晓蓉

十多年前，我因卢作孚而认识了张鲁；十多年来，我因张鲁而走近了卢作孚。

与卢作孚结缘

20世纪90年代中，有位敬重卢作孚的朋友想拍一部以他的生平为题材的电视剧，推举张鲁担任编剧。从朋友那里得知，张鲁小我六岁，与我同为七八级，又同属师范院校，但是在大学毕业后的五年之内，当我还在摸着石头过河的时候，他就和他的"青年摄制组"相继推出了《山那边是海》《巴桑和她的弟妹们》《希波克拉底誓言》等多部优秀电视剧，接连获得"飞天奖"一等奖、年度最佳编剧奖。1991年由张鲁编剧，潘小杨执导的电视剧《南行记》再次荣获"飞天奖"一等奖和首届中国"五个一工程"奖。

在朋友的陪同下，我略微有些紧张地走进了张鲁位于重庆沙坪坝的家。屋子不大，陈设简单，光线还有些灰暗，可主人清纯睿智的目光，亲切敦厚的笑容，却令小屋增光不少。我面对的仿佛不是炙手可热的编剧大腕，而是一位相识已久的老友，心情很快就放松下来。在无拘无束的交谈中，我得知张鲁的父母相识、相恋于卢作孚主持创建的现代城镇北碚，他们至今还记得在北碚公园里谈恋爱时坐过的石头；记得西红柿进西南的准确日子，因为他们正是在北碚吃到这东西的。而我小时候在北碚公园里见到的老虎，竟然是张鲁的祖父所捕捉，卢作孚派人买来供游人观赏的。张鲁本人也曾在北碚居住和上大学，从小听着卢作孚的故事长大。他两眼闪着泪光告诉我："我一想到卢作孚就想哭，是卢作孚的事迹感动了我，我才能感动观众。"他还说，"在我心目中，卢作孚是伟大的民族英雄，把卢作孚的事迹介绍给天下人，是我此生应尽的使命！"后来的事实证明，张鲁以完美到极致的创作成果兑现了这个诺言。

那时，我在香港工作，我们之间除了书信往来讨论剧本创作外，还常常在长途电话中交流。我得知，张鲁从四面八方收集到许多有关卢作孚的资料，大大超过了我的收藏；他在最寒冷的冬日远赴成都，就为了采访一位卢作孚研究学者。那位学者后来告诉我，从张鲁提的问题可以看出，他消化了很多材料，经过了深思熟虑，很不简单。有一次，张鲁在电话里激动地对我说："卢作孚的经历实在太传奇了，我一步到位就可以写分镜头剧本！"说完还举了个例子。他看到有则素材介绍，卢作孚小时候学习很勤奋，天不见亮就进城上学，在城门口等开门时，还就着灯笼的微光读书，便将这个素材写成了分镜头剧本，并添加了一个后缀：守门人受到感动，索性把城门上挂的灯笼放下来为小作孚照亮课本。我一边想象着这幕场景，一边含着热泪鼓励他："你就这样写吧，写出来再打磨。"后来我才知道，按业内规定，编剧应该先写剧本大纲，再写文学剧本，最后才是分镜头剧本。对此，我是外行，但凭直觉，我相信张鲁完全有能力一步到位写好卢作孚。十多年后，张鲁完成的电视剧《卢作孚》的文学剧本，被专家们公认为"很接近分镜头剧本，极富戏剧性和艺术性"，使我甚感欣慰。

还有一次，张鲁很兴奋地告诉我一个刚从脑子里蹦出的意象："我想用卢作孚的脚的特写来表现他几个重要的成长阶段：开始是一双穿着草鞋的脚，在木船的跳板上有些摇晃地前行；然后是一双穿着布鞋的脚，在民生轮的跳板上敏捷而有力地迈步；再后来是一双穿着皮鞋的脚，在海轮的跳板上，留下沉稳而刚毅的步伐……"听到这里，我的眼泪不禁夺眶而出，被朋友们誉为"英俊挺拔，才艺过人，占尽天机"的张鲁，缺的就是一双腿脚啊！1987年3月11日的清晨，正在人行道上跑步锻炼的张鲁，被一辆失控的货车撞上，并被卷入车底，顿时陷入深度昏迷。经路人抢救送进医院后又高烧不退，命悬一线，医院在一周之内连发四次病危通知书。张鲁后来对友人讲述了这次濒临死亡的感受："我就像一片羽毛，在空中飘呀，飘呀，老是落不下地，好不容易落地时，我就醒了。"醒过来的张鲁面对的是高位截瘫！正在大踏步向着事业巅峰迈进的他，遭遇了人生最大的打击——失去了双腿和双脚，将永远与轮椅为伴。

随卢作孚前行

失去了腿脚的张鲁，并没有停止向上攀爬的脚步。他把"311"看作是"再生新生""比生日还重"的日子，还写进了他的电邮地址中，以提醒自己永不懈怠，永不停顿。他为了腿上的肌肉不致萎缩，每天坚持锻炼，每次都难受得大汗淋漓；他的腿脚不能行走，就以轮椅代步，直到可以来去自如地上坡和下坡，还能载着他的女友"飞起来"[1]；他因身残减少了许多应酬，就为自己争取更多的阅读和创作时间……功夫不负有心人，在他瘫痪四年之后，《南行记》一炮打响便是明证。

然而，命运再次考验了他。卢剧创作刚开始不久，拍摄计划因故中断。这对于一往情深投入写作的张鲁来说，无疑是一记重创。我深怕因此而打击了他的积极性，乃至殃及他的身体，他却没有流露丝毫的不满和气馁，反而微笑着安慰我，他会"继续收集资料，用其他方式来宣传作孚前辈"。自此以后，作为重庆电视台的国家一级编剧和栏目编导，张鲁只要有机会，就在自己主持的电视节目里介绍卢作孚的思想、精神和不朽业绩。与此同时，他还发起并担任总编导拍摄了获得多个奖项的"跨世纪希望""新世纪的希望"等大型电视纪实片。为了拍好这些片子，他坐着轮椅、滑竿去到贫困山区，走村串户，风

---

① 徐蓓：《轮椅，静静滑过大地》，载《传记文学》2011年第3期。

餐露宿，跌倒了再爬起来，有一次为了赶工，竟连续坐了14个小时没有躺下休息。他认同卢作孚关于"国中万事，希望若绝，寻求希望，必于教育事业"，"人人皆有天赋之本能，即人人皆应有受教育之机会"等教育思想和实践，发起创办了15所希望小学，上百所希望书屋、电子音像馆和农科教示范馆。他还用自己的工资奖金，先后资助了百余名失学孩子重返课堂。2010年夏天，朋友为张鲁请来一位男护工，护工进门见到张鲁，激动得连呼"救命恩人"，原来他儿子当年换肾没有钱，是张鲁带头捐助才得以获救并返回校园。2010年金秋十月，西南大学邀请优秀校友张鲁为母校的青年学子作报告，报告题目是《追寻人生的梦想——我与作孚先生》。上千人的大教室座无虚席，近两小时的演讲和答问竟没有人提前退场。未来的人类灵魂的工程师们，心灵受到强烈的震撼，感动他们的是卢作孚，也是张鲁。

2007年，国内两家电视台决定联合拍摄三十集电视连续剧《卢作孚》，我的一位大学同学听说此事，谆谆告诫我："卢作孚的电视剧不好写，除非你能找到当年拍《南行记》的编剧。"而两台的制片人在分别考察了多个编剧之后，也不约而同挑选了张鲁。张鲁可谓众望所归，呼之欲出。可此时的我却为他捏了一把汗，他瘫痪了二十年的身体能否肩负这项重任？卢作孚虽然活了不到59岁，却转战于"革命救国""教育救国""实业救国"三大领域，与他相关的事件，与他有关的人物，难以计数；仅仅是文献资料就堆积如山，曾令不少四肢健全的编剧望而却步，更何况还有比消化资料更耗费体力和精力的文学创作。尽管张鲁十多年前曾涉足其中，十多年来也未中断对卢作孚题材的关注，但这一次却是有时间和集数限制的硬任务，而此时的张鲁，经历了长期病痛的折磨，体重只有70多斤。犹豫之中，我拨通了张鲁父亲的电话，如果老人家说个"不"字，我一定会顺从他的意思，劝张鲁放弃。然而，老人却很有信心地对我说："你放心，他能行！"

知子莫如父。从北京参加了全国德艺双馨艺术人才颁奖大会回到重庆的张鲁，不负众望，咬紧牙关，再次出征。为了打好这部剧作的基础，他不仅重新阅读大量史料，还再次外出拜访知情人士，捕捉到不少鲜活的素材和灵感。比如，为了写好卢作孚与其兄因揭露县长贪赃枉法被关进死牢，后凭一封"告全县民众书"得合川民众声援而获救的故事，他遍访了卢作孚亲属、家乡合川的老人、地方志办公室人士，虽然没有找到卢作孚亲笔写的公开信，却编写出一段精彩绝伦的牢狱戏。为了写好卢作孚送子参加抗日远征军的感人事迹，他坐着轮椅，冒着严寒酷暑，三次去四川大邑县抗战博物馆参观，去一次哭一次。他给我寄来两张在馆里拍的照片，其中一张背后是艘满载新兵的轮船，却不见轮船的名字。见我有些狐疑，他反问我："那时候川江上运兵的轮船有哪一艘不是民生公司的呢？"我才恍然大悟。采访归来，他夜以继日，全身心投入创作。据他的邻居说，张鲁房间的灯光常常是宿舍楼里最后一个熄灭，又是最早一个亮起。在一年零三个月的时间内，他三易其稿，写了上百万字。传记片编导和家属产生矛盾的事原本司空见惯，张鲁却以他的才华、谦逊和责任感，赢得了家属的信任和敬重。我八十高龄的三叔，每读一次剧本都感动得流一次泪，还与张鲁结成了忘年交。

不仅如此，在完成剧本之后，张鲁又马不停蹄开始创作长篇小说《卢作孚》，他认为"作孚先生的历史最适合表现的恰恰是小说"。写了剧本再写小说的张鲁，没有丝毫"炒现饭"的松懈与敷衍，而是倾注了更多的心血和精力。小说大大丰富和拓展了受剧本局限的艺术时空，无论是故事情节、历史背景、时代风貌和人物塑造，都有了明显的扩充和升华，出版以来，好评如潮。他的挚友与合作者张湛昀告诉我，张鲁自开始写卢作孚的剧本和小说后，仿佛找到了新的生活目标，激发了生命的活力，三卷本100万字的小说完成时，他的体重竟然恢复到了120多斤。去年9月11日，张鲁给我们写了一封长信，信中写道：

古哲曰：临难毋苟免，临财毋苟得……归你的，便归你，认了它，既而任了它，不管是病，还是戏，还是书，都这样认真地做了下去，这样，人生的意思自然而然就在你的脚步子底下走了出来。所谓历史没有洁癖，岁月没有志趣，其实哪一句说的都是人，都是己。也正因为是这样，抬眼一看，全过程中，一个身影，恍兮惚兮，就在你身前身后走着，人家就这么走过来的，你也该就这么走啊！于是，就跟着走了下去。这个身影，不用说，晓蓉、先生①都知道，说的就是作孚前辈。

这封信是张鲁自己写的，也是他自己在电脑上打出来的，而在此之前的5月，他刚患过一次脑溢血。病后的张鲁"脑功能受损严重，语言表述能力很差，写作能力更是几乎丧失殆尽。他生病前的五笔盲打速率是每分钟120-180个字。出院后已经基本记不起五笔字根，打字速率是每分钟5-12字。恢复写作只有从背五笔字根开始。一开始进展很慢甚至很让人灰心。他辛辛苦苦花了一上午背下的十几个字根，常常在中午休息一觉起来后消失得无影无踪。无奈之下只能再背，再背再忘记，决不气馁，再背……"②

永不停歇的艺术追求

几乎从零开始，张鲁又开始了新的生命之旅。在重新掌握字根，学会打字以后，他又练习做读书笔记以训练脑力，从松本清张的《点与线》到索尔仁尼琴的《古拉格群岛》，无论有多难，每天都坚持。8月25日，我们收到他读《日瓦戈医生》第九章后写的《札记的札记》，全文将近3800字，渗透着深刻的生命体验和哲学思维，没有丝毫病者的呻吟和哀怨，也几乎没有语法和文字的差错。笔者特挑选三段，以飨读者：

那种鲜活的、热爱生活特别是热爱劳动——力所能及且又是自己愿意的劳动，那种因参加了这样的劳动，而令生活充满与生俱来的乐趣的境界，真叫人羡慕，叫人称赞，叫人神往。

热爱自己的人物的作者，抽个空子，干脆下场扮演了一回人物。在

---

① 指笔者丈夫严家炎。
② 张湛昀：《作家张鲁》，载《文艺报》2011年1月5日。

这一场里，医生与鲍·帕斯捷尔纳克是一个人。向读者投以青眼——这便是我的主人翁的也是我的艺术追求——人生追求。

真正的艺术大师，他绝不会将不属于艺术的东西混杂在艺术中送到你面前。普希金如此，托尔斯泰如此，鲍·帕斯捷尔纳克如此，鲁迅如此。

张鲁以他"绝不会将不属于艺术的东西混杂在艺术中"的多部不朽之作，也当之无愧地列入这些艺术大师之中。他生前的最后两部作品——剧本《卢作孚》和长篇小说《卢作孚》，便是艺术殿堂里独具特色的精品。

在张鲁心里酝酿、发酵了十多年的卢剧剧本和小说，如泉水般喷涌而出。那段小作孚在城门口读书的构想，经过充实和打磨，发展成为以下情节：

……

卢作孚天真一笑，埋头读他的书。他将桔灯凑近先前看不清的那个字，可是，桔灯里烛头已完，噗的一声灭了。他失望地揉着疲倦的眼睛。睁眼时，他忽然发现眼前渐渐亮堂起来，红通通的光笼罩书本，孩子朗声读出那行书：好逑——窈窕淑女，君子好逑。

读通后，他好欢喜，索性放开喉咙，读他个快。

突然，他打住了，道：咦？

显然是想说——今天怎么太阳出得这么早！

他望东方，长夜未尽。

他仰头寻光源，才见一盏大红灯笼，正顺着城门上的木滑轮上的悬绳吱嘎有声地向他头顶下缒。他离开城基脚，倒退着走几步，看清悬绳尽头的城头，姜老城的身影已经退去，梆声远去，依旧打着川剧锣鼓节拍。嘴里还唱着念着：好丫头，若共你多情小姐同鸳帐，怎舍得叫你叠被铺床……

　　类似情节和文字在剧本和小说中举不胜举，它们非常形象地体现了张鲁作品的部分典型特征：细腻、精致、无废话，动作感和节奏感极强，具有丰富的戏剧性，人物形象各具特色、栩栩如生。它们与张鲁作品中的各种意象、意境、矛盾、悬念、大小高潮以及幽默、机智、富含哲理的对话等有机地结合在一起，构成了诱人的、永恒的艺术魅力。有段打捞"万流"轮的故事，原本是一桩真事，作者借以编制出枝蔓丛生的悬念：先有大足举人孟子玉在万流轮事件中被炸死，设下了卢作孚要为救命恩人和死难民众报仇雪恨的悬念；后有万流轮在川江触礁沉没，卢作孚以最低价格购得的悬念；再有民生公司将这艘大船从激流中打捞出来的悬念；最后是这艘被加长、加大，改名为"民权"的巨擎，在抗战中一雪旧恨新仇的悬念。前后延伸好几章，时间跨越十多年，故事情节随之跌宕起伏，扑朔迷离，引人入胜。同时也证明了张鲁不仅能写好本质上是文人的卢作孚，也能写好他"经营之神"的一面，其专业水准足以与哈佛大学MBA的教案媲美。

　　奥斯特洛夫斯基因一部《钢铁是怎样炼成的》而举世闻名，与他的遭遇相似的张鲁，即使将过去所有的作品都忽略不计，仅凭生前这最后两部作品，其艺术成就和与之相匹配的作者的毅力、品格、精神情操以及对社会的贡献，也绝不在奥斯特洛夫斯基之下。与奥斯特洛夫斯基对生命意义那段著名解读可以相比较的是，张鲁对卢作孚之死也有自己的解读："谁都有最后一次，他的最后一次却依旧如此从容，犹如他的每一次出征。他留下遗书，服下安眠药。那几行字，昭显了自己的清白，又不诬陷、伤害任何一个诬陷和伤害了自己的人。"

　　这恰恰是张鲁自身的写照。2010年10月30日，他再次发生脑溢血，陷入深度昏迷，11月12日永远地离开了他热爱的艺术和热爱他的亲友。他两次脑溢血都与他的剧本被调包、篡改有关，但是他一如既往地隐忍，只留下一句话："相信好本子总有一天会见天日。"

　　我和我的家属们坚信，这一天总会到来的！

（原文曾发表于《传记文学》2011年第3期）

用学养和心血融铸的艺术

——评长篇小说《卢作孚》

严家炎　卢晓蓉

读完张鲁、张湛昀两位作者共同创作的长篇小说《卢作孚》，我们像是攀爬了一座奇伟雄峻的大山。如果说，这座大山是由小说主人公卢作孚和他的同道们，用自己的血肉之躯、赤胆忠魂创造的无数奇迹堆积起来的宝藏，那么这条通往山顶无限风光的崎岖之路，便是两位作者不辞艰辛，用生命之笔一步一个台阶地开凿出来的。

这是一部典型的传记小说。作为传记，它几乎囊括了卢作孚短暂而又波澜壮阔的一生；作为小说，它在人物刻画、情节悬念、戏剧效果、地方色彩和艺术感染力等方面都有许多新的尝试和突破。

一、以史实为基础，塑造小说人物

卢作孚只活了59岁，却在革命救国、教育救国、实业救国三大领域都建立了不朽功勋，早在20世纪30年代初，他就提出了"以经济建设为中心"，通过"产业、交通、国防、文化"四个方面的运动，"将整个中国现代化"的主张，并且身体力行付诸实践。2003年重庆市评选十大历史人物，卢作孚名列榜首。专家评语认为他留下的"民生公司、北碚实验区、《卢作孚文集》，其中任一项都足以改变历史"。

与他相关的事件涉及中外政治、经济、实业、军事、科学、文化、教育、党派、帮会。与他接触的人物，上自国家领袖、政要、军阀、学者、文人、商贾，下至公司管理干部、员工、船员、旅客和平民百姓。与他有关的文献资料可谓堆积如山。卢作孚在世时，郭沫若先生曾表示想给他写传。卢作孚婉言辞谢说："我的传记还是由我自己来写。"大抵也是因为他的传记不好写的缘故。

要写好这样一个人物的生平，与卢作孚同代的大文豪都难以做到，何况作者还是隔了两代的人，写的又是小说，需要进行艺术的再创造。是通过认真搜集、阅读、消化、吸收、筛选大量史料，并在此基础上写出一部经得起历史考验的文学作品，还是浮光掠影、移花接木、拼凑黏贴，凭空杜撰出一部"戏说"，两位作者义无反顾地选择了前者。他们闭门谢客，废寝忘食，不仅啃完了一座座资料大山，还采访了相关的家属和亲历者，查阅了尘封多年的档案；为了写好"十万青年十万兵"的悲壮场面，他们曾冒着严寒酷暑三次到四川大邑县的抗战博物馆参观；从而有了宽广的历史视野，为塑造好卢作孚这个主人公以及书中的其他人物，打下了厚实的基础。

书中的主要人物和情节基本上都取之于史实，而卢作孚的讲话、书信、公文，也基本上来自他的文章或讲稿。例如有个卢作孚免费请来飞机为北碚市民表演的故事，就是作者在阅读卢作孚的文章时发现的，而卢作孚在现场为北碚市民所做的讲解，也是参照他的一篇佚文《中国中心的伟大基地》改编的。自1858年天津条约签订后，外国轮船可以长驱直入我国内河口岸，走私、贩毒、倒卖枪支弹药；欺侮我国船只、船民的事经常发生，致使我国航运业日趋衰落凋敝。1929年，时任四川善后督办的刘湘，任命卢作孚为川江航务管理处处长，以图整顿川江航运，扭转民营航运的劣势。卢作孚甫一上任，便制定相关条例，其中之一就是外国船必须接受川江航务管理处的武装检查。初始，遭到外国船公司的反对，特别是日本日清公司的"云阳丸"轮耀武扬威拒不接受检查。卢作孚号召和指挥爱国民众，用拒绝为其装卸货物的办法，不费一枪一弹，将"云阳丸"轮困在江中；又舌战日本领事，迫使该轮乖乖接受检查。小说抓住这一史实，生动形象地再现了卢作孚以智取胜的人格魅力及扬我国威的浩然之气。

作者清醒地认识到"卢作孚是人而不是神","神似，不能似神。不能是一个'主义的卢作孚'，抽象的卢作孚"，为此，他们借用各种人物不同角度的观察，塑造出一个真实可信，能够走进广大读者心中的文学典型人物。在启蒙老师石举人的眼里，卢作孚永远是"魁先娃"；在儿时伙伴宝锭的眼里，卢作孚永远是他的"魁先哥"；在同学乐大年的眼里，卢作孚永远是"小卢先生"；在股东和员工的眼里，卢作孚是他们信得过的经理人和领路人，所以都尊称他为"卢先生"；在船厂经理眼里，卢作孚是个一诺千金的客户；在军阀刘湘眼里，卢作孚以其"口碑之实、名头之响、根基之深、羽翼之丰"，为他人所无法比拟；在乘客眼里，船王卢作孚总是那么平易近人；在耀武扬威的外国轮船公司的洋经理看来，卢作孚是个精明的生意人；在日本高级间谍泰升旗的眼里，卢作孚是中国实业界最可怕的人；而对于卢作孚的亲人来说，他是父母的孝子，是妻子心里的那个"他"，是儿女眼中的慈父……

对于主人公卢作孚的每一个侧面，作者都精心描绘；对于其他人物的塑造，作者也绝不苟且。例如，卢作孚的启蒙老师石举人，其原型是合川举人张森楷及其他几位乡贤。张森楷是清末民初的著名史学家、实业家，曾担任川汉铁路公司总经理和成都大学教授。他在兼任合川县立中学国文教师时，偶到瑞山小学讲课，发现卢作孚秉性聪慧、学习勤奋，便额外为他辅导，对少年卢作孚的成长产生了很大影响。他曾邀请卢作孚参与撰写合川县志，并嘱托卢作孚为其写碑文。张森楷1928年在北平病逝，卢作孚筹资于两年后将其移葬故里，并立碑建亭纪念。作者从史料中发现和收集到这类素材，进行提炼加工，塑造了石举人这个鲜活的人物，不仅刻画了感人至深的师生情谊，也生动地反映了一代传统文人走向现代的进程，富有深刻的寓意。

不仅主要人物写得栩栩如生，次要人物也写得活灵活现。在展现卢作孚所主持的北碚乡村建设的中册《分水》里，作者虚构了一个外号"九条命"的"小人物"。他是"九口缸"街的百岁老人，这条街以九口尿缸臭气熏天而得名。"九条命"平时倚老卖老，顽固保守。

当居民们初始反对移风易俗的变革时，他先给卢作孚来了个下马威。当一个洁白干净的公共厕所拔地而起取代了九口尿缸时，他又在事实面前心悦诚服，并从此成为建设新北碚的热心人。作者用千把字勾勒出的这个文学形象，让人过目难忘。同样让人难以忘怀的还有那个总是喝得"疯疯癫癫"、在关键时刻却能"呼风唤雨"的醉汉；那个在军阀杨森面前唯唯诺诺、鞍前马后、出尽洋相的副官；那个行侠仗义，误入匪途，又在卢作孚的教化下改邪归正的姜老城等。这些人物来自生活，很有代表性，虽然出场不多，却写得相当成功。

还值得一提的是，作者根据采访老民生员工和卢作孚生平友人所了解的第一手资料，以及抗战中的敌特原型，成功塑造了日本间谍泰升旗这个一号反面人物，在相当长一段时期内，他与卢作孚如影随形，对垒博弈。卢作孚生平极少与人为敌，即使有，也都是国家民族共同的敌人。因此时下某些作品中那些人与人之间钩心斗角、你死我活的场面都与主人公无缘。泰升旗这个人物的设计并不是为了制造这样的卖点，而是通过他与卢作孚的多次智力角逐，来反观卢作孚的人品操守和睿智卓识。最后连这位对日本国愚忠愚孝的敌手，也不能不为卢作孚的魅力所折服。

二、小说的结构和悬念为其他同类作品所罕见

尽管这部小说具有相当可信的真实性和浓厚的传记色彩，但它首先还是一部小说。正如作者所言："有人说，史家记下的是'正史'，小说家写下的只不过是'野史'。又有人说，正史野史同是信史。还有人说，'小说被认为是一个民族的秘史'……小说偏爱的，是史书大脉络大经纬无暇顾及的、可闻可见、可圈可点、可悲可喜、可嗔可怜的那些个细枝末节。"

"卢作孚的爱国爱民爱船爱事业，是不争的事实。可是，有几人知道，卢作孚为何爱这些？为何生死以之地爱这个国家、人民和他的船、他的事业？"两位作者凭着坚韧的毅力、高超的学养、对卢作孚的挚爱和对广大观众负责的精神，破解了这道难题。他们从卢作孚的

经历中萃取了最精彩的若干人生片段作为小说的明线，以解说卢作孚"为何这样爱国爱民爱船爱事业"作为伏线，搭建起小说的总结构，自始至终凸显出卢作孚爱民、亲民、为民造福的"民生"理想之光。小说中层出不穷的矛盾、悬念、冲突、意象、意境等文学元素，与总结构交相辉映，似一张"大网"，形成了这部百万言小说的内在张力。两位作者依靠丰厚的学养和娴熟的小说技巧，而不是以色情、婚外恋、灯红酒绿、尔虞我诈、血腥暴力为卖点，创作了这部构思奇特，风格迥异，可读性很强，且具有鲜明思想性和艺术开拓性的小说。

作者有一段探索卢作孚给世人留下诸多谜题的创作笔记，可供研究小说《卢作孚》的悬念手法参考：

这个世纪伟人真留下了一个世纪之谜：卢作孚身上有太多太多的矛盾，完全是两个极端的东西，统一在这一个人身上。

前国民党行政院长张群曾这样评价卢作孚："他是一个没有受过学校教育的学者，一个没有现代个人享受要求的企业家，一个没有钱的大亨。"

一个平民，可以统一川江。

一个公司经理，策划、主持并实施的大撤退可与英国首相丘吉尔策划、主持并实施的大撤退相媲美。

这所有的不协调，恰恰极协调地合成了卢作孚这个人。

这是关于卢作孚人格的悬念。

除此之外，还有关于卢作孚行为目的的悬念。即：不断有人提出，卢作孚在为国的大行为下，总是壮大了自己，总能双赢，这又是为什么？

以上两大悬念，可吸引读者，探索这个谜底，可否构成了本作品的总悬念？

作者在总悬念之下又设置了形式多样的分悬念。有的摆在明处，如石举人为卢作孚说媒想出的三条锦囊妙计；有的则隐匿在故事情节的发展之中。有段打捞"万流"轮的故事，原本是一桩真事。作者以此为素材加以适当的虚构，制造出枝蔓纵横的悬念：先有大足举人孟子玉在"万流"轮轰炸我国船舶和平民的暴行中被炸死，设下了卢作孚要为救命恩人和死难民众报仇雪恨的悬念；接着有"万流"轮在长江三峡的柴盘子触礁沉没，英国太古公司无法打捞，卢作孚以最低价格购得的悬念；再有民生公司如何将这艘自重千吨的大船从川江激流中打捞出来的悬念；最后是这艘被加长、加大，改名为"民权"的巨擎，在抗战中一雪旧恨新仇的悬念。前后延伸好几章，时间跨越十多年，故事情节随之跌宕起伏，扑朔迷离，引人入胜。有的悬念则齐头并进，犬牙交错，增强了情节的紧张气氛。比如当卢作孚领导的川江航运管理处，坚持武装检查"云阳丸"轮正处于紧张胶着状态时，军阀刘湘和杨森之战又一触即发，急需卢作孚出马斡旋；抗战中，身任交通部常务副部长的卢作孚为组织指挥水陆运输争分夺秒之时，又接到最高统帅要其担任国家首任粮食局长解决军粮民食危机的命令……作者不是避重就轻，而是知难而上，在一团乱麻中理出头绪，还原史实，编织出一个个高潮迭起、扣人心弦、感人肺腑、催人奋进的情节与故事。让广大读者在享受阅读乐趣的同时，走进久违的历史。

还值得一提的是，作者在小说的章节名称上也作了精心设计。全书一共三十六章，每一章的标题都只有两个字，这应该是小说章节名最少的极限。这里也许有作者对小说结构美学方面的刻意追求，但难得的是，每两个字不仅画龙点睛地暗示了本章的内容，有的已成为文学意象或双关语，其中作者独创的词汇如"撑仇""商色"等，因其言简意赅又有现实意义，也许会随着小说的面世而变成当代人的流行语。除此之外，书中的其他意象、意境，如无字碑、橡皮轮胎、阴河、注射器、水龙头等，像走马灯似的轮番登场，不仅增强了小说的节奏感和艺术性，也提升了小说的思想性。如"举人"意象可代表传统文化，"引擎"可代表现代科学技术，"新解"则代表连接传统与现代的方法和途径等。

三、小说具有同类作品少有的戏剧性，同时又突破了戏剧的局限性

小说有很强的戏剧性，首先表现在文字具有相当鲜活灵动的画面感。

中册《理由》一章写的是卢作孚开创中国人武装检查外国船先例的故事。当日本驻重庆领事松本义郎为了替"云阳丸"轮解困，不得不放下架子拜访卢作孚时，作者表演了一出"冲茶"绝技：

松本义郎身后，一股水流泄入松本义郎面前茶碗。是茶房提起长嘴茶壶，表演技艺似的，远远站在松本义郎背后，冲茶。那一股滚水便从松本义郎梳得一丝不苟的分头上泄过，松本义郎看得瞠目结舌，只好再次等待。只见茶房将碗中水冲得像轮船尾的涌浪，又猛一抬手，壶嘴高高昂起，水流顿时断了。再看时，碗中的水刚好满齐碗沿，细看，水平面竟稍稍拱出，以碗沿为支撑，形成一道碧油油的圆弧形。盯着这圆弧形，松本义郎心头正在赞叹——这重庆城的茶房自有他的茶道。谁知这时，凭空又从空中落下一滴圆圆的水珠，滴溜溜地落在碗中圆弧中央拱出的最高点上，就这一滴水珠，茶碗便再也容不下，于是，原先被挤在碗沿的另一滴水珠便溢也出来，沿着擦得精光油亮的中国黑漆八仙桌面，端端地溢向松本义郎面前。松本义郎抬头一看，长长的壶嘴再次从自己头顶昂起，知道是茶房刚才又压下壶嘴，倒出了这么一滴。再看时，茶房身形不动，就站在自己这边的桌沿前，正用先前同样的手法，已将卢作孚面前的茶碗加满水，照旧是水平面拱起，却不再为卢作孚滴上最后的那一滴。

相信读者看到此处无不为之咋舌，其中蕴含的深意更令人叹服。类似这样的精湛描写，小说中并不鲜见。

其次，小说的戏剧效果也表现在人物的台词和对白上，富含哲理和玄机的对话在小说中比比皆是。四川善后督办刘湘在聘请卢作孚担

任川江航务管理处长之前，先试探卢作孚是否有"野心"，有一段全书最长也相当精彩的对白，其中写道：

刘湘看定正中的中国地图："卢作孚所图，天下也！"

卢作孚见局面越来越紧张，他突然大笑，

刘湘："刘湘的话，如此可笑？"

"不可笑，一点不可笑。卢作孚所图，天下也。"

"承认就好。你不是商人，是天下人！"

"我是商人，也是天下人。"

"身为商人，哪有图天下的？"

"身为商人，岂有不图天下的？"

"在商言商，谈何——天下？"

"正是在商言商，才图——天下。"

"此话怎讲？"

"敢问刘军长，商人最欢喜挂的对联是啥？"

刘湘一愣。

何北衡："可是……财源茂盛达三江？"

刘湘接过话："生意兴隆通四海。"

卢作孚："三江四海，岂非天下。天下不平，天下不太平，商人做哪样生意，做生意赚得哪样钱？"

刘湘听得有理："哦？"

卢作孚抓住时机，步步紧逼："所以，身为商人，岂能不图天下？"

刘湘："商人图天下，竟比军人所图更甚？"

卢作孚："更甚几分！军人所图——打天下。商人所图——平天下。"

"听起来，似有些道理？"

"天下公平，天下太平，商人哪有不赚钱的？"

"唔。"

"身为商人，作孚图的便是这等天下大利！"

"唔唔。"刘湘这才笑开了。

卢作孚看一眼何北衡，长长地松了一口气，出任刘湘的川江航务管理处长前这一席谈，卢作孚由此脱离险境。

看到这里，我们也长长地松了一口气。这场对话使刘湘对卢作孚有了更深刻的认识，也使具有商业精明和哲人智慧的卢作孚跃然纸上。书中无论是领袖、军阀、文人、商贾、亲属，还是船工、市民、土匪……每一段对白，都写得形象逼真、精彩纷呈。读来如闻其声，如见其人。

组织指挥被誉为"中国敦刻尔克"的宜昌大撤退，是卢作孚近年来为后人所知悉的一大亮点，作者用了近十万字的篇幅去描写在那四十天里发生的事情，不仅更细致地刻画了大撤退中各种矛盾交织的紧张气氛，讴歌了卢作孚及民生公司全体干部船员奋不顾身抢运人员物资的英雄事迹，还增添了心理活动的描写，这是戏剧很难达到的效果。小说中，泰升旗还有个助手，即日本特务田中。两人的公开身份是教授和助教。宜昌大撤退时，二人均在现场，并伺机利用日军的空中优势，力图将卢作孚和民生公司置于死地，但最终不得其果。作者以两人的"敌对"视角对卢作孚进行"透视"，以剖析卢作孚的精神思想、人格特征，揭示卢作孚的心理活动，更见妙趣横生。

四、多姿多彩的地方文化是小说的又一独到特色

小说的主人公卢作孚是地道的四川人①。作者有心利用川音、川话、川戏、川菜、川茶、川江、川军和川人创作一部川味浓郁，堪称巴蜀风情史诗的长篇小说。作品正像一顿川味十足的文化大餐，虽然有点"麻、辣、烫"，却令人大快朵颐，心旷神怡，余味无穷，反过来也为源远流长的巴蜀文化增添了新的元素与活力。

---

① 卢作孚生于四川省合川县，自重庆成为直辖市后划归重庆管辖。因应历史的沿革和叙述上的方便，本文提到的四川皆为包括重庆在内的大四川。

吃豆花饭，是卢作孚待客的习惯。但把豆花饭做出"治大国若烹小鲜"的水平，却是作者的高超技艺了。小说第二十一章《豆花》，讲的便是卢作孚从合川醉八仙酒楼请来名厨，设下丰盛的豆花宴，召开川军首脑会，讨论四川和平统一的故事。据张守广著《卢作孚年谱》记载，1931年6月2日，卢作孚联合重庆各界人士，促使刘湘、杨森、刘文辉在重庆举行了一个三军长联合会议，旨在结束四川内战，实现川政统一。卢为会议准备了《四川底问题》的小册子，其内容涉及四川的政治、军事、教育、经济、财政、交通、边务、地方自治等八个方面的问题。"豆花宴"虽只是笔墨，读来却让人垂涎欲滴："一碗豆花一端上来……一筷子下去，当真是雪绵嫩鲜尽在一碗中占齐。"而蘸豆花的"调和"则更"有讲究，分两种：油碟与干油碟。油碟者，以忠县酱油、自贡川盐、合川芝麻酱、郫县豆瓣、临江寺豆豉、重庆小磨麻油、火葱、豆母子、油辣子，外加腊肉颗颗调合而成。干油碟则只取炒川盐、花椒面、花生瓣，加味精即得"。各路军阀饱餐之后，自然已将"四川的问题"连同"雪绵嫩鲜"美味可口的豆花一同记在了脑子里。

第二天的《嘉陵江日报》头版头条标题是《重庆盛大欢迎会之内容》。

——这会名曰"欢迎"，不啻是个缩小的"国民会议"。欢迎人是要提出建设四川底意见来的；被欢迎的人是要请出席来发表政见的……

——刘文辉演讲词："以人民之心思为心思，人民之利害为利害，当得四川之福，亦全国之幸也。"

——杨森演讲词："人民所苦者，一在负担太重，二在战祸凄惨。诚能实施编遣，以减轻人民之负担；和平统一，以免人民锋镝之患，非至好之事乎？"

刘湘演讲词："大家重新立起信仰，很稳重地干着，确是极重要的。如此不说社会上破天荒的事业，却也是有数的了……"

作者张鲁在重庆朝天门长江和嘉陵江的汇合处，曾拍摄到一幅酷似太极图的江景。他把这个图景和意象引入了小说之中："正是发端阳水时节，小河一脉清流与大河满江洪水裹搅成一个巨大的旋转的图像，恰似太极图。造化当真鬼斧神工，不经意间便传达出意蕴极深的哲理，老祖宗绘下的太极图，黑白阴阳生灭进退，无一方可究诘，混沌一团旋转不已，却似乎养活着一团春意，渐渐地融化了凝结在卢作孚心底的那一块坚冰。"那时的卢作孚，正因赶不上轮船，失去了到北京报考清华大学的机会而深陷惆怅和痛苦之中。小说不止一次地运用了这个意象，极富画面感。

与太极图同样具有戏剧性的是，威震中外的合川钓鱼城，竟然就在卢作孚的老家合川杨柳街附近。这样一个"真够意思"的素材，当然要被作者巧加利用了："钓鱼城令'上帝折鞭'，宜昌大撤退保全民族工业一线命脉，联想起来，无论是巧合，还是天意，都是发人深思的。"（张鲁创作笔记）作者将它写进了开篇《瑞相》。

五、写活了卢作孚的人格魅力

著名学者姜铎在《论卢作孚先生的伟大人格》一文中指出："卢先生的伟大人格，具有巨大魅力、凝聚力和吸引力，所到之处，金石为开，成为卢先生事业赖以成功的基石。"[1] 在作者笔下，卢作孚的人格魅力最根本地来自他对亲人、对人民、对国家、对世界的热爱。或许是缘分使然，两位作者从小在重庆长大，与卢作孚的出生地合川和卢作孚一生最看重的北碚结下了不解之缘。父母的耳提面命，环境的耳濡目染，使他们从小就记住了卢作孚这个名字。张鲁多次说过："我一想到卢作孚就感动得流泪。"易受感动者，皆因童心未泯。童心未泯的张鲁和张湛昀用他们的情感和笔，为我们塑造了同样是童心未泯、有血有肉、有情有义、有爱有恨的卢作孚，把一个历史人物写得很有亲和力和时代感。卢作孚爱他的父母，童年家贫，他自觉地躲

---

[1]　姜铎：《论卢作孚先生的伟大人格》，载凌耀伦、周永林编《卢作孚研究文集》第 32 页，北京大学出版社 2000 年 9 月第一版。

在一旁吃白饭，把家里仅有的一点好菜留给在外操劳的父亲；但是他更爱祖国，就在抗战爆发那一刻，他收到家里发来"母亲病危"的电报，心如刀绞地赶去南京参加草拟《抗战总动员计划》，没能见上母亲最后一面。他爱孩子，平时工作再忙，也会尽量抽出时间和他们一起玩耍，让他们在游戏中增长见识和才干；他有个小女儿，刚生下十几天就夭折了，他把女儿安埋在上班的路旁，为的是多陪陪她；但是他更爱他的人民，当人民需要的时候，他亲自把长子送上抗日救亡第一线。他爱他的妻子，妻子是小脚，基本没有文化，他为她改了名字，他教她读书写字；妻子为他生养了五个儿女，他们有一个很幸福的小家；但是他更清楚自己肩上的责任比天大，留在家里的时间少之又少……

在卢作孚的人格魅力感召和吸引下，懒人变勤快，土匪变良民，愚昧的人变聪明，员工把公司当成自己的家，学文化、学技术、了解天下大事；穷乡僻壤的百姓过上了现代文明的生活；也可以化干戈为玉帛，变冲突为合作，促成四川军政统一，将世界打造成花园一样。当我们看到鸡鸣即起的小作孚借着城门上方灯笼的微光读书，守夜人姜老城悄悄为他放下大红灯笼的时候；看到同盟会会员石二为救卢作孚去实现花园世界的理想而舍生取义的时候；看到上海造船厂的经理被卢作孚打动，主动少收他大半定金的时候；看到石举人为了帮助卢作孚造船筹款，甘愿向昔日"情敌"下跪的时候；看到百万川军在他们的将领带领下，英勇杀敌视死如归的时候；看到民生公司轮机长宝锭被日军飞机炸断肠子，自己接上又继续开船的时候；看到在重庆"九二火灾"中，民生公司的干部员工奋勇抢救人民生命财产而不顾自己和家人安危的时候；看到民生公司的船员英勇机智，驾驶海外船舶胜利归航的时候……无不潸然泪下。

感谢作者用饱蘸真情的笔墨再现了卢作孚的大爱，让广大读者在欣赏小说的时候为大爱所包容、所浸润、所感化。卢作孚在《什么叫做自私自利》一文中说过这样一段话：

你的生路会沉溺在这强烈的社会要求当中，如醉如痴，如火如荼，比较沉溺在漂亮的衣服，高大的房屋，名贵的陈设，富有的财产，出人头地的地位，其要求人的力气和生命，更深刻而浓厚。只要社会变更了要求，人就会变更了行动。①

小说作者在好几个情节中，引用、解读和阐释了这段话的深刻含义。这何尝不是两位作者的自身写照。我们沿着两位作者开辟出来的这条人生之路往上攀登，既看到了残枝败叶、雷鸣电闪、风刀霜剑、毒蛇猛兽；也看到了匪巢建乐园，穷乡成宝地，天堑变通衢，硝烟化彩云，天国落人间……更看到了包括两位作者在内的人性、人格、人心的大德与大美。梁漱溟先生曾说："作孚先生胸怀高旷，公而忘私，为而不有，庶几乎可比于古之贤哲焉。"从这个角度而言，两位作者立足于真实和天职，为读者奉献出的这部小说，不啻是一部"修身、养性、齐家、治国、平天下"的人生教科书。

（原文曾发表于《小说评论》2011年7月第4期）

---

① 卢作孚（1934）：《什么叫做自私自利》，载《卢作孚文集（增订本）》第238页，北京大学出版社2023年4月版。

以人为本：民国乡村建设的一个成功范例

——读刘重来著《卢作孚与民国乡村建设研究》有感

卢晓蓉

刘重来先生是西南大学历史系教授、卢作孚研究专家；刘教授的夫人周鸣鸣女士也是该校教授、卢作孚研究学者和宣传活动家。大约在五六年前，刘教授应邀来京参加一个有关"三农"问题的研讨会，我闻讯前去看望他，并和他一起列席了半天会议。那天到会的人不少，几百人的会场挤得满满的，发言也很踊跃，有对乡村建设历史的回顾，也有关于当代"新农业、新农村、新农民"问题的探讨与展望。差不多每位人士的发言都不同程度地讲到了晏阳初、梁漱溟、陶行知等近代中国乡村建设的前辈，唯独没有一人提到与他们是同道和至交的卢作孚。这时，一向谦逊低调，言语不多的刘重来先生坐不住了，趁会议中间休息的时候，他走向前台找到会议主持人，请求给他一个发言的机会。他的请求得到了满足，而他的即兴演说也赢得了全场听众的热烈回应。从此，人们在关注东部地区乡建历史的同时，也将目光投向了八十年前位于西南一隅的以重庆北碚为中心的嘉陵江三峡乡村建设实验。时隔不久，刘教授便出版了近40万字的专著《卢作孚与民国乡村建设研究》。与此同时，刘重来夫妇开始与全国"三农"问题首席专家、人民大学农业与农村发展学院院长温铁军先生联手，共同倡议召开一个全国性的"三农"问题研讨会。今天举行的这次大会，便是他们和全体有关专家学者在两校领导和北碚区政府的大力支持下，经过数年辛苦筹备结出的丰硕成果！

一部为民国乡村建设研究弥补空白的重要学术著作

刘教授借专业和地利之便，早在20世纪80年代中期便开始了对卢作孚的研究，发表过多篇文章，内容涉及卢作孚在教育、实业、乡村建设、国家现代化等方面的理论建树和实践经验，也有卢作孚在抗战中的卓越贡献，同时还出版了介绍卢作孚生平的《卢作孚画传》。除此之外，他还多次主持过有关卢作孚的研讨会。丰厚的专业知识和对卢作孚多年的探寻研究，无疑为《卢作孚与民国乡村建设研究》提供了创作的便利，但作者并未就此止步，而是为这部书作了更加充分扎实的准备，视野更为开阔，发掘更为深入，史料更为丰富，归纳提炼更为全面准确，其中还不乏哲理性的思考，从而不仅更加生动真实地再现了那段不能忘却的历史，而且具有为当下提供参考的现实意义。

本书是以研究卢作孚的乡村建设理论和实践为主题的，但是它并不局限于卢作孚，而是把卢作孚的乡村建设实验置于始自20世纪20年代，蓬勃兴起于华北、华东地区的现代乡村建设运动的大背景下，开头就用整整一章的篇幅系统介绍了民国乡村建设运动的基本情况，包括乡村建设运动的缘起、发展状况、不同团体各自的主张和采用的方式，清晰地勾勒出这一运动的轮廓和历史意义；接着又以"乡村建设运动三杰——晏阳初、梁漱溟、卢作孚"为例进行了对比分析，总结出他们各自的方法、途径、成就和特点。

作者以较多的笔墨介绍了晏阳初先生的乡村建设理念和实践，指出他的特点是，强调"民为邦本，本固邦宁"，采取的方法是："以学校、社会、家庭三位一体连环教育的三种方式，实施四大教育来医治中国农民普遍存在'愚、贫、弱、私'四大病害。即以文艺教育治愚，以生计教育治穷，以卫生教育治弱，以公民教育治私，以此达到政治、经济、文化、自卫、卫生、礼俗'六大建设'，以提高农民的智识力、生产力、强健力和团结力"①。1926年，从美国获得博士学位归来的晏阳初，集合了一批志同道合的博士和其他知识分子，以河北定县为基地，开展了长达十年的乡建实验。2010年6月，笔者应邀参加了河北定州市（前为定县）举行的晏阳初先生120周年诞辰的大型纪念活动暨定县乡建实验研讨会，会上最引人注目的是当年金陵大学投资拍摄的一部短片，片中真实记录了晏阳初及其同道，在定县贫瘠而落后的土地上开展的各种文化、教育、卫生、体育和村民选举活动。其中有一个镜头令人难以忘怀：为了测量小学生的体重，晏阳初们没有现代的专用磅秤，就把孩子们一个个装在箩筐里，用农村的杆秤来称量，还一丝不苟地记录在册。由此一例亦可见他们的认真与艰苦。

作者也较为详细地介绍了著名的思想家、哲学家、教育家和社会活动家梁漱溟先生在乡村建设理论和实践方面的建树。梁漱溟也是从关注农民出发，认为中国是个农业大国，必须以教育为手段，从乡村的社会组织形式着手来改造社会。他的具体办法是："把乡村组织起来，建立乡农学校作为政教合一的机关，向农民进行安分守法的伦理道德教育，达到社会安定的目的；组织乡村自卫团体，以维护治安；在经济上组织农村合作社，来谋取乡村的发达，即'乡村文明'、'乡村都市化'，并以全国乡村建设运动的大联合，以期改造中国。"②梁漱溟一面著书立说，教书育人，宣传他的理想主张，一面在山东邹平等县开展乡村建设实验，也取得了不小的成就。

抗战爆发使晏阳初和梁漱溟的实验被迫中断，但他们的理想和信念却没有泯灭。战乱中，他们先后落户重庆北碚，在卢作孚的大力支持下，晏阳初在北碚创办了中国乡村建设学院，梁漱溟在北碚创办了勉仁文学院，继续为乡村建设和改造中国培养人才。当时陶行知先生也在北碚创办了育才学校。卢作孚及其后继者们积极地与晏阳初、陶行知、梁漱溟合作，学习推广他们的乡村教育经验和办法，使嘉陵江

---

① 刘重来：《卢作孚与民国乡村建设研究》第57页，人民出版社2007年11月版，下同。
② 刘重来：《卢作孚与民国乡村建设研究》第58页。

三峡地区的民众教育在战火中绝地重生，一枝独秀。1948年，联合国教科文组织将北碚定为"基本教育实验区"，便是对先贤们呕心沥血推行民众教育的充分肯定。

卢作孚与晏阳初、梁漱溟同生于清末内忧外患、积弱积贫的乱世之中，同样很早就树立了"天下兴亡，匹夫有责"的远大志向，并都以自己的方式去实现救国救民的理想，鞠躬尽瘁死而后已。三人长达数十年的友谊也感人肺腑，刘教授在书中作了深情的记述。有趣的是，三人天生有缘，卢作孚的出生地四川合川（现为重庆管辖）和晏阳初的出生地四川巴中，有渠江和大巴山一脉相连；而卢作孚与梁漱溟虽然地分南北，却生于同一年（1893）。与晏阳初和梁漱溟不同的是，卢作孚的家境贫寒，父亲靠挑、卖麻布养活父母、妻子和六个孩子。卢作孚排行第二，从小尝尽了生活的艰辛。尽管他在小学的成绩优异，但为了减轻父兄的负担，只念完小学就辍学回家。15岁时他从合川步行到成都，寄住在合川会馆，开始了自学生涯。他在小学深得合川知名人士张森楷[①]的器重，学到了不少传统文化的精髓，又在合川会馆学习了英语、数学和自然科学，阅读了大量西方进步书籍，这一切为他日后的发展打下了很好的基础。当时成都的保路运动正掀起大波，年轻的卢作孚亲历了保路运动和辛亥革命，目睹了血腥的暴力给人民带来的灾难，也痛心地看到由于在革命的同时没有培养建设的力量，致使革命成果付诸东流，故他决心要以"1，彻底的改革教育，以'青年的行为'为教育中心；2，以教育方法训练民众，为种种组织、种种经营，以改革政治，绝不利用已成之一部分势力推倒他一部分势力，但谋所以全融化之或全消灭之；3，以政治手腕逐渐限制资本之赢利及产业之继承，并提高工作之待遇，减少其时间，增加

---

① 张森楷（1858—1928），合川人，晚清举人、历史学家、实业家。生前著述48部，1300多卷，共一千多万字，曾为成都大学国史教授。1900年创办四川蚕桑公社。保路运动兴起，张森楷积极参与，辛亥革命后被推选为川汉铁路公司成都局总理。1917年张森楷主持编写《合川县志》时，邀卢作孚参与编撰工作。1928年病逝于北平。后卢作孚扶其灵柩返乡隆重安葬。

工作之人，直到凡人皆必工作而后已"①来实现自己的抱负。从此，卢作孚投身于教育救国和实业救国，并成为孙中山之后，"更明确提出'现代化'口号，并对其具体内容和目标做了明确规定的"第一人②。20世纪30年代初，国内思想界为救亡图存，展开了一场走资本主义道路还是社会主义道路；用革命还是改良方式的大讨论，卢作孚独树一帜地提出了以"现代化"作为全国一致的"公共信仰"，用"产业、交通、文化、国防"四个运动，"将整个中国现代化"，并为之奋斗终生。

继1925年创办民生实业股份有限公司之后，卢作孚在1927年受刘湘政府之聘，担任了嘉陵江三峡地区江巴璧合4县特组峡防局局长。峡防局长的任务原本就是剿匪和维持治安，但满怀强国富民志向的卢作孚，却将嘉陵江三峡视为乡村现代化建设实验的绝好机会和平台，他的想法是："中华民国根本的要求是要赶快将这一个国家现代化起来。所以我们的要求是要赶快将这一个乡村现代化起来……在这一乡村里为中华民国作小小的试验，供中华民国里小至于乡村，大至于国家的经营的参考，其经营止于一点，其帮助则愿意到各方面。"③

刘教授在总结了民国时代乡村建设的各种模式，对比了晏阳初、梁漱溟、卢作孚的乡建理念和所选道路之后指出："卢作孚作为一个实业家来主持一地的乡村建设，他的思维、视野、举措都与以单纯教育家、学者身份主持一地乡村建设的晏阳初、梁漱溟等人大有不同。他更有经济头脑、科学意识，更有务实和开拓进取精神。他虽然身在偏僻闭塞的嘉陵江三峡搞建设，但同时又率领一支船队驰骋在嘉陵江、长江和大海中。因此，在他身上，没有一点封闭、保守的'峡谷意识'和短浅目光。他在乡村建设中提出的'乡村现代化'目标和

---

① 见"少年中国学会改组委员会调查表"，载张允侯等主编《五四时期的社团》第522页，三联书店1979年4月版。

② 凌耀伦：《卢作孚文集·前言》，载凌耀伦、熊甫编《卢作孚文集（增订本）》第12页，北京大学出版社2023年4月版，下同。

③ 卢作孚（1934）：《四川嘉陵江三峡的乡村运动》，载《卢作孚文集（增订本）》第288页。

'以经济建设为中心'、乡村城市化、以工辅农以及精神文明建设等思想和举措，都充分体现了他立足峡谷，胸怀全国，展望世界的博大胸怀和开拓开放精神。这也就是卢作孚主持的乡村建设之所以与众不同并取得巨大成就的重要原因。"[1]作者在书中三次提到"峡谷意识"这个概念，颇富哲学意蕴和启迪作用。

以人为本是卢作孚乡村建设实验的核心理念和终极目标

卢作孚是采用什么办法来实现乡村现代化建设的理想和目标的呢？刘教授根据自己多年收集的大量素材、进行的实地考察和深入持久的思索研究，将其概括为："以经济建设为中心，以交通建设为先行，以乡村城市化为带动，以文化教育为重点的方式，在以北碚为中心的三峡地区开始了大规模的经济建设和文化建设。"[2]针对其中的每一种方式，作者在书中都作了介绍：有历史沿革，也有当时的现状；有长远规划，也有近期采用的方案；有实施情况的跟踪，也有最后完成的结果。内容具体、翔实、完整，富有较强的参考价值和可操作性。从中可以感受到，无论是经济建设还是交通建设，无论是文化教育还是乡村城市化，无一不与人有关，与人的衣食住行有关，与人的身体健康、生活水准、心智发展有关。以下是当时峡区图书馆在每本图书装借书卡的纸袋上印制的注意事项：

书的说话：

1.请勿用龌龊的手拿我。

2.勿使我被日光晒着，雨点淋着，我同小孩子一样，那些都是容易使我受病的。

3.请勿用笔在我身上批字，或作各种符号。

4.勿将我的身体来垫你的手臂。

---

① 刘重来：《卢作孚与民国乡村建设研究》第107页。
② 刘重来：《卢作孚与民国乡村建设研究》第126页。

5.你读我未完而停止的时候，可用书签夹在我的身上（就是停止的篇页上），以为标记，切不可将我折角。

6.勿把我放在不洁净的地方，望你时刻保持我的清洁。

7.你不读我的时候，应立刻把我还给图书馆，因为我等着还要去会许多朋友，切不可把我幽囚在你的屋子里。

就在这段话的上方，还印有用花边框着的四个字"欢迎翻印"。唯有懂得尊重人，尊重知识的头脑，才想得出这些富有人情味的文字，才能把知识当作公众共享的资源。相信读到这段文字的峡区市民，心灵不会不受到触动，也不会不珍爱图书。而这些人性化的做法，几乎体现在卢作孚乡村建设实验的方方面面。小到一草一花一木，大到一幢建筑，一个公园，一项产业，都无处不闪耀着人性的光辉。台湾资深学者简笙簧先生参观了卢作孚在北碚的遗址后，对建于八十年前的西部科学院主楼惠宇情有独钟，为此还拍了不少照片，写了详细的田土考察笔记。他发现，这栋楼宇屋顶的几扇东南西北朝向的天窗，比一般同类型天窗更大，因而推测它们有着特殊的功效：一是为了增强室内的光线；二是有利于夏天通风防暑，冬天日照保暖，起着空调作用；而更重要的是便于清洁工进出打扫屋顶的落叶（**防止树叶沤烂后损坏摆放瓦片的木头橼子**）。刘教授在书中引述了一段西南大学美学教授赵伶俐的文章："置身心于北碚城中，你分明感受到一种整体的和谐，是物质与精神的和谐，那些非生命的建造物似乎都在诉说着心里的话语，这种和谐决不是天然生成，决不是上帝所为……北碚之美，是因为它是由美的心灵设计出来建造出来的，而且设计建造它的目的乃是用它来陶冶和教育出美好的心灵。……我以为，北碚小城是卢作孚先生美好而崇高心灵永远的表述！"①

卢作孚对教育的重视和关注也来自对人的关注，尤其是对弱势群体的关注。他在1922年1月写的一篇文章《教育经费与教育进行》中

---

① 赵伶俐：《北碚，美丽心灵的建造物》，载杨光彦、刘重来主编：《卢作孚与中国现代化研究》，第280页，西南大学出版社1995年9月版。

就指出："自一方面观之，人人皆有天赋之本能，即人人皆应有受教育之机会。自他方面观之，吾人所处欲得良好之社会，必其社会中皆系受有良好教育之人。是今后受教育者，应为人类之全体，不应复为少数。"① "我们爱一个人，便须得望一个人好，便须得把一个人训练好。"②即便是土匪，卢作孚也主张"化匪为民"，让他们自食其力，重新做人。几十年后，他坦言："自己现在是办实业的，但实际上是一个办教育的，几乎前半生的时间，都花在办教育上，而现在所办的实业，也等于是在办教育，是想把事业当中全部工作人员，培养起来，提高他们的技术和管理能力。"③身在北碚并终生从事教育的刘重来，深谙卢作孚对教育的重视，他在书中详细介绍了卢作孚的教育理念、教育方法、教育实践、教育改革以及在教育上的超前思考。遍布北碚纵横交错的教育网络清晰地呈现在我们眼前：从基层民众的扫盲到幼稚园、小学、中学的学校系统教育，从街头巷尾各种类型的培训班、培训学校到图书馆、博物馆、展览会、宣介会等。各种教育组织和方法措施把北碚市民统统吸引到学习一切与世界文明接轨的新知识上来，形成了北碚浓厚的学习风气和极强的凝聚力。卢作孚曾说："我之喜欢北碚，胜于自己所主办的事业，也正因为它是一个优良的教育环境。"④笔者有位住在北碚的好友告诉我，至今北碚还流传着这样的风俗，熟人见面时，不是打听对方赚了多少多少钱，而是关心对方家里有多少个大学生。

卢作孚原本还有在北碚创办大学的构想，后因抗战爆发而中断，但随着国立复旦大学、国立江苏医学院、国立歌剧学校、国立戏剧专科学校、国立国术体育专科学校、中央陆军测量学校、军政部军需学校、私立立信会计学校等大专院校先后落户北碚；战后卢作孚又征得政府批准，亲自集资创办了相辉学院，即著名农学家袁隆平的母校，他的愿望终于得到实现。

---

① 卢作孚（1922）：《教育经费与教育进行》，载《卢作孚文集》第6页。
② 卢作孚（1930）：《四川人的大梦其醒》，载《卢作孚文集》第77页。
③ 卢作孚（1948）：《如何改革小学教育》，载《卢作孚文集》第506页。
④ 同上。

小时候曾在北碚生活过，并在北碚兼善学校下属实验小学上过学的周泰瑛老人，给笔者回忆道：

小学是平房，很简朴，但教资很高。大门口有个很大的穿衣镜。每个学生进校时都要对着镜子检查自己身上、脸上是否干净整洁。如果有问题就得先洗干净才能进去。卢作孚的母亲六十岁生日时（1935年），各界送了不少礼，其中一部分用来修建了火焰山公园（现为人民公园）的清凉亭，另一部分换成美元到英国进口了很多书和玩具。我们很喜欢这些礼物。每次看书和玩玩具前都要把手洗干净。看了、玩了以后，要把书和玩具收拾好。这些书和玩具给我留下很美好的印象。

当时兼善学校还收养了共产党的孤儿。他们的父母是大巴山的共产党。我们班就有这样的孤儿，学校待他们很好。

学校旁边还有个农场，我们去参观过。

北碚有很大的公共体育场，经常开运动会。体育设备相当好。有一个网球场，用高高的水竹做的围墙。21军副军长的夫人很漂亮，常来打网球。我哥哥也爱打网球。还有游泳池等。北碚还有个大礼堂，经常演剧。还把当地一些恶劣的事情编成剧来演出，让大家受教育。那时的风气很先进、很文明，男女一块玩，没出过事。

记得北碚当时还办了一个乡村手工展（原名记不清了）。我母亲也做了红豆腐、豆豉等，还得了奖状、奖品。

北碚每逢升国旗的时候，都要吹号。只要号声响起，所有的市民都会驻足立正。这是我在其他任何地方都没看到的。

北碚这个地方给我留下很深的印象，对我一生帮助很大。

周阿姨还告诉我，卢作孚提倡人民要健康。猪肝有营养，那时就规定，每人每次只能买二两猪肝，以防有的人买多了，有的人买不到。

为了北碚市民的身心健康，卢作孚率领峡防局从移风易俗、打扫卫生、接种牛痘、美化环境做起。"我们的理想是建设成功一个美满的三峡，是从经济上、从文化上、从风景上、从治安上建设成功一个美满的三峡，我们便要从各方包围着这整个的三峡活动"①，卢作孚上任峡防局长发布的第一张文告是《建修嘉陵江温泉峡温泉公园募捐启》，其中说道："将来经营有绪，学生可到此旅行；病人可到此调摄；文学家可到此涵养性灵；美术家可到此即景写生；园艺家可到此讲求林圃；实业家可到此经营工厂，开拓矿产；生物学者可到此采集标本；地质学者可到此考查岩石；硕士宿儒，可到此勒石题名；军政绅商，都市生活之余，可到此消除烦虑，人但茬止，咸有裨益，事在必举"②。而峡区的第一家医院也是在卢作孚上任当年开办的。为了提高医院的医疗水平，卢作孚的得力助手、四弟卢子英还万里迢迢从英国请来了医生。③

卢作孚认为"政治应为最大多数人谋最大幸福"④，为进一步提升实验区城乡人民的生活水平，为他们谋求最大幸福，他在乡村建设中开创性地进行了乡村城市化实验。刘教授敏锐地发现了这一重大举措的现实意义。早在国家西部开发战略公布之初，刘教授就撰文指出，卢作孚是中国西部开发的先驱。在本书第七章中，作者对卢作孚在乡村城市化方面的理论思考和规划实践及其重要性作了系统而深入的论述，既有对历史经验的认真总结，也有对现实问题的密切关注。从本章每节的题目来看，就几乎囊括了城市建设的方方面面，比如："城市的中心地位和辐射作用""城市建设必须统筹安排""城市必须有安定的社会环境""发展工业是乡村城市化的重要任务""交通是城乡发展的命脉""电力是城市发展的动力""信息是城市的耳目""人口聚集是城市化的重要特征""城市是智力密集、人才荟萃之地""科教文化标志着城市化的水平""市容市貌是城市综合水准的体现""山水园林式的城市是生态环境的需要""开发旅游产业对发展城乡经济的重要意义""历史文化名城保护性开发问题"，等等。作者还围绕这些议

---

① 卢作孚（1933）：《我们的要求和训练》，载《卢作孚文集》第223页。

② 卢作孚（1927）：《建修嘉陵江温泉峡温泉公园募捐启》，载《卢作孚文集（增订本）》第56页。

③ 刘重来：《卢子英以"十袋米"聘英国医生》，载《卢作孚研究》2011年第2期。

④ 卢作孚（1946）：《论中国战后建设》，载《卢作孚文集》第479页。

题引用了大量的史料，包括原始记录、数据、图表、统计表等，令人叹为观止。仅仅是植树这一项，作者就收入了不少资料，其中一份是1936年嘉陵江三峡乡村建设试验区署（即原峡防局）对十年来植树造林工作做的记载。在1932年项下是这样记录的："体育场之左侧山坡，原系东岳庙旧地，因住持乏人，庙宇失修，竟成荒废。峡局以该地地势高敞，风景绝佳，于此培植森林，不但可以点缀风景，尤可布置公园，特于是处相度地势，审查土质，开辟道路，筑坛作室，以为园庭之准备。选造风景林，植有落叶松一千五百株及三角枫一千株。次于沿路及隙地，植法国梧桐，白杨，青杨，洋槐，合欢铁树，西湖柳，棕竹，龙爪柳，冬青杨柳，四季柑，桃，李，梅，杏，石榴，桂花，夹竹桃，紫薇，紫荆，海棠，玉兰，木笔，芙蓉等各就所宜，栽植各树，共计二万四千株。观叶观花观果，无不曲尽其妙。或红或紫或绿，举皆表显特别风趣，以成为今日之博物馆及平民公园之大观。"① 受到这样的熏陶感染，民间也纷纷响应，包括学校、街道、工厂、医院等都自动参与植树，以致"北碚富绅受植树运动之影响，自动向本署购买法国梧桐五十株，美国白杨一百株，植于宅舍前后以配风景。"②

这些史料和论述雄辩地证明了，卢作孚"在这穷僻的山间、水间点缀着几桩现代的文明事业和经济事业，描摹出一幅现在物质建设和社会组织的轮廓图，更进而布置成功一个生产的科学的美丽的社会理想，让人们勾起一个现代中国的憧憬来，以推进国家现代化的经营"③，已在北碚这块土地上变成了现实。

以人为本，注重人的个体发展，关注人的生存、生活质量和生命价值，是西方文艺复兴之后，人类从黑暗腐朽的封建专制迈向现代文明的重要标志。与中国传统文化中的"民为邦本，本固邦宁"的积极面有相似之处。深受传统文化教育和西方文明浸染的晏阳初、梁漱溟、卢作孚，在乡村建设实验方面，尽管采取的途径方法不同，但其

① 刘重来：《卢作孚与民国乡村建设研究》第305页。
② 刘重来：《卢作孚与民国乡村建设研究》第307页。
③ 刘重来：《卢作孚与民国乡村建设研究》第117页。

核心都与这一现代文明的基本潮流相吻合。

美国著名心理学家马斯洛于1943年在《人类激励理论》论文中提出了著名的需求层次理论。他将人的基本需求分为五种，从低到高逐级递升，分别为：生理上的需求，安全上的需求，情感和归属的需求，尊重的需求，自我实现的需求。人们知道得比较多的是这五种需求。实际上，马斯洛还指出了另外两种需要，即求知需要和审美需要。他认为这两种需要应居于尊重需求与自我实现需求之间。卢作孚和他的同道们的所思所为，竟异曲同工地基本上满足了人的上述七种需求，也从一个侧面说明他的一切主张和行动都是以人为本的。

以人为本是卢作孚乡村建设实验的永恒动力

刘教授依据丰富的史料和长期的研究认为：以北碚为中心的嘉陵江三峡地区的乡村建设实验是"民国时期中国众多乡村建设实验中时间最长、成就最大的一个，是民国时期乡村建设运动最完整的历史记录"①。从1927年卢作孚上任峡防局长到1949年北碚和平解放，一共22年，其间还经历了艰苦卓绝的八年抗战，乡村建设的步伐却从未停止，其根本动力就来自对人持之以恒的终极关怀。

远离战场的北碚城，也未能幸免于日军的炮火。日机曾四次疯狂轰炸北碚，近600户民房被炸毁，伤亡400多人。但"北碚人民并未被吓倒，敌机一走，民众便踊向灾区抢救，轻则一天半日，重则两三天，都能修好恢复正常生活"。在1940年6月24日的第二次轰炸中，敌机27架轮番两次俯冲、投弹与扫射。"小小的北碚，满街遭炸，72股火头，熊熊燃烧，火光冲天，顿时陷入弹雨火海之中，受灾居民多达330多户。"居民群众奋不顾身投入抢救人员物资之中。诗人海戈目睹这样的场面，激动地题诗云：

> 抵碚才二日，便遭大轰炸；

---

① 刘重来：《卢作孚与民国乡村建设研究》第2页。

抬头数敌机，炸弹嘘嘘下。

洋房倒几间，可怜鹅石坝！

但问北碚人，都云并不怕。[①]

　　不仅如此，当时只有65，000人口的北碚，在抗战期间竟安置了数十个国家机关、科研院所、大专院校及各种文化机构，接纳了来自全国各地的数万难民，其中文化、科技、教育各界的精英人士就有3000多位。北碚人民还尽其所能地为他们创造了生活、学习和工作的良好条件，使他们在战火中能够继续自己的科研、创作和教学，并且结出了累累硕果。而北碚人民为此付出的代价，可用艰苦卓绝来形容，卢作孚的乡村建设实验经受住了这场血与火的考验。

　　然而，在卢作孚刚刚开始乡建实验的时候，却碰了不少钉子。他在1930年1月所写《乡村建设》一文中，就谈到当时美化扩宽街道遇到的阻力："我们要改良巴县北碚市场的街道，许多老百姓便大骂特骂起来。说是：自有北碚场，便是这个样的街道，至少也有几百千年，大家走得好好的，你偏偏一来就见不得了，走不得了！"[②]北碚过去有条"九口缸"街，因街上有九个大尿缸而得名，平时尿缸里装满了尿，臭气熏天。卢作孚和峡防局人士想去清除，也遭到居民的反对。但是怀揣要把嘉陵江三峡"经营成一个灿烂美妙的乐土，影响到四周的地方，逐渐都经营起来，都成为灿烂美妙的乐土"[③]愿望的卢作孚却锲而不舍。他曾对三弟卢尔勤说："……辛亥革命，虽然推翻了害民的'满清'，但是又遭遇祸国的北洋军阀，仍然是以暴易暴，其结果祸国殃民更有甚焉。以致遍地疮痍，民不聊生。回忆往事，人均谈虎色变，余悸尤深，多不乐意谈革命的事了。这样的社会情景，干革命就不宜单一地为革命而革命，必须要多方面努力创造条件，以资协作。所以还要做造福人民，使他们看得清、受得着、深信不疑的

---

　　① 李萱华：《小陪都传奇——抗战北碚的文化大气象》第42页，作家出版社2010年4月版。

　　② 卢作孚（1930）：《乡村建设》，载《卢作孚文集（增订本）》第81页。

　　③ 卢作孚：《两年来的峡防局》，江巴璧合四县峡防团务局1929年刊第2页。

实际好事，首先转变其社会不良的倾向，那才能将伟大的革命事业贯彻到底。"①为此，卢作孚带领他的团队克服重重困难，为人民做了许多"使他们看得清、受得着、深信不疑的实际好事"：他"开发矿业，建立了四川最大的煤矿——天府煤矿，使之成了抗战时期陪都重庆主要燃料基地；他发展交通，修筑了解放前四川惟一的铁路——北川铁路，开辟了合川—北碚—重庆的嘉陵江航线；他发展工业，创建了四川第一个机器织布厂——三峡染织厂；他重视科技，创建了四川第一所科学研究机构——中国西部科学院；他重视教育，不仅创办了正规的大中小学校，而且兴办了十多所民众学校；他重视农业，建立了农场、果园、蚕种场等，并努力推广新品种、新技术、新农机设备；卢作孚重视环境优美，建立了北温泉公园、北碚公园、黛湖公园，在街道两旁栽种行道树，兴建了若干街心花园；他重视文化建设，修建了图书馆、博物馆、运动场、医院、报社、民众俱乐部；他整治社会治安，采取政治与军事并重的政策清剿土匪，并取缔烟（指鸦片烟）馆、妓院、赌场；他重视市容市貌建设，拓宽街道，美化市容，甚至请外国专家来设计城市规划……"②

1932年某期上海中华画报刊发了一组题名为"四川之模范镇北碚场"的实景照片，里面有整齐的北碚街道、峡防局和自卫队的办公处，有温泉公园、民众俱乐部、科学院的陈列馆、嘉陵江日报社，还有油漆厂、水泥厂、染织厂、石灰窑厂以及科学院的养鸡场等，一只从意大利引进的良种白毛红冠雄鸡昂首挺立其间，栩栩如生。著名记者和出版人黄警顽先生以《四川新村概况》为题，为这组照片写了以下文字，或可佐证刘重来的研究成果：

本刊第一期，曾介绍过四川峡访团务局大略情形。当时峡防局长卢作孚君，方自川来沪。同行者十余人，相约每人实习实业一种，回川后即预备在峡区实施。关心川事之读者想尚能记忆及之。最近卢君复以事

---

① 卢尔勤回忆，卢国模抄正。
② 刘重来：《卢作孚与民国乡村建设研究》第204页。

莅沪，本刊主编胡伯洲氏，约记者同往访之于青年会。卢君神采奕奕，肌肤白润，与十九年（即1930年——笔者注）初见时之面目黎（黧）黑者迥别。承以峡区近况见告，爰摘其大概，以饷读者。

峡区系集合江北巴县璧山合川四县民众组织而成，以峡防局为最高权力机关，综揽一切建设事务。五年以来，次第举办之事业甚多。关于教育方面：有幼稚园，实用小学，及兼善中学。有峡区图书馆，各场分馆，巡回文库及西南（部）科学院。出版事业：有嘉陵江日报，新生命画报，乐园日报及学生周刊。交通方面：除促成北川铁路外，并整顿航运，疏浚沙滩，规定船资，及装设乡村电话。实业方面：有水泥厂，养蜂场，油漆厂，农村银行，染织厂，石印社，消费合作社等。娱乐及卫生方面：有民众俱乐部，温泉公园及地方医院等。军事方面，亦极注意，有少年义勇军，学生队，模范队等组织，以期人人有军事知识，以增强自卫能力。他们的生活，极有条理。晨起运动一小时。上午八时至下午一时办事。午后读书，演讲。晚间音乐及各种集会。起床就寝，皆以放炮为号。食时，每人菜肴一盘，中置二菜，全部一律。饭厅有席次而无座位，大众均站立吃饭。他们以下列原则为努力标准（一）不沾染一切不良恶习（二）建设生活上的秩序（三）依靠人力解决一切人们认为不易解决的问题（四）努力创造，努力生产，为公众谋福利（五）尽力帮助一般知识低微受经济压迫的人民，增进他们谋生的能力。他们虽在军阀割据重税剥削的局势之下，仍能坚忍不拔，从事建设，五年如一日，以造成此规模伟大之新村，其毅力殊堪惊叹。读者观本编所刊照片及上述概况，当不料动乱纷扰之中国，乃有此世外桃源在也。

仅仅五年时间就取得了如此大的成就，身在其中，耳濡目染，深受实惠的峡区人民，焉能不感动、不发奋、不成才、不冲破峡谷意识，建设自己的美好家园？焉能不在国家和民族需要的时候，慷慨地伸出援手，关爱和救助他人的生命？刘教授在书中引述了卢作孚在《四川嘉陵江三峡的乡村运动》一文中描述北碚市民踊跃参与市容市貌建设的情景：

北碚面临嘉陵江，高出江面八丈以上，然而是要被洪水淹没的。后面被一条溪流围绕着，中央高而周围低，每被洪水淹没的时候，市场的人无法逃避。最好是将溪流填了起来与北碚一样平，作人们逃避的道路，而且增加了现在无法发展的市场到一倍以上的地面。分头征求市民的意见都很赞成，于是召集一次全体市民会议，决定全市总动员。除市集的日期外，八百五十余家人，每家人皆担任运石、运泥，每天由一挑以至五挑。各种营业的人，不问卖米的、卖肉的，都出钱，都由他们决定。尤其是私人的厕所，由警察指定为公用，一向粪是肥料，年有收益，仍然是私人的；召集这许多私人一度会议之后，这许多收益都让归公有了。以这许多钱来雇用筑堤的工人，每天加以数百市民在那里工作，狂呼歌唱，非常热烈。许多老年人亦常在那里欣赏他们的工作。尤其是选举了二十位执行委员，必常常有人在那里照料、指挥并处理各种问题。每夜必开会一次，都列席、列席的人都发言。对于一个问题必提意见。必考虑批评他人的意见，必得一个共同承认的方案。我们偶然去参加两次会议，亦震惊他们勇往和紧张的精神。谁说中国人无办法？最有办法的乃是老百姓！谁说公众的事情做不好？你看这一群老百姓是何等做好他们公众的事情！[1]

1936年黄炎培先生在《蜀道·蜀游百日记》一文中写道："历史是活动的。有许多'人'，昨天是无名小卒，今天便是鼎鼎名流。'地'何尝不是这样呢？诸君从普通地图上找北碚两字，怕找遍四川全省还找不到。可见这小小地方，还没有资格接受地图编辑专家的注意呀！可是到了现在，北碚两字名满天下，几乎说到四川，别的地名很少知道，就知道有北碚。"[2]据说，抗战时期联合国的第一版中国地图只标明了三个城市：北平、上海和北碚。无论这个传说是真是假，都从一个侧面反映了人们对北碚人民和卢作孚乡村建设实验的良好口碑。有一点是可以肯定的，只要真正脚踏实地地践行以人为本的理

---

[1] 卢作孚（1934）：《四川嘉陵江三峡的乡村运动》，载《卢作孚文集（增订本）》第291页。
[2] 载张守广著《卢作孚年谱长编》第580页，中国社会科学出版社2014年3月版。

念，就具有无穷的动力，就能赢得人民的信赖和支持，就有足够的勇气、智慧和力量去战胜困难，就可以创造人间奇迹。

卢作孚有句名言："人生的快慰不在享受幸福，而在创造幸福；不在创造个人的幸福，供给个人享受，而在创造公众幸福，与公众一同享受。最快慰的是且创造，且欣赏，且看公众欣赏。"[①]历经了八十年的沧桑岁月，生活在北碚和来北碚旅游的公众还在欣赏着当年那些中西合璧至今仍不过时的建筑，享受着北碚人民公园清幽的小径、温泉公园迷人的风光和人行道旁法国梧桐撑起的绿色"天衣"。作为创造者的卢作孚和他的同道们，一定在天边愉快地看着公众欣赏呢。

现在，新一代的乡村建设专家学者和志愿者们，正肩负着为我们这个古老的民族创建和塑造"新农业、新农村、新农民"的伟大使命，衷心祝愿你们为未来的中国作出示范，为未来的世界作出示范！

---

① 卢作孚（1930）：《四川人的大梦其醒》，载《卢作孚文集（增订本）》第 77 页。

祖父留给社会的遗产 ①

卢晓蓉

　　黄炎培先生对祖父的精神和人格有过这样的评价："把他精神分析起来，是耐苦耐劳的，是大公无私的，是谦和周到的，是明决爽快的，是虚心求前进的，是富于理想而又勇于实行的。"②高远的眼光和理想给了祖父战胜困难的无穷动力，他参加过保路运动、辛亥革命、"五四"运动、少年中国学会，主持过川南教育改革实验、成都通俗教育运动，创办了民生实业股份有限公司，开创和主持乡村现代化建设，统一川江航运、收回内河航权，主持四川全省建设，抗战中组织指挥水陆运输，解决了军粮民食危机。仅从"民生"轮发端，到20世纪50年代初，民生公司就拥有了140多艘轮船，并兴办或合资经营了涵盖交通、能源、建材、造船、机器制造、染织、贸易、出版、金融、保险、文化、教育等领域的70多个企事业机构，还有建设和经营了22年的北碚及周边地区，都毫无保留地交给了国家和人民。

　　祖父的贡献不仅体现在物质方面，也体现在精神方面，已面世的并有丰富的实践经验可对照和印证的著述就有100万字以上。2012年，北大出版社再版《卢作孚文集》（增订本）时，在封底的内容介绍中指出："卢作孚是著名爱国实业家、教育家、乡村建设先驱和社

① 本文选自笔者著上海三联书店 2020 年 7 月出版《逆水行舟——卢作孚长孙女回忆录》之别册。

② 黄炎培：《蜀道·蜀游百日记》，上海·开明书店 1936 年 8 月，第 114–119 页。

会改革家。他创办的民生实业股份有限公司是民国时期最大的民营企业之一，在抗战中作出了彪炳史册的重要贡献。他主持的以北碚为中心的嘉陵江三峡现代化乡村建设，是'中国众多乡村建设实验中时间最长、成就最大的一个，是民国时期乡村建设运动最完整的历史记录'①。他关于'将整个中国现代化'的思想理论和成功实践，对当今现代化建设仍具参考价值。他毕生从事学校教育、职业教育、民众教育，其成果获得联合国教科文组织的充分肯定。他'大公无私，为而不有'，为中国企业家赢得了良好声誉。"著名经济学家厉以宁在本书序言中指出："卢作孚的创业精神和卓有成效的企业管理与企业文化建设经验等，值得当今企业管理者学习、借鉴。"

　　1999年3月，在北大出版社《卢作孚文集》发行座谈会上，前统战部副部长胡德平先生发言指出："《卢作孚文集》的出版是一件大好事。书中给后人留下了珍贵的思想文化遗产。它从民族的近代化工业的角度，向世人说明，中国人并不自私自利，只看社会的影响如何。人不是为己的，人是为社会的。如果社会要求是对的，我们就要尊重它；如果社会要求是不对的，我们就要努力把它改造过来。""卢作孚先生这一独特智慧的思想与之并行不悖，方向相同，非常值得我国从事非公有制经济的人士和一切身处市场经济之中的人们的反复思索和再三回味。"②也是在那次会议上，原全国工商联主席经叔平先生在发言中说："刚刚闭幕的全国人大九届二次会议，顺利通过了宪法修正案，非公有制经济被明确阐释为社会主义市场经济的重要组成部分。国家保护个体经济、私营经济的合法权益、权利和利益，为非公有制经济的发展提供了宪法的保障。在这样的大好形势下，当今的中国民营企业家和工商界的广大朋友，挤一点时间，读一读《卢作孚文集》，从中吸取营养，吸取经验，吸取智慧，发扬卢作孚先生爱国、敬业、无私的崇高精神，为我国经济的健康发展，为中国国力的增强，为广

---

① 刘重来：《卢作孚与民国乡村建设研究》前言，人民出版社2007年版，第2页。

② 胡德平：《发扬和借鉴老一辈民族实业家的精神和经验》，参见《卢作孚研究文集》，凌耀伦、周永林编著，北京大学出版社2000年版，第22页。

大人民群众物质文明生活的不断提高，做出积极的、应有的贡献。"①

祖父留下的精神财富难以穷尽，结合当今现实，也许主要体现在以下几个方面：

第一，始终不渝的强国富民理想和献身精神。

祖父18岁参加辛亥革命，走上社会，59岁去世，短短的41年，辗转多个领域，作出了许多令今人也赞叹不已的业绩，其动力就来自他自青少年时期就树立而且至死不改初衷的强国富民，"将整个中国现代化"的远大理想。组织指挥"宜昌大撤退"就是其中最辉煌的一例。其实长江沿线经过三峡喉舌宜昌的战时运输，早在抗战爆发之初就开始了。抗战爆发伊始，祖父立即意识到"国家对外的战争开始了，民生公司的任务也就开始了"，并号召"民生公司应该首先动员起来参加战争"②。在南京参与起草中央抗战总动员计划期间，他还赶回四川，力助川军出川抗战，并领导民生公司船队，将川军将士和战备物资运往前线。

与此同时，祖父又组织指挥民生公司的船队，从江苏镇江开始，将长江沿线自上海起经苏州河运抵镇江以及镇江以西各港口的政府机关、工矿企业、科研院所、大专院校的大量物资设备和人员撤运到大后方。1937年11月26日，国民政府主席林森率文官、参军、主计处主管等人士乘民生公司民风轮到达重庆，其余人员和物资亦分乘民生公司民政、民贵等轮随后跟进③，国民政府得以从12月1日开始在重庆办公④。

史称"宜昌大撤退"发生在1938年10月下旬到12月下旬的两个月，又以前面的40天最为困难，是其中最为关键也最为紧张的一役。

---

① 经叔平：《发扬卢作孚先生爱国、敬业、无私的崇高精神》，同上书，第25页。

② 卢作孚（1943）：《一桩惨淡经营的事业——民生实业公司》，载凌耀伦、熊甫编，《卢作孚文集（增订本）》第444页，北京大学出版社2023年4月版，下同。

③ 朱复胜：《宜昌大撤退图文志》，贵州人民出版社2005年版，第26页。

④ 简笙簧编纂：《中华民国史事纪要——1937年7月至12月》，台北"国史馆"，1987年6月出版，第697页。

因为当时正值武汉刚刚沦陷，聚集在宜昌待运的有三万多人员和九万多吨重要机械设备。40天过后，枯水期就要到来，有不少轮船就不能航行了。上述人员物资在平时需要一年才能运完，而日本侵略者的飞机已经开始轰炸宜昌。祖父于1938年10月23日即武汉沦陷前两日飞抵宜昌，在宜昌坐镇指挥。40天内，三万多人员全部运到重庆等大后方，物资运完三分之二，两个月内全部运完。关于那段时间的紧张情况，祖父在《一桩惨淡经营的事业——民生实业公司》一文中有如下描述：

尽量利用所有的力量和所有的时间，没有停顿一个日子，或枉费一个钟点。每晨宜昌总得开出五只、六只、七只轮船，下午总得有几只轮船回来，当着轮船刚要抵达码头的时候，舱口盖子早已揭开，窗门早已拉开，起重机的长臂，早已举起，两岸的器材，早已装在驳船上，拖头已靠近驳船。轮船刚抛了锚，驳船即已被拖到轮船边，开始紧张的装货了。两岸照耀着下货的灯光，船上照耀着装货的灯光，彻底映在江上。岸上每数人或数十人一队，抬着沉重的机器，不断的歌唱，拖头往来的汽笛，不断的鸣叫，轮船上起重机的牙齿不断的呼号，配合成了一支极其悲壮的交响曲，写出了中国人动员起来反抗敌人的力量。[1]

宜昌大撤退的历史重任落到祖父肩上绝非偶然。他出于对国家和人民的高度责任感，早就预知了这场大战不可避免，并利用民生公司和北碚做好了撤运、接纳和安置内迁大潮的思想、技术和物质准备。从而保存了中国工业、科教、文化的重要血脉。1933年，祖父就在民生公司毋忘"九一八"事变两周年会上，要求公司全体职工"应作有血性有肝胆的男儿""于值得牺牲时不惜牺牲"。民生公司还将"作息均有人群至乐，梦寐毋忘国家大难"的对联印制在船员的床单上。

在整个抗战运输中，民生公司的船员和员工奋不顾身、可歌可泣的英勇事迹比比皆是。其中的民俗轮在1941年8月22日从巴东运送抗

---

[1] 卢作孚（1943）：《一桩惨淡经营的事业——民生实业公司》，载《卢作孚文集（增订本）》第445页。

日伤病官兵及旅客入川时，遭到敌机猛烈轰炸，全体船员都临危不惧地救援旅客和伤兵。由于抢救及时，旅客仅死20人，伤兵因行动受阻死160人，而船员则牺牲了70人，有好几位船员因坚守岗位与轮船一起共存江底。他们和前线阵亡的将士一样，为了挽救国家民族危亡，把热血洒在祖国的江河上，为抗日战争的伟大胜利贡献了自己的一切。

在宜昌大撤退最紧张阶段实行分段运输时，三斗坪是距离宜昌最近的一个临时卸载点，两地相距60公里左右。"1940年6月宜昌失守后，在接近日军阵地的平善坝、南沱、三斗坪一带，还有一部分兵工器材堆放在那里，一般人惧怕日军，不敢前往装运。卢作孚亲自率领船只前往抢运装卸，每天傍晚开去，连夜装船，待天明即开走，不久即抢运完毕。这期间又完成抢运兵工器材2.48万吨。"①

抗战时期民生公司共有117位员工牺牲，61人致残，16艘轮船被炸沉炸毁，其中无法打捞和修复的有11艘。其他被敌机炸毁的厂房、仓库、码头、趸船、装卸机械等也损失甚巨。民生公司为挽救民族危亡所作出的牺牲已载入史册。冯玉祥先生赞其为"救国公司"。

战后，日本军事专家在检讨"宜昌作战"时认为，"汉口失陷时，重庆政权先将东部的工厂设备暂时运至宜昌，然后用了很长时间以小型船只运往重庆，建设长期抗战的基础。"使得中国内地重建的工厂逐年倍增。对此，他们追悔莫及地做了一个假设，"假定在昭和13年（1938年）攻占武汉作战时，同时攻占宜昌，其战略价值就更大了。"②宜昌大撤退被学者誉为第二次世界大战中第一次胜利大撤退。

第二，祖父关于国家现代化的超前思考、理论及实践经验，也与当前的改革开放并行不悖。

祖父的超前思考，即以"现代化"为全国人民的"公共信仰"，以世界的最高纪录为目标，国内的现状为出发点，开展产业、交通、

---

① 朱复胜：《宜昌大撤退图文志》，贵州人民出版社2005年版，第67页。

② 原载《中国事变 陆军作战史》（译稿），日本防卫厅防卫研究所战史室编，中华书局，1979年7月版。转引自《宜昌大撤退图文志》第193页。

文化、国防这四个现代化运动，"将整个中国现代化"，不是空中楼阁，而是建立在对中国社会的深切了解和充分汲取东西方优秀文化及先进经验基础上的。据我的三祖父回忆，他很早就系统"研究了东方的日本维新与西欧的历史演变，又从本国着眼，从传统文化着手，深入分析、寻找解决时局问题的办法，并意欲温故知新，对症取药，以挽狂澜。又把康梁主张的君主立宪和孙中山先生的三民主义、五权宪法、治国方针，结合中国实际国情认真加以思考，从中寻出一条可走之路。"① 有学者指出："孙中山的民生主义、建国大纲及实业计划，已有明白的现代化思想，可在此以后，更明确提出'现代化'的口号，并对其具体内容和目标作了明确规定的人，卢作孚还是第一个。"②

南开大学研究民国政治思想史的邓丽兰教授撰文写道："1933年《申报月刊》的中国现代化讨论，聚焦于英美化抑或苏俄化的分歧，胡适等自由知识分子对此多有批评。在此前后，《独立评论》《大公报》有关国家统一问题的讨论，有武力统一、国会统一、民族经济市场统一、盟主式统一、树立公共信仰谋统一等诸多方案。卢作孚将中国现代化的诉求提升到'公共信仰'的高度，并以产业、交通、文化、国防的现代化运动作为统一国家的'方法'。这种超越国民党人、共产党人、自由知识分子之间意识形态分歧的现代化思想阐释，是其观点在思想史的真价值所在。"③

祖父所期望的未来中国是这样的：

政治方面，要求成功一个完全独立自主的民主国家，以实现民族主义和民权主义；

经济方面，要求工业化，人民的生活水准提高，以实现民生主义；

文化方面，要求教育普及，人民的文化水准提高，使能完全实现三民主义。

---

① 卢尔勤回忆录，卢国模抄正。

② 凌耀伦、熊甫：《卢作孚文集（增订本）·前言》，载《卢作孚文集（增订本）》第12页。

③ 邓丽兰：《1933年的两场思想论争与卢作孚中国现代化思想的形成》，刊于《福建论坛》2011年第9期。

祖父不反对私有制，但他主张国家"以政治手腕逐渐限制资本之赢利及产业之继承，并提高工作之待遇，减少其时间，增加工作之人，直到凡人皆必工作而后已"①。他认为"民主国家的人民应有一切的自由，同时国家应有整个的秩序，自由是有法律保障的，亦即是有法律范围的。官吏应有执行法律的训练，人民应有尊重法律的习惯。即没有法官裁判，亦有舆论裁判，即没有警察干涉，亦有旁人干涉，法律乃能彻底发生效力。立法之前，应即审慎，立法之后，应即森严，不准任何人违犯，整个国家的秩序乃能建设起来"②。

从青年时期的几次外出学习和考察开始，祖父就始终瞄准了世界上最先进的社会思潮、科学技术和管理模式，从而将他"为社会的活动"建立在讲求科学的基础上。他不仅是一个敢于将外国轮船公司的垄断势力赶出川江的卢作孚；是一个并非军事将领，却组织指挥了"宜昌大撤退"的卢作孚；是一个喊出了振聋发聩的口号"我们要鼓起勇气，坚定信心！凡白种人做得来的，黄种人都做得来；凡日本人做得来的，中国人都做得来！"③的卢作孚；同时也是一个睁眼看世界，视一切先进文化为人类共同资源和财富的"拿来主义"者。祖父的"拿来主义"还包括了引进外资、引进技术和引进人才。凌耀伦教授在为《卢作孚文集》和文集增订本所撰写的"前言"中写道：

为了把西方经验和先进技术与管理学到手，卢作孚极力反对闭关自守，主张实行对外开放。他在《国际交往与中国建设》《中国的根本问题是人的训练》等文中，主张"促进国内外人士多多相互交往"。一方面"现在世界上的一切国家，尤其是物质文明比较先进的国家的人士都多来"，另一方面，"还须促成中国人多到外国去"，"只要人多往返，多研究，便不难做成中外的沟通"。至于资金短绌，可以"大量利用外

---

① 张允侯等：《五四时期的社团》，北京三联书店，1979 年 4 月第 1 版，第 522 页。
② 卢作孚（1946）：《论中国战后建设》，载《卢作孚文集（增订本）》第 478 页。
③ 卢作孚（1936）：《一桩事业的几个要求》，载《卢作孚文集（增订本）》第 341 页。

资"，人才不足，则可"从外国聘来若干专家帮助建设"①。

民生公司1925年的第一艘轮船"民生"轮仅载重70吨，祖父就选择了在上海建造，安装了德国奔驰发动机。1928年祖父在北碚兴建的四川第一条铁路"北川铁路"，聘请的设计师和主持者是著名的丹麦工程师守尔慈。被誉为"花园城市"的北碚城区规划也请了守尔慈参与。祖父生前所做的最后一件大事，是经国民政府和加拿大政府担保，在加拿大贷款1275万加币，建造了九艘世界第一流豪华客轮，为的是欢迎世界各国人士到中国内地考察、投资、合作，以帮助中国尽快实现现代化。

第三，祖父关于实现国家现代化的途径与方法，与当今时代的"中国特色社会主义道路"也有许多相通之处。

通过这些年来学者们的发掘和梳理，可以看出祖父的诸多思想和实践都可供今天的现代化建设借鉴和参考。比如，关于建设现代集团生活，开展倡导文明、树立新风的社会治理，用渐变的方式取缔封建宗法式家族制度，改变小农经济残留在社会生活中的种种陋习的理念和办法；关于以经济建设为各项建设的中心，多种经济成分共生共荣，注重生态环境的维护建设和可持续发展的看法和经验；关于在进行物质文明建设的同时，也要注重精神文明建设的观念和举措；关于企业文化建设的探索和创举；关于国家需要进步，"尤其需要在整个计划下进步。整个计划必须决定于政府。尤其必须决定于中央政府。但计划之产生以至计划之推行必须中央与地方，政府与人民，甲机关与乙机关，甲事业与乙事业，整个分工合作，使每一个机关或每桩事业，各有明了的使命，各有到达的前途，各有安定的领域，各拼命地趋赴，而又相互联络，相互适应，以完成国家整个的要求，乃能促

① 《卢作孚文集（增订本）》前言，载《卢作孚文集（增订本）》第13页。

使国家有比今天以前更快的进步，有比先进国家更快的进步"①。以及"……在计划经济原则下，政府所必须直接投资经营的事业，只限于人民不能经营的事业，此外则皆投资于人民所经营的事业，而让人民管理其盈亏成败。政府只站在全盘产业的管理地位上，管理其相互关系，管理其相互配合的关系，而奖励指导帮助每一桩事业，但不直接管理每一桩事业"②等方面的理论和建言。

十多年前有位部领导，曾邀请黄炎培先生的孙女黄且圆、杨乐夫妇，章乃器先生的儿子章立凡、杨洁夫妇以及我和我先生严家炎相聚。这位领导读书涉猎甚广，看了不少古今中外社会历史发展的经典著作。他对中国传统文化有自己独到的看法，认为优良的传统文化的确应该发扬光大，但要实现国家的现代化，仅靠发扬传统文化是不够的，还必须与西方的现代文明相结合。他说，这两者之间如何结合的方法问题，已有如黄炎培、卢作孚、章乃器等前辈通过自己的实践，探索到成功的经验，我们应该好好借鉴并研究如何继往开来。

第四，祖父关于现代乡村建设的一整套理想、思路、蓝图和实施细则，与近年来国家积极推进的"西部开发"及"新农村建设"的建国方略也有异曲同工之处。

祖父1927年担任嘉陵江三峡峡防局长后开始的现代集团生活的又一个实验，同时也是以北碚为中心的嘉陵江三峡地区的现代乡村建设试验，两者之间相辅相成、相得益彰。祖父在《乡村建设》《四川嘉陵江三峡的乡村运动》《四川的问题》《四川建设施政纲领》《建设中国的困难及其必循的道路》《中国中心的伟大基地》等多篇文章都谈到了乡村的现代化建设。从时间顺序上看，北碚试验应是继成都通俗教育馆、民生公司以后的第三个，但祖父在《建设中国的困难及其必循的道路》这篇论述国家现代化道路的重头文章中单辟一节将它列为

---

① 卢作孚（1936）：《如何加速国家的进步》，载《卢作孚文集（增订本）》第353页。
② 卢作孚（1946）：《论中国战后建设》，载《卢作孚文集（增订本）》第492页。

"创造集团生活的第二个试验"①，可见他对现代化乡村建设是何等重视。1936年4月，北碚峡防局正式改名为乡村建设实验区，1941年12月改名为北碚管理局。

祖父在1930年写的《乡村建设》一文中强调了乡村地位的重要："第一是政治的关系。政治上最后的问题是全国的问题，他的基础却在乡村。……一个乡村问题放大起来，便是国家的问题，乡村地位之重要，就此愈可证明了。""第二是教育的关系。……就数量说，乡村教育的经营远在城市以下，乡村教育的需要却远在城市以上。就结果说，乡村中间的少壮年人是常常向城市迁移的，至少也常常在城市里求生活的。乡村是不断地供给城市人口的地方，如因教育缺乏，供给的都是无知识的人口，那不惟于城市文明没有帮助，反而妨碍不小。乡村教育如果不发达，不但是乡村问题，而且变为城市问题了，可见乡村地位十分重要。""第三是经济的关系。乡村的经济事业愈不发达，乡村的人民便愈往城市跑，乡村的农作和工作，便会乏人担负了。城市的商品，虽大多数是经过工业制造来的，虽大多数的工业都在城市里，原料却来自乡村。或须开发，或须培植，或须就乡村里制造完成，这些事业里作工的人都跑到城市去了，就会减少开发培植制造之量，就会引起城市原料的恐慌。再则城市工业进步甚快，交通事业发展亦快，原料需要增加之量因而愈大，乡村经济事业如没有同样的速度进展，即不衰退，亦必引起城市原料的恐慌。所以就经济方面说，乡村地位亦十分重要。"②

为此，祖父分别阐述了乡村如何搞好教育、经济、交通、治安、卫生等五方面建设。接着又强调，搞好以上建设的办法便是实行自治，即"每一镇乡有一个教育委员，负的是教育建设的责任；有一个建设委员，负的是经济建设，交通建设，卫生建设的责任；有一个团务委员，负的是治安建设的责任。每一个委员负一方面的全部责任，其下如有各种事业，还须各种专门人才去管理。另外，每一镇乡有一

---

① 卢作孚（1934）：《建设中国的困难及其必循的道路》，载《卢作孚文集（增订本）》第277页。

② 卢作孚（1930）：《乡村建设》，载《卢作孚文集（增订本）》第83页。

个财政委员，专管各种事业的经费收支；有一个镇长或乡长，便是委员长，主持一镇一乡全部的建设事宜。可是，一切问题之解决，不应出于委员长个人的意思，而应出于几个委员的会议。委员长便是这会议的主席"。同时，"仅仅关系本镇、本乡中的事宜亦应另有监督的机关，更亲切的监督着主持建设的人员，才不易于误事或越轨。谁担任这样的监督责任呢？惟一的是人民的代表会议。第一是解决全镇乡本身的重大问题，与他镇乡无关系的。第二是选择镇乡长及各委员。开会和选举，是自治问题中间的两个中心问题。他的意义和他的方法，是应训练镇乡人民完全弄清楚的"①。

祖父在1934年写的《四川嘉陵江三峡的乡村运动》一文中进一步制定了乡村现代化建设蓝图纲要：

我们如何将这一个乡村——嘉陵江三峡现代化呢？请看将来的三峡：

1　经济方面：

（1）矿业：有煤厂，有铁厂，有矿厂。

（2）农业：有大的农场，有大的果园，大的森林，大的牧场。

（3）工业：有发电厂，有炼焦厂，有水门汀厂，有造纸厂，有制碱厂，有制酸厂，有大规模的织造厂。

（4）交通事业：山上山下都有轻便铁道，汽车路，任何村落都可以通电话，可通邮政，较重要的地方可通电报。

2　文化方面：

（1）研究事业：注意应用的方面，有生物的研究，有地质的研究，有理化的研究，有农林的研究，有医药的研究，有社会科学的研究。

（2）教育事业：学校有试验的小学校，职业的中学校，完全的大学校；社会有伟大而且普及的图书馆，博物馆，运动场和民众教育的运动。

3　人民：

皆有职业，皆受教育，皆能为公众服务，皆无不良嗜好，皆无不良

---

① 卢作孚（1930）：《乡村建设》，载《卢作孚文集（增订本）》第90页。

的习惯。

4 地位：

皆清洁，皆美丽，皆有秩序，皆可住居，游览。①

祖父是这么设想的，实际上从1927年担任嘉陵江三峡峡防局长时就开始这么做了，而后来的实际成果也远远超过了他这一设想。1932年某期上海《中华画报》刊发了一组题名为"四川之模范镇北碚场"的实景照片，里面有整齐的北碚街道、峡防局和自卫队的办公处，有温泉公园、民众俱乐部、科学院的陈列馆、嘉陵江日报社，还有油漆厂、水泥厂、染织厂、石灰窑厂以及科学院的养鸡场等，一只从意大利引进的良种白毛红冠雄鸡昂首挺立其间，栩栩如生。著名记者和出版人黄警顽先生还以《四川新村概况》为题，为这组照片写一段文字（详见本辑文章《以人为本——民国乡村建设的一个成功范例》）。

1997年，我协助新加坡维信集团在华合资的公司做一个与农业有关的项目。公司规划部门做了很厚一摞可行性研究报告和策划书，托我送去农业部。为了说明这个项目的意义，我临时决定增加了一份材料，即祖父1930年写的文章《乡村建设》（曾出过单行本）。后来部里传下话来说，当时的部长最感兴趣的还是祖父的文章，他说："想不到我们现在想做的事情，有人在二三十年代就在做了。"

2019年国家公务员（副省级）考试"申论真题"的五道题中，第三题是："某省政府办了一个农村发展战略研习班，其中一项研习内容是'卢作孚的乡村建设构想'。假如你是工作人员，请根据'给定资料3'，围绕卢作孚的乡村建设理念及现实意义，写一份导学材料，以指导学员更好地学习。""给定资料3"用1800多字，介绍了中国现代史上的著名实业家卢作孚关于乡村建设的理想、目标、具体内容和实施办法，强调了卢作孚的"乡村现代化"是一个"全面现代化"的概念，并不只局限为物质的建设，而追求乡村政治、经济、文教、社

---

① 卢作孚（1934）：《四川嘉陵江三峡的乡村运动》，载《卢作孚文集（增订本）》第292页。

会、环境的全方位的改革。"这些近百年前说的话，仿佛针对的就是当下的现实。他始终抓住城市与乡村发展的关系，来思考中国的发展问题，从而突出乡村建设的基础意义，抓住了要害。"

2019年6月21日的《新华每日电讯》第10版，用整版篇幅发表了记者李松的文章《乡村建设：卢作孚的实践与遗产》。文章开头就说，他是一名实业家，被誉为中国一代"船王"；他是一名爱国者，抗战时主持"宜昌大撤退"，为民族工业留下了元气，但少人所知的是，他还是一位乡村建设者，短短22年间在中国西南一隅，军阀防区缝隙之间，"将重庆北碚这样一个贫穷落后、盗匪横行的乡场，变成具有现代化雏形的花园城市，展现了乡村发展转型的惊人爆发力。"

陶行知先生曾预言："北碚的建设……可谓将来如何建设新中国的缩影。"①

第五，祖父关于教育在国家现代化进程中的重要作用及其毕生实践，亦可为当今的教育改革提供参考。

祖父是"五四"新文化运动的参与者，又是推波助澜者。他深受以"科学、民主"思想和人文精神为特色的"五四"新文化的熏陶和影响。他关于中国封建家族制度衍生出的各种社会弊病的深刻批判，关于在实现现代化的进程中，教育是国家根本大计的重要思想，今天读来都有切肤之感。比如，"第一重要的建设事业是教育"②，"中国的根本问题是人的训练"③，"人人皆有天赋之本能，即人人皆应有受教育之机会"④；教师应该是"须知教育精义，而有其志趣"⑤，"教育普及是要科学和艺术的教育普及，是要运用科学方法的技术和管理的教育

---

① 陶行知：《在北碚实验区署纪念周大会上的讲演》，《陶行知全集》（三），湖南教育出版社1985年版，第311页。

② 卢作孚（1930）：《乡村建设》，载《卢作孚文集（增订本）》第83页。

③ 卢作孚（1934）：《中国的根本问题是人的训练》，载《卢作孚文集（增订本）》第252页。

④ 卢作孚（1922）：《教育经费与教育进行》，载《卢作孚文集（增订本）》第6页。

⑤ 卢作孚（1916）：《各省教育厅之设立》，载《卢作孚文集（增订本）》第3页。

普及，是要了解现代和了解国家整个建设办法的教育普及，是要欣赏建设与社会进步的教育普及。除教育普及外，还得要科学和艺术的研究，继续不断的提高其程度，使其能应用世界上已有的发现、发明和创作，而更进一步"[1]，以及"学校之培育人才，不是培养他个人成功，而是培养他做社会运动，使社会成功"[2]，等等。

祖父小学毕业之后靠自学成才，担任过小学、中学和大学教师，教过语文、数学、工商管理，又在四川泸州的政府机构做过教育科长，在成都创办过通俗教育馆，在民生公司首创企业文化建设，举办各种培训班，邀请社会各界著名人士到公司演讲。在北碚更是开展了从街头巷尾各种类型的扫盲班、培训班、培训学校、幼儿园、小学、中学到抗战时期创办大学等系列化、全方位的教育活动，涉及当代教育改革所关注的教育观念、教育目标、教育制度、教育内容、教育方法和教育行政管理的方方面面，既富有理论性和开拓性，又具有很强的现实性和可操作性。

1927年，祖父刚担任北碚峡防局长不久，发现当地没有高级小学，民众都深感不便。地方人士多次筹划创办，却均未成功。这时地方人士又提出创办小学校的事宜，并请峡防局协助经费。此时峡防局经费也非常困难，但是兴办教育与地方和国家发展关系重大，"教育救国"，提高人民的教育水平和文化素质，本就是祖父的终生理想。于是他很快召集峡防局开会，决定以峡防局学生一队毕业留下的房舍、用品为基础，添加小孩用的桌子、凳子等必备用品，并由峡防局图书馆提供图书教材，教师由峡防局各部分职员担任，整个教职员中除两位常驻的职员稍有津贴，其余均属于义务性质。就这样，在没有花费多少钱的情况下，创办了实用小学。该小学创办之初，教材教法就非常特别，目标是要把小孩子教得能干而且诚实。例如开学典礼之前，就先教学生开会的礼节。开学典礼结束后，将来宾、学生、学生家长汇集一堂吃饭。每桌两位老师，通过提问等方法，教会

---

[1]　卢作孚（1946）：《论中国战后建设》，载《卢作孚文集（增订本）》第478页。

[2]　卢作孚（1935）：《社会的动力与青年的出路》（下），载《卢作孚文集（增订本）》第317页。

学生辨别席位的上下方，何人当坐上方，结果学生通过一餐饭，学会了许多社会的知识[1]。祖父创办该校有两个目的：1."改革一般读死书的陈法，训练儿童有应用知识的能力，可靠的行为"；2."预备以此校实验新的教学方法，并养成新的小学人材，进而改良其它的学校"。该校教学方法也比较特别："每科都从实际生活中提出问题，作为教材，不限于讲堂上，不限于教科书，随时随地用各种方法训练儿童运思、谈话、作事、作文。"[2]实用小学后来成为北碚兼善学校的小学部。

几年以后，遍布北碚纵横交错的教育网络，把北碚市民统统吸引到学习一切与世界文明接轨的新知识上来，形成了北碚浓厚的学习风气和极强的凝聚力，有力地推动了峡区的乡村建设运动。到1936年时，北碚已有两级小学（即完小）4所，初级小学14所，学生1300人，加上私塾学生，总计2503人。当年的学龄儿童为1.1759万人，入学率为21%。到1945年，儿童入学率为80%，到了1949年北碚解放前夕，全区公私立小学达到70所，其中公立小学61所，在校学生9227人，加上私立小学9所，学生2224人，总入学人数为1.1451万人，为学龄儿童总数的89%。[3]1948年2月，北碚被联合国教科文组织定为"基本教育实验区"。[4]联合国当时在北碚建有常设机构，即教科文组织办事处。祖父曾说："我之喜欢北碚，胜于自己所主办的事业，也正因为它是一个优良的教育环境。"[5]1948年春，美国传教士胡本德作为联合国教科文组织驻中国的代表，也来到北碚安家。当年4月，祖父和四祖父在北碚民众会堂对面的钱岳乔公馆会见了胡本德，他借此机会在公馆大门前拍摄了他们两兄弟的合照。这张宝贵的照片，经四祖父长子卢国纲的妥善保存，至今犹存。

---

① 《别开生面的实用小学》，《嘉陵江》创刊号，1928年3月4日。

② 《两年来的峡防局》，江巴璧合四县峡防团务局1929年刊，第15页。

③ 赵戎生：《卢作孚是怎样开拓北碚教育事业的》，参见《卢作孚追思录》，周永林、凌耀伦主编，重庆出版社2001年10月第1版，第479页。

④ 郭剑明：《试论卢作孚在民国乡村建设运动中的历史地位——兼谈民国两类乡建模式的比较》，《四川大学学报》（哲学社会科学版），2003年第5期。

⑤ 卢作孚（1948）：《如何改革小学教育》，载《卢作孚文集（增订本）》第506页。

第六，祖父的人品与操守与当今所倡导、所崇尚的道德风范、价值标准相吻合，从而呈现出强大的人格魅力。

著名学者姜铎先生曾在《论卢作孚先生的伟大人格》一文中，对祖父的生平作了精辟的概括："卢先生既不是一般的民族资本家[①]，一般的近代企业家，一般的爱国实业家；也不是一般的经济学家，一般的经济管理学家，一般的政论家或学者；而是中国近代史上英雄人物中一个具有伟大人格的革命实干家！卢先生的伟大人格，既来源于他爱国家、爱社会、爱人民的拳拳赤诚；又来源于中华民族五千年来的优秀传统和世界现代文明的精华。卢先生的伟大人格，具有巨大魅力、凝聚力和吸引力，所到之处，金石为开，成为卢先生事业赖以成功的基石。"[②]

正如姜铎先生所言，祖父的人格魅力来自他对国家、对民族、对人民的爱，也来自他对亲人、对朋友、对师长的爱。正是这种至真至诚的大爱，使祖父少小立志而终生不改，鞠躬尽瘁，死而后已；正是这种忘我无私的大爱，使他在任何领域都忠实地做事，诚恳地对人，为而不有，好而不恃，员工和民众都发自内心地尊敬和爱戴他，称他为"卢先生"，而不是"卢总"或"老板"；正是这种大善大美的爱，使他超越了常人的境界，以"只有兼善，没有独善"[③]为自我垂范，让土匪变成良民，军阀化干戈为玉帛，员工把公司当成自己的家，成就了一批又一批有理想、有才干、懂文明、会审美的现代人才，老百姓过上现代文明的幸福生活；正是这种尽职尽责的爱，使他在世人还昏昏欲睡的时候，就清醒地看到日本军国主义蚕食我国领土的狼子野心，更在抗战爆发后担当起常人难以想象的救国重任；正是这种无怨无悔的爱，使他在时局发生巨变的时候，能尽最大的力量为人民、为新中国建设保全了重要的资产和人才。

---

① 笔者注：卢作孚自己没有资本，故不属于资本家。
② 凌耀伦、周永林编：《卢作孚研究文集》，北京大学出版社2000年9月第1版，第32页。
③ 卢作孚（1939）：《精神之改造》，载《卢作孚文集（增订本）》第394页。

祖父主持和推行现代集团生活训练人的目的，不仅在于提高国民文化水平，更重要的还在于改变国人的观念，实现人的现代化，只要人成功就会有事业的成功。而事业的成功，也就是个人的成功。祖父为这种新的现代集团生活描绘了这样的图景：

> 我们的预备是每个人可以依赖着事业工作到老，不至于有职业的恐慌；如其老到不能工作了，则退休后有养老金；任何时候死亡有抚恤金。公司要决定住宅区域，无论无家庭的、有家庭的职工，都可以居住。里面要有美丽的花园，简单而艺术的家具，有小学校，有医院，有运动场，有电影院和戏院，有图书馆和博物馆，有极周到的消费品的供给，有极良好的公共秩序和公共习惯。①

祖父牢记"少中""奋斗、实践、坚忍、俭朴"的八字信条，要求自己和家人克勤克俭，但对员工、对民众，却从不要求他们勒紧裤腰带过日子，而是尽可能为他们创造富裕而文明的生活。民生公司的工资和福利标准一直都高于社会上的平均水平。

1925年，祖父在家乡四川合川创建的民生实业股份有限公司，是民国时代最早的股份有限公司之一。从创建伊始，就按照现代企业的模式经营管理。比如公司章程规定，任一股东无论拥有多少股份，最多只有20股股权，从而避免了被大股东操控。而且祖父一直主张，公司还让员工享有股份和分红："民生公司，卢先生是总经理，员工共有六千多人，他们每年分红的方法，把六千多人分做五级，不问职位高低，薪水大小，但按他劳逸和功过，列入某级，如系第一级，应得花红若干，总经理这样，水手仆役也是这样。所以去年卢先生分红得四十九元几角，列入第一级的水手仆役每人所得也是四十九元几角。这样实行平等，怕民生以外，还不容易找第二个公司吧！"②改革开放之初，国家领导人去日本访问，参观了丰田公司，对他们公司让员工

---

① 卢作孚（1934）：《建设中国的困难及其必循的道路》，载《卢作孚文集（增订本）》第279页。

② 黄炎培：《蜀道·蜀游百日记》，上海·开明书店1936年8月，第114-119页。

当股东的做法很感兴趣。丰田公司的负责人说，我们这个办法还是从贵国学来的呢。说着就领中国客人参观了公司档案室，给他们看了民生公司的有关档案。

祖父始终致力于缩小劳资差别，推行现代集团生活，也体现在民生公司员工的工资和福利制度上。民生公司有科学而明晰的工资制度，如：年功加俸每年加薪一次，提职必提薪，工程技术人员的工资高于管理干部，人人都有晋升机会等；有优厚而周到的福利待遇，包括红酬、双薪、伙食津贴、医药津贴、死亡抚恤、退休和养老金、假期优待和乘船优待、文化娱乐津贴与服装津贴、职工保险、职工储蓄、消费合作社等。公司还给未婚职工提供公寓式的单身宿舍，有专人做清洁、洗被子、洗衣服。房租水电一切费用都由公司负担。对有家庭的员工，公司则提供家属宿舍，层次高一些的职员有花园式的宿舍小区，如重庆南岸的民生新村和江北青草坝的民生宿舍。这些住房都朴实无华，但方便实用，小区环境很美。房租水电等费用公司津贴一半。工作地点离家远的，来回的交通费由公司承担。以上工资福利的综合考察，远高于当时的其他企业。①

抗战时，为了照顾高危岗位的船员，民生公司采用了工资奖励制度：即按不同航线给船员发工资。宜昌到三斗坪的航程最短，最危险，故工资最高；到巴东、巫山、万县等中程航线的工资低一些，到重庆长线的更低一些。

凡是当年在北碚的现代集团生活试验区生活过的人，都对北碚的文明富庶记忆犹新。在嘉陵江三峡的乡村建设取得显著成效、人民的温饱问题解决以后，祖父进一步解决吃饱了还要吃得好的问题。猪肝有营养，祖父动员居民多吃猪肝。吃的人多了，北碚当局就规定，每人每次只能买二两猪肝，以防有的买多了，有的买不到。令北碚人至今还津津乐道的是，他们是四川人中最早吃到香蕉和西红柿的。豆花原本是最寻常的菜肴，但北碚的豆花却做出了特色，作料都有几十

---

① 参见凌耀伦主编《民生公司史》"第五章民生公司的工资福利与职工生活状况"，人民交通出版社 1990 年 10 月第 1 版，第 135 页。

种。祖父有一次请军阀杨森吃豆花饭，他对杨森说："您山珍海味吃得多，不稀奇。我请您吃一顿豆花饭，您一辈子都记得。"说得杨森笑呵呵的。

祖父不仅要让人民吃得饱、吃得好，还要他们身体强健，因此除了在成都通俗教育馆开辟了运动场，并举行了四川省第一次大型运动会之外，在建设北碚之初，也修建了北碚历史上首个公众运动场。1929年4月祖父发起了嘉陵江运动会，参加的有峡区及其周围22个单位，1100多名运动员，比赛项目达到22个。祖父亲自主持了运动会，并在会上发表演说："我们此次开嘉陵江运动会，并不是奉政府教育厅的命令不得不办的，不过是为了提倡体育……为挽救我们不喜好运动，积弱不堪的民族起见，才努力举办的运动会。"[1]

台湾著名作家亮轩在其书《飘零一家》中写道："2007年，我到北碚，看到了当年我的出生地。更早的时候是个盗匪出没之地，却因为卢作孚的理想主义，而建设成为一个井然有序、花园一般的城市，我很为自己的出生地而自豪。父亲[2]的婚礼在他办的中学礼堂举行，而他与父亲是好友，由他出面为父母亲安排了婚礼。我更庆幸有这样一位了不起的长辈，虽然如今我已年近古稀，依然私下愿以他为最高的榜样。"[3]

前行政院长张群先生曾这样评价祖父，"他是一个没有受过学校教育的学者，一个没有现代个人享受要求的企业家，一个没有钱的大亨。"[4]在有关祖父的纪念或研讨活动中，我发现了一个有趣的现象，原本横亘在学者文人和企业家商人之间互"不买账"的芥蒂竟消失得无影无踪，尽管各自有着不同的出发点和研究方向。在企业家和商人心目中，卢作孚是他们的"楷模"和"先驱"，而在学者文人看来，

---

[1] 刘重来：《卢作孚与民国乡村建设研究》，人民出版社2007年版，第17页。

[2] 亮轩，本名马国光，台湾著名作家，其父马廷英为著名地质学家、中国海洋地质科学的重要先驱。

[3] 亮轩：《飘零一家》，广西师范大学出版社2012年3月第1版，第71页。

[4] 孙恩三《极大的不协调》，参见周永林、凌耀伦主编《卢作孚追思录》重庆出版社，2001年10月第1版，第64页。

卢作孚"骨子里本是一个文人"。他们都受到卢作孚精神和人格的感召；都在卢作孚身上找到了精神的寄托；也都从对他的学习借鉴中感受到灵魂的净化和人生价值的升华。

既是实业家，又是教育家、乡建先驱、社会改革家的卢作孚，无疑已成为具有鲜明的责任意识和担当勇气的文化人与具有强烈的开拓精神和实践勇气的企业家之间的媒介。文化人与企业家的良性互动则是现代化进程中一个颇具"中国特色"的亮点。